AS BASES DA NOVA LINDB
NO DIREITO ADMINISTRATIVO
BRASILEIRO

CAMILA CASTRO NEVES

Prefácio
Carlos Ari Sundfeld

Apresentação
Eduardo Jordão, José Vicente Santos de Mendonça
e Juliana Bonacorsi de Palma

AS BASES DA NOVA LINDB NO DIREITO ADMINISTRATIVO BRASILEIRO

Belo Horizonte

2025

© 2025 Editora Fórum Ltda.

É proibida a reprodução total ou parcial desta obra, por qualquer meio eletrônico, inclusive por processos xerográficos, sem autorização expressa do Editor.

Conselho Editorial

Adilson Abreu Dallari
Alécia Paolucci Nogueira Bicalho
Alexandre Coutinho Pagliarini
André Ramos Tavares
Carlos Ayres Britto
Carlos Mário da Silva Velloso
Cármen Lúcia Antunes Rocha
Cesar Augusto Guimarães Pereira
Clovis Beznos
Cristiana Fortini
Dinorá Adelaide Musetti Grotti
Diogo de Figueiredo Moreira Neto (*in memoriam*)
Egon Bockmann Moreira
Emerson Gabardo
Fabrício Motta
Fernando Rossi
Flávio Henrique Unes Pereira
Floriano de Azevedo Marques Neto
Gustavo Justino de Oliveira
Inês Virgínia Prado Soares
Jorge Ulisses Jacoby Fernandes
Juarez Freitas
Luciano Ferraz
Lúcio Delfino
Marcia Carla Pereira Ribeiro
Márcio Cammarosano
Marcos Ehrhardt Jr.
Maria Sylvia Zanella Di Pietro
Ney José de Freitas
Oswaldo Othon de Pontes Saraiva Filho
Paulo Modesto
Romeu Felipe Bacellar Filho
Sérgio Guerra
Walber de Moura Agra

FÓRUM
CONHECIMENTO JURÍDICO

Luís Cláudio Rodrigues Ferreira
Presidente e Editor

Coordenação editorial:
Leonardo Eustáquio Siqueira Araújo
Thaynara Faleiro Malta

Revisão: Vinícius Fernandes
Capa, projeto gráfico e diagramação: Walter Santos

Rua Paulo Ribeiro Bastos, 211 – Jardim Atlântico – CEP 31710-430
Belo Horizonte – Minas Gerais – Tel.: (31) 99412.0131
www.editoraforum.com.br – editoraforum@editoraforum.com.br

Técnica. Empenho. Zelo. Esses foram alguns dos cuidados aplicados na edição desta obra. No entanto, podem ocorrer erros de impressão, digitação ou mesmo restar alguma dúvida conceitual. Caso se constate algo assim, solicitamos a gentileza de nos comunicar através do *e-mail* editorial@editoraforum.com.br para que possamos esclarecer, no que couber. A sua contribuição é muito importante para mantermos a excelência editorial. A Editora Fórum agradece a sua contribuição.

Dados Internacionais de Catalogação na Publicação (CIP) de acordo com ISBD

N518b	Neves, Camila Castro
	As bases da nova LINDB no direito administrativo brasileiro / Camila Castro Neves. Belo Horizonte: Fórum, 2025.
	202 p. 14,5x21,5cm
	ISBN impresso 978-65-5518-930-8
	ISBN digital 978-65-5518-931-5
	1. Nova LINDB. 2. Direito administrativo. 3. Direito público. 4. Controle da Administração. 5. Regulação administrativa. 6. Ato administrativo. 7. Invalidade. I. Título.
	CDD: 342
	CDU: 342

Ficha catalográfica elaborada por Lissandra Ruas Lima – CRB/6 – 2851

Informação bibliográfica deste livro, conforme a NBR 6023:2018 da Associação Brasileira de Normas Técnicas (ABNT):

NEVES, Camila Castro. *As bases da nova LINDB no direito administrativo brasileiro*. Belo Horizonte: Fórum, 2025. 202 p. ISBN 978-65-5518-930-8.

Para os meus pais, Celeste e Francisco, e para o meu irmão, Rodrigo Castro Neves.

AGRADECIMENTOS

Este livro é fruto de dissertação defendida no mestrado acadêmico em Direito e Desenvolvimento da FGV Direito SP. Todos os agradecimentos feitos naquela ocasião se aplicam aqui. No entanto, algumas instituições e pessoas desempenharam um papel especial para que eu pudesse transformar a dissertação em livro.

Agradeço aos professores organizadores do Prêmio Jovem Publicista, que, com o apoio da Editora Fórum, me concederam o privilégio de publicar minha dissertação em forma de livro. Eduardo Jordão, Juliana Bonacorsi de Palma e José Vicente de Santos Mendonça: muito obrigada pela iniciativa tão relevante e pelo incentivo aos jovens acadêmicos. Agradeço também à banca julgadora dos trabalhos, composta por Odete Medauar, Vera Karam e Diego Werneck Arguelhes, pela honra da leitura e do prêmio.

Agradeço ao Professor Carlos Ari Sundfeld, meu orientador, por todas as conversas, oportunidades e pela inspiração. Agradeço também aos professores que participaram das bancas de qualificação e defesa, Jacintho Arruda Câmara e Tarcila Reis Jordão, cujas contribuições foram essenciais para o resultado deste trabalho.

Agradeço à Escola de Direito de São Paulo da Fundação Getúlio Vargas (FGV Direito SP) e à Sociedade Brasileira de Direito Público (sbdp) pelo ambiente acadêmico privilegiado. Em especial, meu muito obrigada para André Janjácomo Rosilho, Conrado Valentini Tristão, Jacintho Arruda Câmara, Jolivê Rocha, Juliana Bonacorsi de Palma, João Domingos Liandro, Mariana Villela, Vera Monteiro e Yasser Reis Gabriel, que contribuíram, de diferentes formas, para a realização deste trabalho.

Agradeço à minha família e aos meus amigos, que, de tempos em tempos, se revezavam na pergunta: "E quando o livro vai sair?", em uma mistura de orgulho e incentivo. Enfim, o livro chegou.

"Você é tão jovem ainda, está diante de todos os inícios, e por isso gostaria de lhe pedir (...) que tente amar as próprias perguntas como se fossem salas fechadas ou livros escritos numa língua muito diferente das que conhecemos. Não procure agora respostas que não lhe podem ser dadas porque ainda não as pode viver. E tudo tem de ser vivido. Viva agora as perguntas".
(Rainer Maria Rilke, Cartas a um jovem poeta. Carta Quatro, Worpswede, junto a Bremen, 16 de julho de 1903).

LISTA DE ABREVIATURAS E SIGLAS

AC   Apelação Cível
ACO   Ação Cível Originária
AGU   Advocacia-Geral da União
AIR   Análise de Impacto Regulatório
ANAC   Agência Nacional de Aviação Civil
ANAMATRA   Associação Nacional dos Magistrados da Justiça do Trabalho
ANATEL   Agência Nacional de Telecomunicações
ANEEL   Agência Nacional de Energia Elétrica
ANP   Agência Nacional do Petróleo
ANPR   Associação Nacional dos Procuradores da República
ANPR   Associação Nacional dos Procuradores da República
ANTAQ   Agência Nacional de Transportes Aquaviários
ANTT   Agência Nacional de Transportes Terrestres
APA   *Administrative Procedural Act* (5 U.S.C. §§551-559)
ARTESP   Agência Nacional de Transportes do Estado de São Paulo
Bacen   Banco Central do Brasil
CCJ   Comissão de Constituição, Justiça e Cidadania
CCJC   Comissão de Constituição e Justiça da Câmara dos Deputados
CGU   Controladoria-Geral da União
CMN   Conselho Monetário Nacional

CNJ	Conselho Nacional de Justiça
CPC	Código de Processo Civil (Lei 13.105/2015)
CVM	Comissão de Valores Mobiliários
EC	Emenda Constitucional
ECT	Empresa Brasileira de Correios e Telégrafos
ENAP	Escola Nacional de Administração Pública
FGV	Fundação Getúlio Vargas
LGT	Lei Geral de Telecomunicações (Lei 9.472/1997)
LICC	Lei de Introdução ao Código Civil
LINDB	Lei de Introdução às Normas do Direito Brasileiro (Decreto-lei 4.657/1942)
MS	Mandado de Segurança
PL	Projeto de Lei
PLS	Projeto de Lei do Senado
PUC-SP	Pontifícia Universidade Católica do Estado de São Paulo
RDA	Revista de Direito Administrativo da FGV do Rio de Janeiro
RE	Recurso Extraordinário
REsp	Recurso Especial
sbdp	Sociedade Brasileira de Direito Público
STF	Supremo Tribunal Federal
STJ	Superior Tribunal de Justiça
TCU	Tribunal de Contas da União
TJ-RJ	Tribunal de Justiça do Estado do Rio de Janeiro
TJ-RN	Tribunal de Justiça do Estado do Rio Grande do Norte
TJ-SP	Tribunal de Justiça do Estado de São Paulo

SUMÁRIO

PREFÁCIO
Carlos Ari Sundfeld 15

APRESENTAÇÃO
**Eduardo Jordão, José Vicente Santos de Mendonça,
Juliana Bonacorsi de Palma** 19

INTRODUÇÃO 23
1 Apresentação do tema 23
2 Objetivo e justificativa da pesquisa 35
3 Metodologia e plano de trabalho 43

CAPÍTULO 1
MOVIMENTO DE PARAMETRIZAÇÃO DA VALIDADE
DO ATO ADMINISTRATIVO 51
1 Do mecanicismo à criatividade na aplicação do Direito (1850-2010) 51
2 Início da parametrização e elementos do ato administrativo (1940-1970) 64
3 Reforço da parametrização e princípios gerais do Direito (1980-2010) 79
4 Alterações na LINDB 92

CAPÍTULO 2
MOVIMENTO DE PARAMETRIZAÇÃO DA INVALIDAÇÃO
E DA CONSERVAÇÃO DO ATO ADMINISTRATIVO 101
1 Início da parametrização dos casos de invalidade (1940-1970) 102
2 Possibilidade de convalidação do ato administrativo (1970-2010) 110
3 Proteção da segurança jurídica e da confiança do particular (1980-2010) 113
4 Alterações na LINDB 119

CAPÍTULO 3
MOVIMENTO DE CRIAÇÃO DAS AGÊNCIAS
REGULADORAS 123
1   Do poder de polícia à regulação administrativa (XV-XXI) 125
2   Entidades do sistema financeiro e do mercado de capitais
    (1960-1970) 129
3   Imposições para o processo decisório das agências (1990-2000) 134
4   Alterações na LINDB 146

CAPÍTULO 4
MOVIMENTO DE EDIÇÃO DAS LEIS GERAIS DE
PROCESSO ADMINISTRATIVO 151
1   Do ato ao processo administrativo (1990-2010) 151
2   Leis gerais de processo administrativo (1990) 156
3   Alterações na LINDB 167

CONSIDERAÇÕES FINAIS 171
1   Objetivo da pesquisa e caminho percorrido 171
2   Resultados obtidos 172
3   Reflexões prospectivas 177

REFERÊNCIAS 187

PREFÁCIO

Este livro puxa os fios das meadas que, em 2018, deram na reforma da Lei de Introdução às Normas do Direito Brasileiro (LINDB), trazendo a esta velha lei, nascida em 1942 apenas como lei de introdução ao direito civil, soluções bem contemporâneas para enfrentar os desafios jurídicos da gestão pública e de seu controle.

A importância da inteligente reconstituição empreendida pelo livro, com foco nos temas da criação e invalidade no campo administrativo, é não apenas histórica; é, em especial, a de fornecer uma demonstração clara para o mundo jurídico de que grandes movimentos haviam surgido nos direitos administrativos legislado, acadêmico e profissional. Primeiro de modo esparso, depois com ênfase crescente, até encontrarem na nova LINDB seu símbolo, sua grande síntese e o traçado dos mapas do futuro. Assim, seria um erro tomar essa lei como lance isolado: o jogo já vai longe.

Aqueles movimentos se destinaram a conduzir, na ordenação e no controle das ações das administrações públicas e de seus gestores, à superação de um principismo fortemente retórico, beletrista. Este nem era recente, mas tinha se espalhado sobretudo a partir dos anos 1980 no direito brasileiro, lastreado em idealizações um tanto românticas, algo alienadas e meio capturadas por corporações ou outros interesses. Contra esse principismo, diversos movimentos vinham então propondo ou adotando para o direito administrativo orientações diferentes, de caráter realista e pragmático. E elas acabaram por se fazer representar e se incrustar na nova LINDB.

Há quem ainda não tenha aceitado nem o caráter agregador da nova LINDB nem as visões reformistas que ela incorporou. De fato, mais de seis anos após a reforma da LINDB, teorias conspiratórias a seu respeito ainda circulam em alguns ambientes radicais de administradores, controladores de contas, membros de ministérios públicos e juízes acostumados a se dar muito bem no mundo principista.

Consequência ruim do negacionismo é não conseguir admitir que sejam justamente os conteúdos realistas e pragmáticos da nova LINDB que têm pautado e dominado os debates jurídicos dos anos mais recentes. Não se trata, assim, de qualquer conspiração, mas de uma reforma vencedora, vinda para corrigir distorções e arcaísmos. Expressão clara disso é a repetição, paráfrase ou citação dos mesmos conteúdos em várias leis importantes surgidas logo depois.

Uma das primeiras foi a Lei de Proteção de Dados (13.709, de 2018, com alteração em 2019), que, em seu art. 55-J, inc. XVII, remeteu expressamente a ela ao prever a celebração de compromissos administrativos pela Autoridade Nacional de Proteção de Dados, além de conter regras semelhantes sobre sanções administrativas. Nada mais pragmático que os compromissos administrativos realistas substituírem modelos anacrônicos de processos administrativos que acabam por dar em nada. E nada mais necessário que combater excessos e disparates sancionatórios.

A nova Lei de Improbidade (Lei nº 8.429, de 1992, reformada pela Lei nº 14.230, de 2021) adotou conceitos e regras da LINDB em vários dispositivos, como o art. 1º, §8º; o art. 16, §12; e o art. 17-C, II a V. Há nessas normas a forte preocupação com que, quando dos julgamentos sobre comportamentos questionados, o Judiciário considere não um mundo retórico ou de sonhos – como ocorria na versão da Lei da Improbidade do início dos anos 1990, com resultados desastrosos –, mas sim a vida real da gestão pública ou empresarial, como exigiu a nova LINDB e agora quer a Lei de Improbidade de 2021.

Já a nova Lei de Contratações Públicas (14.133, de 2021) achou que fazia sentido reafirmar, no art. 5º, que, na aplicação de suas normas, as disposições da LINDB seriam necessariamente observadas. Não foi mera repetição, uma inocuidade, mas a enfática invocação das orientações realista e pragmática para orientar o dia a dia administrativo. Além disso, os arts. 147 e 148 da mesma lei, ao tratarem da invalidade das licitações ou contratos – de maneira bem mais detalhada e pragmática do que a lei precedente –, inspirou-se diretamente nos arts. 20 e 21 da nova LINDB.

Mais recentemente, a Lei Nacional de Concursos Públicos (14.965, de 2024), em seu art. 12, dispôs que a "decisão controladora ou judicial que, com base em valores jurídicos abstratos, impugnar tipo de prova ou critério de avaliação previsto no edital do concurso público deverá considerar as consequências práticas da medida, especialmente em função dos conhecimentos, das habilidades e das competências necessários ao desempenho das atribuições do cargo ou emprego público, em observância ao *caput* do art. 20 do Decreto-Lei nº 4.657, de 4 de setembro de 1942 (Lei de Introdução às Normas do Direito Brasileiro)".

Foi um basta legislativo contra manipulações retóricas que há muito tempo têm sido levadas a juízo para, na linha da cultura concurseira mais atrasada, sabotar concursos que, em uma renovação, objetivam a seleção mais realista de pessoas para o setor público.

Também leis subnacionais vêm claramente se inspirando nas mesmas orientações. Um exemplo é a Lei de Agências Reguladoras de São Paulo (Lei Complementar nº 1.413, de 2024), que, à moda do art. 20 da nova LINDB, incluiu o foco nas "consequências práticas das decisões" como uma das características relevantes da "responsividade da regulação", justamente o conceito que se espalhou entre reguladores que buscam soluções realistas e pragmáticas.

Portanto, os legisladores brasileiros vislumbraram na nova LINDB a âncora da renovação geral do direito administrativo brasileiro e têm feito questão de afirmar sua relevância em campos tão diversos como licitações, contratações, improbidade, concursos e regulação.

Neste precioso livro, Camila Castro Neves, pesquisadora e analista sofisticada, oferece aos acadêmicos e práticos uma visão de conjunto de alto nível sobre os movimentos que levaram a essa transformação toda. Tive o privilégio de acompanhar a construção do trabalho desde o início e dialogar intensamente com ela em todas as suas fases. Como orientador, participei, juntamente com os profs. Tarcila Reis Jordão (FGV-SP) e Jacintho Arruda Câmara (PUC-SP), das bancas que aprovaram a dissertação com destaque.

Não foi surpresa para nenhum de nós o trabalho ter sido depois vencedor, entre tantos outros de qualidade, do Prêmio Jovem Publicista, uma ótima iniciativa dos professores Eduardo Jordão (FGV-RJ), José Vicente Santos de Mendonça (UERJ) e Juliana Palma (FGV-SP), tendo como julgadores os professores Odete Medauar (USP), Vera Karam (UFPR) e Diego Werneck Arguelhes (INSPER).

Uma das consequências do prêmio é que este ótimo livro se torna agora amplamente disponível, graças à editora Fórum, podendo enriquecer o debate dos administrativistas e combater narrativas fantasiosas que sonham com o passado no futuro. Outra consequência é chamar a atenção do mundo acadêmico para as contribuições de Camila Castro Neves; estou confiante que muitas outras virão.

Carlos Ari Sundfeld
Professor Titular da FGV Direito SP
Presidente da Sociedade Brasileira de Direito Público – sbdp

APRESENTAÇÃO

A obra que o leitor tem em mãos é imprescindível. Fruto de dissertação de mestrado desenvolvida na FGV Direito SP, o livro *As bases da Nova LINDB no direito administrativo brasileiro*, de Camila Castro Neves, reúne os melhores atributos de um trabalho de excelência, que contribui significativamente para a teoria do Direito Público brasileiro.

Para muitos, o Direito brasileiro seria um amálgama de ideias e institutos estrangeiros transplantados mais em função da forte influência estrangeira – notadamente dos sistemas jurídicos europeu-continentais alinhados ao *civil law* – que de sua utilidade ao avanço jurídico nacional. É indiscutível a enorme contribuição do sistema francês para o Direito Administrativo brasileiro. Tampouco se pode desconsiderar o quanto instrumentos jurídico-administrativos que participam do cotidiano da gestão pública são legatários da experiência estrangeira. Porém, *qual é a força do estrangeirismo para o desenvolvimento do Direito Administrativo brasileiro?* Em uma outra perspectiva, *há espaço de criação de soluções jurídicas genuinamente brasileiras para o Direito Administrativo?*

Por meio de um estudo empírico conduzido com rigor metodológico, Camila Castro Neves narra os movimentos normativos e teóricos brasileiros que culminaram em soluções jurídicas positivadas pela alteração da Lei de Introdução às Normas do Direito Brasileiro – LINDB em 2018. E, dessa forma, a autora qualifica a agenda teórica sobre a formação do Direito Administrativo brasileiro. Sendo seu próprio objeto uma peculiaridade do ordenamento jurídico brasileiro (a LINDB), Camila Neves demonstra que nem tudo no Brasil é importação: ao menos nessa pauta, o condicionamento do exercício da produção jurídica por gestores e controladores públicos e a superação da ideia de nulidade absoluta como regra geral no direito administrativo são resultado direto de um debate genuinamente brasileiro, com contornos próprios e atentos ao estágio atual de desenvolvimento teórico e jurisprudencial.

Assim, o livro também se mostra especial pela metodologia empregada, que toma as fontes doutrinárias como material empírico para catálogo das ideias e correntes que permitem depreender o estágio de discussão em torno dos temas. Espera-se que a leitura da presente obra sirva de inspiração para novos empregos do método exploratório da doutrina, que valoriza a academia do Direito Administrativo brasileiro.

A pesquisa de Camila Castro Neves é uma sólida contribuição ao desenvolvimento teórico do Direito Administrativo brasileiro. Para além da questão da formação do Direito Administrativo brasileiro, a riqueza do trabalho permite explorar outras tantas linhas de investigação. Tomando-se os achados apresentados no livro, pode-se mencionar a reflexão em torno das *novidades* no Direito Administrativo: a construção de novas leis é antes um processo incremental que uma disrupção. A autora indica que as alterações à LINDB analisadas já foram antes experimentadas no debate doutrinário e jurisprudencial.

Obras assim são grandiosas justamente porque resultam de pesquisa acadêmica séria. Sem a pretensão de serem reconhecidas como *clássicas* ou *best-sellers*, elas são honestas com o seu objeto de investigação e trazem objetivos nobres: suscitar reflexões sobre os assuntos mais fundantes do Direito Administrativo, sem a pretensão da segurança do acerto. Trabalhos assim são os que mais qualificam a teoria do Direito Administrativo e conferem solidez na aplicação concreta dos instrumentos jurídicos analisados.

Em 2024, a dissertação de mestrado de Camila Castro Neves foi agraciada com o Prêmio Jovem Publicista, iniciativa inédita no Brasil que promovemos com a finalidade maior de contribuir para o desenvolvimento acadêmico do Direito Público por meio da premiação de trabalhos de excelência produzidos por jovens pesquisadores, os quais, pelas circunstâncias normais, não seriam publicados em larga escala. O Prêmio Jovem Publicista só é possível pelo apoio fundamental da Editora Fórum, que, desde a primeira comunicação, aceitou publicar duas obras vencedoras, demonstrando o seu compromisso com a difusão de conhecimento de ponta no Direito Público e com a formação da futura geração de publicistas.

Para esta primeira edição, recebemos 58 inscrições de todas as regiões do Brasil, entre dissertações de mestrado e teses de doutorado.

Foi constituída comissão autônoma para selecionar os vencedores conforme critérios próprios de seleção. A composição é magnífica: Professora Odete Medauar, Professora Vera Karam de Chueiri e Professor Diego Werneck Arguelhes, a quem agradecemos pela dedicação ao Prêmio Jovem Publicista. A excelência da pesquisa de Camila Castro Neves, que a sagrou como vencedora, sintetiza os atributos que esperávamos encontrar ao lançar o Prêmio Jovem Publicista. Mais do que recomendada, a leitura da obra *As bases da Nova LINDB no direito administrativo brasileiro* é imprescindível a qualquer pessoa interessada no estudo e na prática do Direito Público brasileiro.

Felicitamos Camila Castro Neves, verdadeiramente uma *jovem publicista*.

Eduardo Jordão
Professor da FGV Direito Rio

José Vicente Santos de Mendonça
Professor Associado da Faculdade de Direito da UERJ

Juliana Bonacorsi de Palma
Professora Associada da FGV Direito SP

INTRODUÇÃO

1 Apresentação do tema

Este livro discute as reformas e teorias do direito administrativo brasileiro que inspiraram a Lei 13.655/2018, conhecida como "nova LINDB"[1] ou "Lei de Segurança Jurídica para a Inovação Pública".[2] A lei expandiu a Lei de Introdução às Normas do Direito Brasileiro (LINDB – Decreto-Lei 4.657/1942) com a inclusão de dez dispositivos que visam a aumentar a segurança jurídica e a eficiência no uso e na criação do direito público, e que se aplicam a todas as administrações públicas e controladores públicos.[3]

A reforma decorre de anteprojeto de lei criado no meio acadêmico por Carlos Ari Sundfeld e Floriano de Azevedo Marques Neto e publicado no livro *Contratações públicas e seu controle* em 2013. Segundo os autores, a proposta foi baseada na percepção de que os desafios da ação da administração pública e o estado das normas administrativas

---

[1] Como exemplo de trabalho acadêmico que se refere à Lei 13.655/2018 como "nova LINDB", ver: SUNDFELD, Carlos Ari. *Direito administrativo: o novo olhar da LINDB*, 2022.

[2] Como exemplos de trabalhos acadêmicos que se referem à Lei 13.655/2018 como "Lei de Segurança Jurídica para a Inovação Pública", ver: MARQUES NETO, Floriano Azevedo de; FREITAS, Rafael Véras de. *Comentários à lei 13.655/2018 (Lei da Segurança Jurídica para a Inovação Pública)*, 2019; PALMA, Juliana Bonacorsi de. *Segurança jurídica para a inovação pública: a nova Lei de Introdução às Normas do Direito Brasileiro (Lei nº 13.655/2018)*, 2018.

[3] Sobre o escopo de aplicação da nova LINDB, ver: SUNDFELD, Carlos Ari. *Art. 24 da LINDB e a segurança jurídica no direito tributário*, 2021; MAFFINI, Rafael; HEINEN, Juliano. *Análise acerca da aplicação da Lei de Introdução às Normas do Direito Brasileiro (na redação dada pela Lei nº 13.655/2018) no que concerne à interpretação de normas de direito público: operações interpretativas e princípios gerais de direito administrativo*, 2018, p. 247-278.

exigiriam que a atividade de regulamentação e aplicação das leis fosse submetida a novas balizas interpretativas, processuais e de controle.[4]

Essa percepção foi posteriormente comprovada em dados empíricos. De acordo com sistematização proposta por Juliana Bonacorsi de Palma, estudos apontaram a existência de problemas na tomada de decisão pública. Os principais achados se referem à principiologia na estrutura do controle, à desconsideração das consequências concretas na motivação das decisões controladoras e à interinidade das decisões administrativas, que tendiam a ficar dependentes de uma deliberação final dos órgãos de controle.[5]

O anteprojeto adotou soluções interpretativas e processuais amplas para lidar com esses problemas e melhorar a qualidade das decisões públicas. Essas soluções partiram dos pressupostos de que as interpretações da administração e as circunstâncias fáticas da tomada de decisão devem ser levadas em consideração pelos controladores, que a inovação na gestão pública depende de normas que protejam o gestor público honesto e que a segurança jurídica pode ser aprimorada a partir de mecanismos como a consulta pública prévia à edição de regulamentos.[6]

A iniciativa teve apoio dos governos de Dilma Rousseff e Michel Temer. Em 2015, o Ministro da Fazenda de Dilma Rousseff, Joaquim Levy, criou uma comissão de juristas para melhorar o ambiente de negócios, composta por Carlos Ari Sundfeld, Egon Bockmann Moreira, Flávio Amaral Garcia, Gilberto Bercovici e Rafael Valim, que fez contribuições à proposta.[7] Em 2017, o Conselho de Desenvolvimento Econômico e Social da Presidência da República, durante o governo de Michel Temer, defendeu o fortalecimento da legislação de segurança jurídica.[8]

Antes disso, em 2007, no governo de Luiz Inacio Lula da Silva, o Poder Executivo já havia instituído comissão de juristas para melhorar a gestão pública. O grupo, composto por Maria Sylvia Zanella

---

[4] SUNDFELD, Carlos Ari; MARQUES NETO, Floriano de Azevedo. *Uma nova lei para aumentar a qualidade das decisões públicas e de seu controle*, 2013, p. 278-280.

[5] Ampliar em: PALMA, Juliana Bonacorsi de. *Segurança jurídica para a inovação pública: a nova Lei de Introdução às Normas do Direito Brasileiro (Lei nº 13.655/2018)*, 2020, p. 216-218.

[6] Idem, p. 226-242.

[7] Cf. BRASIL. *Diário Oficial da União*, 11/8/2015. Disponível em: https://portal.in.gov.br/consulta. Acesso em: 14 fev. 2023.

[8] Cf. ata da 46ª reunião plenária do Conselho de Desenvolvimento Econômico e Social da Presidência da República. Disponível em: http://www.cdes.gov.br/Plone/agenda/46a-reuniao-plenaria. Acesso em: 14 fev. 2023.

Di Pietro, Almiro do Couto e Silva, Carlos Ari Sundfeld, Floriano de Azevedo Marques Neto, Maria Coeli Simões Pires, Paulo Modesto e Sérgio de Andréa Ferreira, elaborou proposta de lei geral de organização administrativa da União, com regras sobre empresas estatais, entidades paraestatais e entidades de colaboração. Embora tenha sido bem recebida pelo Poder Executivo, a proposta foi alvo de pressões dos órgãos de controle e acabou sendo engavetada.[9]

No Poder Legislativo, o senador Antônio Anastasia acolheu a proposta de reforma da LINDB em 2015 e propôs o Projeto de Lei do Senado 349 (PLS). Esse ato deu início a uma série de audiências públicas e debates em procuradorias, ministérios públicos, tribunais de justiça e tribunais de contas.

O PLS foi debatido na Comissão de Constituição, Justiça e Cidadania do Senado Federal (CCJ) em novembro de 2015. Em março de 2016, a relatora senadora Simone Tebet apresentou um relatório favorável à aprovação do PLS com duas emendas incorporadas no texto final. Essas emendas tratam dos critérios para a responsabilização de agentes públicos e para a aplicação de sanções como técnica regulatória ou de gestão. Significa dizer que a punição é utilizada como ferramenta para dissuadir a conduta do sujeito e conformá-la a determinada pauta regulatória,[10] incluindo não só os agentes públicos, como também os outros indivíduos e empresas submetidos à ordenação administrativa.[11]

As emendas propostas impuseram o dever de contextualização às autoridades públicas, o que abrange a consideração das circunstâncias agravantes e atenuantes do agente (art. 22, §2º), bem como as sanções de mesma natureza e relativas ao mesmo fato na dosimetria da pena (art. 22, §3º). A justificativa denuncia uma preocupação especial com a multiplicidade de sanções, provenientes de diferentes controladores, sobre um mesmo agente. As evoluções em torno deste tema estão relacionadas, sobretudo, aos movimentos de expansão do controle e da regulação administrativa a partir dos anos 1980, e aos reflexos provocados no direito administrativo sancionador.[12]

---

[9] Ampliar em: MODESTO, Paulo. *Nova organização administrativa*, 2009; MODESTO, Paulo. *Contrato de desempenho e organização administrativa*, 2019.

[10] Cf. MARQUES NETO, Floriano de Azevedo; FREITAS, Rafael Véras. *O artigo 22 da LINDB e os novos contornos do direito administrativo sancionador*, 2018.

[11] Sobre o âmbito de incidência do art. 22, §§2º e 3º, da Nova LINDB, ver: JORDÃO, Eduardo. *Art. 22 da LINDB – Acabou o romance: reforço do pragmatismo no direito público brasileiro*, 2018, p. 85.

[12] Conforme se extrai do parecer da senadora Simone Tebet: "Consideramos que a norma é não só conveniente, mas também oportuna, pois, a partir dela, o exercício da função dos

Em 2017, o PLS foi aprovado pela CCJ, pelo Plenário do Senado Federal e foi remetido à Câmara dos Deputados na forma do PL 7.448/2017 (PL). A Comissão de Constituição e Justiça da Câmara (CCJC) não apresentou emendas e, em setembro do mesmo ano, o relator deputado Paulo Abi Ackel apresentou parecer pela constitucionalidade da matéria. A Deputada Erika Kokay interpôs recurso que foi objeto de requerimento de retirada deferido em março de 2018. Em abril, o presidente da Câmara dos Deputados encaminhou o PL para sanção do Poder Executivo.

O PL tramitou por quase três anos no Congresso Nacional sem chamar muita atenção. Foi apenas no período de sanção em que os controladores públicos formavam uma frente de oposição relativamente organizada. Argumentaram que a proposta restringiria o controle e enfraqueceria o combate à corrupção, criticaram os conceitos indeterminados do PL, como o dever de as decisões públicas fundadas em valores abstratos considerarem as "consequências práticas da decisão"[13] e acusaram que sua tramitação teria ocorrido às escuras.[14]

órgãos controladores deverá levar em conta a realidade do gestor fiscalizado. Um ponto positivo dessa alteração é a exigência de explicitação de critérios – mínimos que sejam – para a dosimetria de sanções administrativas, tema ainda pouco debatido, mas causador de muitos problemas práticos. Cremos, porém, ser possível aperfeiçoar o dispositivo, para nele incluir dois parágrafos com o objetivo de tratar mais detalhadamente sobre a dosimetria em matéria de direito público. Para tanto, utilizamos, com pequenas adaptações, o texto do caput do art. 128 da Lei 8.112, de 11 de dezembro de 1990, reconhecido como um dispositivo que trata do tema de forma apropriada, inclusive para proibir o *bis in Idem*". (Senado Federal, Parecer 22, de 29/03/2017).

[13] Por exemplo, o MPF apresentou a Nota Técnica Conjunta 1/2018, assinada por sete Subprocuradores-Gerais da República e encaminhada ao STF e à Presidência da República, defendendo que o PL teria um efeito negativo sobre o sistema de controle, em especial no que diz respeito à responsabilização de agentes públicos por atos de improbidade administrativa (MPF. *Nota Técnica Conjunta 1/2018*, 2018).

[14] Raimundo Carreiro, ministro do TCU, por exemplo, argumentou que: "não se deve atribuir a nenhum Assessor Parlamentar que atua dentro do Congresso, ele ter sido omisso e não ter acompanhado a tramitação desse projeto. Na verdade, ele pegou a todos de surpresa, inclusive, a sua tramitação, tanto no Senado quanto na Câmara dos Deputados. Vejam bem, no Senado Federal, onde foi feito uma audiência pública, foi ouvida a Associação Nacional dos Municípios. Gente, o que os municípios têm a ver com um assunto dessa magnitude? Quer dizer, será que foi uma forma de passar um rouge na cara das pessoas e dizer que houve uma discussão? E na Câmara dos Deputados? Não precisa se repetir o que aconteceu. E quem conhece o processo legislativo dentro da Câmara dos Deputados, realmente, é de se estranhar como esse projeto tramitou naquela Casa e chegou à sanção do Presidente da República, sem passar pelo crivo do Plenário" (TCU. *Diálogo Público. Discussão do Projeto de Lei 7.448/2017*, 2018, p. 144). O mesmo ponto foi questionado por Francisco Gaetani, o qual, embora favorável ao PL, argumentou que a proposta teria tramitado por cerca de três anos no Congresso Nacional sem a realização de debates (*Idem*, p. 18).

O Tribunal de Contas da União (TCU) foi um dos primeiros órgãos a se posicionar: defendeu a inconstitucionalidade e veto integral do PL. Em parecer preliminar, sua Consultoria Jurídica argumentou que a proposta, ao exigir a consideração das "consequências práticas da decisão", promoveria "interpretação casuística" e exigiria "o mais absoluto exercício de futurologia por parte do julgador". Em parecer final, o órgão reforçou as críticas anteriores e concluiu que "a insegurança jurídica e a ineficiência da administração pública não são problemas que se resolvem com a criação de critérios de interpretação das normas, especialmente quando referidos critérios, pela sua textura aberta, trazem grande potencial para promover o efeito inverso do desejado".[15-16]

Também se opuseram ao PL o Ministério Público Federal (MPF), o Conselho Nacional de Procuradores-Gerais de Contas, a Associação Nacional do Ministério Público de Contas, a Associação Nacional dos Auditores de Controle Externo dos Tribunais de Contas do Brasil, a Associação dos Membros dos Tribunais de Contas do Brasil, a Associação Nacional dos Ministros e dos Conselheiros-Substitutos dos Tribunais de Contas, a Associação da Auditoria de Controle Externo do TCU, o Colégio Nacional de Presidentes de Tribunais de Contas e a Associação Nacional dos Magistrados da Justiça do Trabalho.[17]

---

[15] Ver os dois pareceres divulgados pela Consultoria Jurídica do TCU, contendo, respectivamente, a análise preliminar e a análise final dos dispositivos do PL: TCU. *Análise Preliminar do PL 7448/2017*, 2017; e TCU. *TC-012.028/2018-5; Parecer sobre o PL 7448/2017, em face do parecer-resposta dos autores do PL e de outros juristas*, 2018.

[16] Floriano de Azevedo Marques Neto se contrapôs à crítica dos órgãos de controle mencionada no texto da seguinte forma: a Lei de Introdução existe há quase um século e não se argumenta que ela traz insegurança, embora no seu texto original constem prescrições como "fins sociais e bens comuns" e "bons costumes". Isso porque é natural que a LINDB – uma lei de aplicação reflexa, destinada não a criar ou limitar direitos dos indivíduos, mas sim normas de interpretação que serão utilizadas pelo intérprete para aplicar outras normas – seja construída com pautas e texturas normativas mais abertas (MARQUES NETO, Floriano de Azevedo. *Art. 23 da LINDB – O equilíbrio entre mudança e previsibilidade na hermenêutica jurídica*, 2018, p. 98).

[17] Cf. Associação Nacional dos Magistrados da Justiça do Trabalho (ANAMATRA); Associação dos Juízes Federais do Brasil (AJUFE); Associação Nacional dos Procuradores do Trabalho (ANPT); Associação Nacional dos Procuradores da República (ANPR); Associação Nacional dos Membros do Ministério Público (CONAMP); Sindicato Nacional dos Auditores Fiscais do Trabalho (SINAIT). Ofício ANAMATRA no 217/2018, 2018; Associação dos Membros dos Tribunais de Contas do Brasil (ATRICON); Associação Nacional dos Ministros e Conselheiros-Substitutos dos Tribunais de Contas (AUDICON). Nota Técnica no 01/2018, 2018; Associação Nacional dos Auditores de Controle Externo dos Tribunais de Contas do Brasil (ANTC); Associação da Auditoria de Controle Externo do Tribunal de Contas da União (AUD-TCU). Carta Aberta ao Presidente da República, 2018.

Além das críticas institucionais, autoridades públicas também expressaram suas opiniões negativas sobre o PL por meio de artigos veiculados na mídia. Por exemplo, Nicolao Dino, Subprocurador-Geral da República, apontou a inconstitucionalidade da proposta ao "impedir o uso de princípios em decisões públicas". Júlio Marcelo de Oliveira, Procurador do Ministério Público junto ao TCU, disse que o PL poderia estar encobrindo interesses particulares, com o objetivo de proteger acordos e contratos celebrados de maneira ilegal.[18]

Parcela significativa da academia de Direito, Economia e Administração Pública reagiu à atitude combativa dos controladores. Esses atores desempenharam um papel importante na defesa da aprovação do PL: mediante artigos publicados na mídia e de sua participação em debates públicos, destacaram os benefícios que a iniciativa poderia proporcionar para a melhoria da administração pública e do controle público no Brasil.[19]

Em âmbito jurídico, importante apoio foi registrado por meio de um parecer assinado por 18 professores em resposta à manifestação preliminar da Consultoria Jurídica do TCU. Entre os signatários estavam nomes da academia vinculados a diferentes faculdades. Eles defenderam que a proposta apenas consagraria em lei geral boas práticas do controle público, amplamente utilizadas tanto no Brasil quanto no cenário internacional.[20]

---

[18] DINO, Nicolao. *PL 7448/2017: freios e contrapesos em xeque*, 2018; OLIVEIRA, Júlio Marcelo de. *Por uma administração pública eficiente com respeito à lei*, 2018. PINTO, Élida Graziane; SARLET, Ingo Wolfgang; PEREIRA JUNIOR, Jessé Torres. *PL 7.448 desequilibra equação entre custos e riscos da escolha pública*, 2018.

[19] Além do referido parecer, professores publicaram artigos de opinião em veículos da mídia. Por exemplo, ver: JUSTEN FILHO, Marçal. *PL 7.448/17 e sua importância para o direito brasileiro*, 2018; VERNALHA, Fernando. *Quem controla o controlador?*, 2018; MENDES, Conrado Hubner. *Por que uma lei contra o arbítrio estatal?*, 2018; MOREIRA, Egon Bockmann. *A nova Lei de Introdução e o prestígio ao controle externo eficiente*, 2018; FERRAZ, Sérgio; SAAD, Amauri Feres. *Controle externo não está ameaçado pelo PL 7.448/2017*, 2018; PEREZ, Marcos Augusto. *Cenário é desolador, mas houve uma boa notícia para o direito administrativo*, 2018.

[20] Cf. MARQUES NETO, Floriano de Azevedo; SUNDFELD, Carlos Ari; DALLARI, Adilson de Abreu; MARTINS, Ives Gandra da Silva; DI PIETRO, Maria Sylvia Zanella; MEDAUAR, Odete; LUCON, Paulo Henrique dos Santos; JUSTEN FILHO, Marçal; CARRAZZA, Roque; BINENBOJM, Gustavo; ALMEIDA, Fernando Menezes de; ARAGÃO, Alexandre Santos de; SCAFF, Fernando Facury; CÂMARA, Jacintho Arruda; MONTEIRO, Vera; MOREIRA, Egon Bockmann; MENDONÇA, José Vicente Santos de; PEREZ, Marcos Augusto; PIOVESAN, Flavia; MODESTO, Paulo; ROSILHO, André Janjácomo; JORDÃO, Eduardo Ferreira; SCHIRATO, Vitor Rhein; CUNHA, Carlos Eduardo Bergamini. *Resposta aos comentários tecidos pela Consultoria Jurídica do TCU ao PL n° 7.448/2017*, 2018.

O parecer rebateu todas as críticas realizadas pela Consultoria Jurídica do TCU. Em relação ao art. 20, por exemplo, afirmou que a consideração das "consequências práticas da decisão" nada teria a ver com o suposto "exercício de futurologia" alegado pelo controlador. Na visão dos signatários, o dispositivo apenas obrigaria o julgador a avaliar fatos e impactos relacionados ao caso concreto, a partir de elementos coligidos no próprio processo.[21]

Apesar da maior parte da academia jurídica ter se mostrado otimista em relação ao PL, houve também opiniões mais reservadas ou céticas. É o caso de Fernando Leal e José Vicente Santos Mendonça, que embora reconhecessem os pontos positivos da iniciativa, questionaram sua efetividade prática e sua capacidade de realmente melhorar a segurança jurídica no país.

Fernando Leal advertiu que a mera exigência da consideração das consequências práticas das decisões, sem qualquer critério para identificá-las ou avaliá-las, não melhoraria necessariamente sua qualidade, além de possivelmente gerar ainda mais incertezas.[22] José Vicente Santos de Mendonça considerou pouco provável a concretização de um futuro ideal em que a lei geraria uma transformação da atuação administrativa e judicial, justamente pela dificuldade de definição, identificação e avaliação das consequências práticas de uma decisão. O autor apontou dois outros cenários – ou futuros – que, a seu ver, seriam mais prováveis: a chamada "retórica das consequências", em que haveria tão somente uma mudança no estilo das decisões, sem que houvesse alteração em seu conteúdo, e uma "mudança da gramática" que educaria e constrangeria os juízes a mudar, nem que fosse um pouco, suas decisões.[23]

---

[21] Cf. MARQUES NETO, Floriano de Azevedo; SUNDFELD, Carlos Ari; DALLARI, Adilson de Abreu; MARTINS, Ives Gandra da Silva; DI PIETRO, Maria Sylvia Zanella; MEDAUAR, Odete; LUCON, Paulo Henrique dos Santos; JUSTEN FILHO, Marçal; CARRAZZA, Roque; BINENBOJM, Gustavo; ALMEIDA, Fernando Menezes de; ARAGÃO, Alexandre Santos de; SCAFF, Fernando Facury; CÂMARA, Jacintho Arruda; MONTEIRO, Vera; MOREIRA, Egon Bockmann; MENDONÇA, José Vicente Santos de; PEREZ, Marcos Augusto; PIOVESAN, Flavia; MODESTO, Paulo; ROSILHO, André Janjácomo; JORDÃO, Eduardo Ferreira; SCHIRATO, Vitor Rhein; CUNHA, Carlos Eduardo Bergamini. *Resposta aos comentários tecidos pela Consultoria Jurídica do TCU ao PL n º 7.448/2017*, 2018, p. 4.

[22] LEAL, Fernando. *Inclinações pragmáticas no direito administrativo: nova agenda, novos problemas. O caso do PL 349/15*, 2016, p. 25-30.

[23] MENDONÇA, José Vicente Santos de. *Dois futuros (e meio) para o Projeto de Lei do Carlos Ari*, 2016, p. 33-34.

No campo da Administração Pública, Francisco Gaetani afirmou que o PL buscou trazer racionalidade às decisões públicas, de modo a assegurar que "as consequências práticas das decisões sejam levadas em conta, e que medidas para a mitigação de prejuízos à sociedade sejam implementadas sempre que necessário".[24] No campo da Economia, Luiz Carlos Bresser-Pereira e Samuel Pessôa convergiram no sentido de que a sanção do PL seria necessária para a melhoria da gestão pública, pois ele não apenas regularia os regulados, mas também e sobretudo os controladores. Esse aspecto, para os autores, aumentaria a segurança jurídica dos servidores públicos.[25]

A rede de apoio criada em torno do PL parece ter surtido efeito, pois a pressão exercida pelos dos órgãos do controle para influenciar sua sanção teve sucesso apenas parcial. Em 25 de abril de 2018, o presidente Michel Temer sancionou o PL com alguns vetos, dando origem à Lei 13.655/2018. Esses vetos foram examinados pelo Congresso Nacional em uma sessão conjunta em junho de 2018 e mantidos com a maioria dos votos.

Os dispositivos mais criticados por órgãos de controle foram vetados. Eles previam (i) ação declaratória de validade de ato, contrato, ajuste, processo ou norma administrativa, sob a justificativa de que sua proposição poderia levar ao aumento excessivo e injustificado de demanda judicial;[26] (ii) hipóteses que não configuram "erro grosseiro" para fins da responsabilização de agentes públicos, sob o argumento de que elas atribuem discricionariedade ao gestor para agir com base

---

[24] GAETANI, Francisco. *O mundo jurídico virou a principal fonte de insegurança jurídica*, 2018.

[25] BRESSER-PEREIRA, Luiz Carlos. *Brasil precisa de normas para regular os reguladores e não travar a administração*, 2018; PESSÔA, Samuel. *Nova Lei de Introdução às Normas do Direito*, 2018.

[26] Art. 25 do PL: "Quando necessário por razões de segurança jurídica de interesse geral, o ente poderá propor ação declaratória de validade de ato, contrato, ajuste, processo ou norma administrativa, cuja sentença fará coisa julgada com eficácia erga omnes. §1º A ação de que trata o caput deste artigo será processada conforme o rito aplicável à ação civil pública. §2º O Ministério Público será citado para a ação, podendo abster-se, contestar ou aderir ao pedido. §3º A declaração de validade poderá abranger a adequação e a economicidade dos preços ou valores previstos no ato, contrato ou ajuste".
As razões de veto foram: "A ação declaratória preconizada pelo dispositivo, cuja sentença terá eficácia para todos, inclusive podendo dispor a respeito de preço e valores, poderá acarretar excessiva demanda judicial injustificada, tendo em vista a abrangência de cabimento para a impetração da ação por 'razões de segurança jurídica de interesse geral' o que, na prática, poderá contribuir para maior insegurança jurídica. Ademais, há omissão quanto à eficácia de decisões administrativas ou de controle anteriores à impetração da ação declaratória de validade, uma vez que a atuação judicial pode se tornar instrumento para a mera protelação ou modificação dessas deliberações, representando, também, violação ao Princípio Constitucional da Independência e Harmonia entre os Poderes."

em sua própria convicção;[27] (iii) negociação do regime de transição em decisão que preveja mudança de entendimento em norma de conteúdo indeterminado, sob a justificativa de que essa possibilidade cria direito subjetivo indevido ao administrado.[28]

A segunda parte dos vetos demonstra certa desconfiança do Poder Executivo em relação à consensualidade como modalidade de atuação administrativa.[29] Foram vetados os dispositivos que dispunham sobre (i) celebração de compromisso que tenha por objeto sanções e créditos, sob a justificativa de que, em respeito ao princípio da reserva legal, seria impossível transacionar a respeito de sanções e créditos relativos ao passado e imputados em decorrência de lei;[30] (ii) celebração de compromisso em jurisdição voluntária para excluir a responsabilidade pessoal do agente público por vício do compromisso, sob o argumento de que a medida viola o princípio da independência e harmonia entre os poderes.[31]

---

[27] Art. 28, §1º, do PL: "Não se considera erro grosseiro a decisão ou opinião baseada em jurisprudência ou doutrina, ainda que não pacificadas, em orientação geral ou, ainda, em interpretação razoável, mesmo que não venha a ser posteriormente aceita por órgãos de controle ou judiciais".
As razões de veto foram: "A busca pela pacificação de entendimentos é essencial para a segurança jurídica. O dispositivo proposto admite a desconsideração de responsabilidade do agente público por decisão ou opinião baseada em interpretação jurisprudencial ou doutrinária não pacificada ou mesmo minoritária. Deste modo, a propositura atribui discricionariedade ao administrado em agir com base em sua própria convicção, o que se traduz em insegurança jurídica".

[28] Art. 23, parágrafo único, do PL: "Se o regime de transição, quando aplicável nos termos do caput deste artigo, não estiver previamente estabelecido, o sujeito obrigado terá direito a negociá-lo com a autoridade, segundo as peculiaridades de seu caso e observadas as limitações legais, celebrando-se compromisso para o ajustamento, na esfera administrativa, controladora ou judicial, conforme o caso".
As razões de veto foram: "O caput do artigo impõe a obrigatoriedade de estabelecimento de regime de transição em decisão administrativa, controladora ou judicial que preveja mudança de entendimento em norma de conteúdo indeterminado quando indispensável para o seu cumprimento, todavia, o parágrafo único traz um direito subjetivo do administrado ao regime. Assim, o dispositivo reduz a força cogente da própria norma e deve ser vetado, de modo a garantir a segurança jurídica de tais decisões".

[29] Cf. PALMA, Juliana Bonacorsi de. *Segurança jurídica para a inovação pública: a nova Lei de Introdução às Normas do Direito Brasileiro (Lei nº 13.655/2018)*, 2018, p. 224.

[30] As razões de veto do dispositivo foram as seguintes: "A celebração de compromisso com os interessados, instrumento de natureza administrativa previsto no caput do artigo, não pode, em respeito ao princípio da reserva legal, transacionar a respeito de sanções e créditos relativos ao tempo pretérito e imputados em decorrência de lei. Ademais, poderia representar estímulo indevido ao não cumprimento das respectivas sanções, visando posterior transação".

[31] As razões de veto do dispositivo foram as seguintes: "A autorização judicial destinada à celebração de compromisso administrativo com a finalidade de excluir a responsabilidade pessoal do agente público viola o Princípio Constitucional da Independência e Harmonia entre os Poderes, ao comprometer a apreciação das esferas administrativa e de controle".

A terceira parte dos vetos revela uma leitura de eficiência por parte do Poder Executivo.[32] Foram vetadas as disposições que dispunham sobre (i) obrigatoriedade de publicação das contribuições recebidas pela administração por meio de consulta pública, sob a justificativa de que a previsão poderia tornar a atividade administrativa morosa e ineficiente;[33] (ii) apoio jurídico ao agente público na defesa de conduta praticada no exercício de suas competências, pois essa proposição levaria à não exclusividade da advocacia pública na execução de tais atividades e à imposição de gasto financeiro indevido à administração.[34]

Revisando as discussões sobre o PL, é possível cogitar que as opiniões críticas dos órgãos de controle tenham sido baseadas em uma análise precipitada de suas propostas. Além de precipitada, essa análise pode também ter sido influenciada pelo receio de que as instituições de controle perdessem seu amplo decisório, que foi sendo estabelecido desde a restauração da democracia nos anos 1980, bem como de ter obscurecida sua posição de liderança no combate da corrupção.[35]

O Brasil viveu diversas investigações e casos de corrupção desde a redemocratização, como o "Esquema PC" relacionado ao *impeachment* de Fernando Collor de Mello em 1992 e o "Mensalão" em 2005, mas nenhum parece se aproximar da Lava Jato, deflagrada em 2014 em Curitiba, no Paraná. Desde então, a Operação se expandiu por mais de sessenta fases, com desdobramentos penais, cíveis e administrativos envolvendo temas tão diversos como corrupção em empresas estatais,

---

[32] Cf. PALMA, Juliana Bonacorsi de. *Segurança jurídica para a inovação pública: a nova Lei de Introdução às Normas do Direito Brasileiro (Lei nº 13.655/2018)*, 2018, p. 224.

[33] As razões de veto do dispositivo foram as seguintes: "Configura-se de todo louvável o comando do dispositivo de tornar obrigatória a publicação das contribuições oriundas das consultas públicas que precedam a edição de atos normativos. Não obstante, a extensão dessa obrigatoriedade à publicação também das respectivas análises, e de modo concomitante à edição do respectivo ato normativo, poderia tornar extremamente morosa e ineficiente a sistemática por parte dos órgãos ou Poderes, ou mesmo retardar sua implementação, indo de encontro ao interesse público e recomendando, assim, o veto do parágrafo".

[34] As razões de veto do dispositivo foram as seguintes: "Os dispositivos criam direito subjetivo para o agente público obter apoio e defesa pela entidade, em qualquer esfera, decorrente de ato ou conduta praticada no exercício regular de suas competências, inclusive nas despesas com a defesa. Tal como se apresenta, fica caracterizada a não exclusividade do órgão de advocacia pública na prestação, podendo impor a cada entidade dispêndio financeiro indevido, sem delimitar hipóteses de ocorrência de tais apoios nem especificar o órgão responsável por esse amparo, o que poderia gerar significativos ônus sobretudo para os entes subnacionais."

[35] Cf. PALMA, Juliana Bonacorsi de. *Segurança jurídica para a inovação pública: a nova Lei de Introdução às Normas do Direito Brasileiro (Lei nº 13.655/2018)*, 2018, p. 243.

financiamento político-partidário, bem como os modos e limites de atuação dos órgãos de controle.³⁶

Dentre os impactos da Operação está o "lavajatismo". O termo nasceu de forma espontânea e carece de uma conceituação exata, mas envolve, como pontuado por Carlos Graieb, a "ideia de que entregar o poder a homens puros, salvadores da pátria que vêm de fora do 'sistema', é a única maneira de resolver os problemas do Brasil".

É termo baseado na ideia de que os fins justificam os meios e que as leis e punições para quem comete atos de corrupção devem ser duras, além de que o processo para a aplicação de sanções deve ser rápido e transparente.³⁷

Sob a perspectiva "lavajatista", o PL foi considerado como uma ameaça ao poder de fiscalização e punição dos órgãos de controle. Essa percepção pode ser compreendida em contexto: a proposição do PL ocorreu em 2015, no auge da Operação Lava Jato, com a prisão de importantes figuras políticas e empresariais envolvidas em escândalos de corrupção. A aprovação do PL pela CCJ se deu em 2017, durante o julgamento de Eduardo Cunha, fato que pode ter reforçado essa percepção de ameaça.

Dentro desse contexto, parcela das críticas ao PL giraram em torno da preocupação com o enfraquecimento da Operação Lava Jato, em vez de se concentrar no conteúdo jurídico dos seus dispositivos propriamente ditos. José Robalinho Cavalcanti, presidente da Associação Nacional dos Procuradores da República (ANPR), afirmou que "a proposta tem relação com a Lava Jato, como um símbolo de que acabou a impunidade nos grandes empreendimentos e preocupou os gestores. Não houve hipertrofia do controle nos últimos anos, o que houve foi a Lava Jato e outras operações derivadas mostrando que havia

---

³⁶ Raquel de Mattos Pimenta aponta que a interpretação do que a Operação Lava Jato representou e representa é altamente controvertida. Para uma de suas principais figuras, Sérgio Fernando Moro, "com esperança, será possível olhar para trás em alguns anos e dizer que a Lava Jato fortaleceu a economia nacional, o estado democrático de direito e a democracia no Brasil" (MORO, Sérgio Fernando. *Preventing systemic corruption in Brazil*, 2018, p. 168). Para outros, os protagonistas da operação "levaram ao chão grandes empresas e, com isso, covalidaram mercados estruturantes da economia brasileira. Acabaram com maus empresários e, no seu lugar, deixaram mais, e pior, do mesmo" (WARDE, Walfrido. *O espetáculo da corrupção: como um sistema corrupto e o modo de combatê-lo estão destruindo o País*, 2018, p. 42). Já Pimenta não fornece interpretações genéricas sobre as investigações, pois ela teria se tornado tão grande que, para o futuro, uma tarefa não trivial dos pesquisadores interessados em algum dos seus muitos temas será desmontá-la para olhar suas partes e microdinâmicas de poder (PIMENTA, Raquel de Mattos. *Reformas anticorrupção e arranjos institucionais: o caso dos acordos de leniência*, 2020, p. 17-18).

³⁷ GRAIEB, Carlos. *É preciso distinguir entre a Lava Lato e o lavajatismo*, 2021.

um esquema de corrupção abrangendo praticamente todo o modelo de negócio do sistema público e isso teria que mudar".[38]

Augusto Sherman, ministro do TCU, mencionou que discordava da premissa adotada pelo PL: a "de que a Justiça, o Ministério Público, o TCU e os demais órgãos de controle, as corregedorias dos órgãos administrativos causam insegurança jurídica nos administradores públicos". Em sua visão, o projeto afastaria "a atuação da Justiça, do Ministério Público, dos órgãos de controle sobre os atos e contratos praticados pelos administradores públicos, é a pior possível. Veja, a Lava Jato teve como uma de suas funções dar transparência ao que vinha acontecendo no Brasil e continua acontecendo".[39]

Em direção oposta, Alex Canuto, Presidente da Associação Nacional dos Especialistas em Políticas Públicas e Gestão Governamental, ponderou que o combate à corrupção no Brasil estaria sendo realizado "numa forma até bem-intencionada, mas não adequada, de fortalecer, arrochar, excessivamente, o controle em cima da gestão meritocrática do Poder Executivo, de pessoas, de servidores públicos que têm espírito republicano".[40]

Na literatura jurídica, autores com diferentes perspectivas sobre o direito público, desde alguns mais tradicionais até outros mais pragmáticos, convergiram no sentido de que a nova LINDB não teve a intenção de influenciar o ordenamento jurídico de maneira disruptiva, inclusive a ponto de ensejar críticas tão contundentes como as que foram feitas. Os dispositivos buscariam apenas positivar, em lei geral, um acúmulo de reflexões da literatura, bem como de normas e práticas que faziam parte do direito administrativo de uma maneira ou outra.

Essa visão é compartilhada pelos autores que elaboraram o anteprojeto de lei, Carlos Ari Sundfeld e Floriano de Azevedo Marques Neto,[41] por outros que apoiaram a proposta, como Maria Sylvia Zanella Di Pietro e Jacintho Arruda Câmara,[42] tanto quanto por aqueles mais

---

[38] RACANICCI, Jamile. *PL 7448/17 'contribui para impunidade no setor público', diz presidente da ANPR*, 2018.
[39] TCU. *Discussão do Projeto de Lei 7.448/2017. Principais conclusões do Diálogo Público realizado pelo TCU no dia 23 de abril de 2018 em Brasília*, 2018, p. 118-119.
[40] Idem, p. 143.
[41] SUNDEFLD, Carlos Ari. *Direito administrativo: o novo olhar da LINDB*, 2022, p. 62; MARQUES NETO, Floriano de Azevedo. *Art. 23 da LINDB – O equilíbrio entre mudança e previsibilidade na hermenêutica jurídica*, 2018, p. 95;
[42] DI PIETRO, Maria Sylvia Zanella. *A nova LINDB e o direito administrativo: o que esperar?*, 2020, p. 252; ARRUDA CÂMARA, Jacintho. *Art. 24 da LINDB – Irretroatividade de nova orientação geral para anular deliberações administrativas*, 2018, p. 122.

críticos à capacidade de a reforma aprimorar a segurança jurídica, como Ricardo Marcondes Martins.[43]

De forma mais específica, Carlos Ari Sundfeld afirmou que a LINDB consolidou ou avançou reformas quanto a cinco temas principais: condicionamento do exercício da criação jurídica, superação da nulidade absoluta, reconhecimento e disciplina da consensualidade, reversão da responsabilidade objetiva de agentes públicos e redefinição da responsabilidade patrimonial em processos. A seu ver, embora esses assuntos estejam presentes nos vários campos do direito público, a disciplina procurou corrigir, em especial, insuficiências ou desvios havidos na expansão do controle público ou da regulação administrativa a partir dos anos 1980.[44]

2 Objetivo e justificativa da pesquisa

Este livro busca investigar as relações entre as ideias incorporadas na LINDB e reformas e teorias anteriores do direito administrativo brasileiro. Em outras palavras, o objetivo principal é "testar" a afirmação da literatura especializada, exposta anteriormente, segundo a qual a norma se inspira ou deriva de normas ou ideias que circulavam no país, de modo a verificar como isso se manifesta na história do direito administrativo.

Para tanto, o trabalho realiza uma reconstrução dos antecedentes teóricos e normativos relacionados a dois temas tratados pela lei: o condicionamento do exercício da produção jurídica por gestores e controladores públicos e a superação da ideia de nulidade absoluta como regra geral no direito administrativo. Ao adotar esse recorte, a pesquisa deixa de lado os temas envolvendo a disciplina da consensualidade administrativa, a reversão da responsabilidade objetiva de agentes públicos e a redefinição da responsabilidade patrimonial em processos.[45]

O primeiro tema estudado inclui a previsão de exigências, de caráter formal e substancial, para a tomada de decisão pública. Ele abrange os dispositivos que tratam de decisões amparadas em normas

---

[43] MARTINS, Ricardo Marcondes. *Alterações da LINDB e a ponderação dos atos administrativos*, 2020, p. 279.
[44] SUNDFELD, Carlos Ari. *A LINDB e as novas bases do direito administrativo*, 2022, p. 33.
[45] Os temas escolhidos como foco se baseiam na classificação proposta por Carlos Ari Sundfeld em: SUNDFELD, Carlos Ari. *A LINDB e as novas bases do direito administrativo*, 2022, p. 33.

indeterminadas (art. 20), regime de transição adequada em função da criação de novas orientações jurídicas para terceiros (art. 23), realização de consulta pública para a edição de regulamentos administrativos (art. 29) e dever de normatizar sobre a aplicação de normas públicas (art. 30).

O segundo tema engloba os dispositivos que afastam a ideia segundo a qual o reconhecimento de vícios em um ato administrativo levaria à extinção completa de seus efeitos, para o passado e para o futuro. A lei exige que a decisão de invalidação seja cotejada em face das possíveis alternativas (art. 20, parágrafo único) e indique suas consequências e a forma de regularização do ato a depender do caso (art. 21), e veda a invalidação de deliberação administrativa tomada com base em interpretação vigente à época do ato (art. 24).

Esse recorte foi adotado por duas razões principais. A primeira é de ordem pragmática: os temas foram escolhidos com base nos interesses da pesquisadora e no tempo disponível para realização do trabalho. A segunda razão é mais substancial: o condicionamento do exercício da produção jurídica e a superação da ideia de nulidade absoluta se relacionam com questão fundamental para o direito administrativo e para a compreensão do alcance da nova LINDB: o esforço de parametrizar a produção, a invalidação e a manutenção do ato administrativo.

O ato administrativo foi considerado por muitas décadas como o conceito fundamental ou o eixo central do direito administrativo brasileiro. Desde os anos 1940, estudiosos têm examinado seus diversos aspectos, buscando formular teorias sobre quais critérios devem ser seguidos na sua produção, na sua invalidação e na sua conservação. Embora recentemente tenha perdido espaço na literatura para outros conceitos – como, por exemplo, o processo administrativo – o ato continua sendo um dos tópicos mais relevantes da disciplina.

Transformações conjunturais do país e a adaptação do Direito a essas mudanças trouxeram novos desafios para a teoria do ato administrativo. Por ora, é suficiente saber que a redemocratização em 1985 e a reforma do Estado no final dos anos 1990 influenciaram na ampliação da complexidade dos assuntos da administração, o que por sua vez levou a uma maior preocupação do legislador em criar entidades capacitadas para regular e influenciar a vida privada por meio de atos administrativos com conteúdo normativo (as agências reguladoras). Autores contemporâneos, ao se depararem com essa realidade, passaram a questionar a eficiência das teorias antigas para lidar com esses desafios modernos.

A multiplicação e o aprofundamento de requisitos para o exercício válido da função administrativa também trouxeram reflexos desestabilizadores, pois fizeram crescer a complexidade jurídica. Tornou-se cada vez mais provável o surgimento de situações administrativas inválidas, e cada vez maior o risco de um ato, contrato ou ajuste administrativo, após ter gerado efeitos e criado cadeias de consequências, acabar contestado e invalidado, abrindo uma crise jurídica tardia. Para lidar com o desafio de, em tais situações, evitar invalidações desestabilizadoras, as técnicas para identificação e correção de invalidades também tiveram de ser repensadas no direito administrativo.[46]

Essas questões estão no cerne do diagnóstico que inspirou a reforma da LINDB e, portanto, justificam o recorte adotado. É o que se extrai da própria exposição de motivos do PL: "como fruto da consolidação da democracia e da crescente institucionalização do poder público, o Brasil desenvolveu (...) ampla legislação administrativa que regula o funcionamento, a atuação dos mais diversos órgãos do Estado, bem como viabiliza o controle externo e interno do seu desempenho. Ocorre que, quanto mais se avança na produção dessa legislação, mais se retrocede em termos de segurança jurídica. O aumento de regras sobre processos e controle da administração têm provocado aumento da incerteza e da imprevisibilidade e esse efeito deletério pode colocar em risco os ganhos de estabilidade institucional".

O livro se propõe a abordar o direito administrativo como um fenômeno dinâmico, em constante adaptação às mudanças sociais, políticas e jurídicas do país. Para tanto, utiliza a perspectiva dos *movimentos do direito administrativo*, entendidos como fenômenos que flutuam ao longo do tempo e do espaço e que são influenciados por fatores variados, como as mudanças na legislação, o desenvolvimento de teorias jurídicas e as condições políticas e sociais de determinado período histórico. O livro, ao adotar esse ângulo de análise, pretende se afastar de certa tendência da literatura jurídica em estudar reformas e teorias como instituições rígidas ou estáticas.

A lente de análise utilizada busca, em certa medida, se aproximar do que Carlos Ari Sundfeld chama de "teoria dos antagonismos". O autor propõe que o direito administrativo seja apreendido por meio do jogo de oposições que circundam as leis, práticas, casos, decisões, princípios e institutos jurídicos. Em seus termos: "a teoria dos

---

[46] Cf. SUNDFELD, Carlos Ari; CASTRO NEVES, Camila. *O direito administrativo busca estabilidade: as trilhas da LINDB para o futuro*, no prelo.

antagonismos como lente de análise não se preocupa com o núcleo duro, com a substância dos institutos ou princípios; o mais importante são as constantes de seu movimento, os fluxos e refluxos, os contrários se batendo e convivendo".[47]

Exemplo de um dos movimentos estudados é o que ocorre com o controle da administração. A redemocratização marcou o início de um movimento de expansão crescente do controle com alavancagens multifatoriais, incluindo o regime jurídico-institucional dos órgãos de controle, a edição de normas que criaram instrumentos para contestar atos da administração – como a Lei da Ação Civil Pública (Lei 7.347/1985) e a Lei de Improbidade Administrativa (Lei 8.429/1992) –, o discurso político de "quanto mais controle, melhor", bem como o desenvolvimento de teorias sobre os elementos do ato e suas possibilidades de revisão.[48]

O movimento teria chegado a uma saturação nos anos 2000. Os mandatos de Luiz Inácio Lula da Silva (2003-2011) foram marcados pelo fortalecimento das instituições controladoras, como o TCU e a Controladoria-Geral da União (CGU). A partir de 2004, foi instaurada a Estratégia Nacional de Combate à Corrupção e à Lavagem de Dinheiro (ENCCLA), espaço para articular as diversas instituições encarregadas de promover políticas de combate à lavagem de dinheiro e à corrupção na máquina pública. No primeiro mandato de Dilma Rousseff (2011-2015), houve a promulgação de instrumentos de transparência e de monitoramento e punição. A edição da Lei de Acesso à Informação (LAI – Lei 11.527/2011), por exemplo, criou canal para que as informações dos órgãos do Estado fossem mais permeáveis às demandas da sociedade civil, da mídia e de outros órgãos de controle.

As reformas destinadas ao controle e à transparência no Brasil se acumularam ao longo do tempo. A construção de instituições refletiu a divisão de poder estipulada no momento da promulgação da Constituição Federal de 1988, no qual a responsabilidade pelo controle da administração pública foi dispersa em organizações externas e independentes ao Poder Executivo (como o Ministério Público, o Poder Judiciário e o TCU, esse último vinculado ao Poder Legislativo) e internas a ele (CGU e Advocacia-Geral da União).

---

[47] Ampliar em: SUNDFELD, Carlos Ari. *Direito administrativo para céticos*, 2014, p. 145.
[48] Para ampliar a análise sobre a história do controle judicial da administração e suas diferentes fases, ver ensaio de Eduardo Jordão: JORDÃO, Eduardo. *Passado, presente e futuro: ensaio sobre a história do controle judicial da administração Pública no Brasil*, 2022, p. 23-41.

Esse movimento de expansão da dimensão de controle pode visto sob um viés positivo, por um lado, para reverter a sensação histórica de impunidade de gestores públicos por atos ilícitos relacionados, em especial, à corrupção. Porém, ele não é uniforme dentro das instituições e apresenta problemas. O Poder Judiciário, por exemplo, mantém diferenças importantes de controle materializados por sua cúpula e pela primeira instância. Além disso, a discrepância entre falta de controle para algumas áreas e o acúmulo em outras pode ter efeitos não esperados ou indesejados em políticas públicas em geral. Do ponto de vista econômico, pode gerar paralisia da ação de gestores públicos ou de obras de infraestrutura e, até mesmo, à diminuição de investimentos, em alguns casos drástica.[49]

Dentro desse cenário, sinais de refluxo ou do início de um contramovimento à expansão da dimensão de controle se desenharam: parte da academia do Direito e da Ciência Política passou a investigar a atividade das instituições de controle com olhos mais críticos, de maneira a questionar seu *modus operandi* e seus efeitos sobre a gestão pública.[50] Tornou-se comum a utilização de expressões para designar uma gestão pública acuada frente ao controle empoderado e desequilibrado, como "gestores perplexos"[51] e "administradores assombrados pelo controlador",[52] ordenados pelo "direito administrativo do medo".[53]

Os movimentos pró e contra a expansão do controle público podem conviver durante certo tempo, disputar espaço e gerar tensões. De um lado, o movimento "pró expansão" pode ser reforçado a depender do momento político-institucional do país, de alterações legislativas ou do desenvolvimento de teorias que o sustentem. Por outro lado, o contramovimento ou refluxo pode, com base nos mesmos fatores, fixar bases que aos poucos enfraqueçam e no limite revertem o mais antigo.

---

[49] Cf. PIMENTA, Raquel de Mattos. *Reformas anticorrupção e arranjos institucionais: o caso dos acordos de leniência*, 2019, p. 85-86.
[50] Como exemplos de trabalhos da área jurídica que avaliam o controle exercido sobre a administração de forma crítica, ver: JORDÃO, Eduardo. *Estudos antirromânticos sobre controle da administração Pública*, 2022; SUNDFELD, Carlos Ari; ROSILHO, André. *Tribunal de Contas da União no direito e na realidade*, 2020; ROSILHO, André Janjácomo. *Controle da administração Pública pelo Tribunal de Contas da União*, 2016. Como exemplo de trabalho na área da Ciência Política, ver: COSTA, Patricia Vieira da. *Três ensaios sobre mudança institucional no Tribunal de Contas da União*, 2022.
[51] REIS, Tarcila; MONTEIRO, Vera. *Os tipos de gestores públicos*, 2018.
[52] SUNDFELD, Carlos Ari. *Direito administrativo para céticos*, 2014.
[53] GUIMARÃES, Fernando Vernalha. *O direito administrativo do medo: a crise da ineficiência pelo controle*, 2016.

As reformas legislativas e as ideias da literatura especializada têm especial importância nessa dinâmica de convívio e de disputa de movimentos no tempo e no espaço. Elas podem ser encaradas como tentativas de influir nesses fenômenos mais amplos, de gerar alterações naqueles que estão em curso, de conferir mais força ou de se opor a eles. A proposta é justamente verificar como as ideias da nova LINDB parecem se encaixar nessa dinâmica.

Esse esforço se justifica por três razões. Em primeiro lugar, porque investiga os antecedentes da reforma de lei com status importante no ordenamento jurídico brasileiro: o guia geral da interpretação e aplicação do Direito desde 1942. Trata-se de norma que já nasceu, durante o período conhecido como "Era Vargas", com o propósito de modernização do Direito, ao lado de outras tentativas que também buscaram superar o Brasil como um país "atrasado", "subdesenvolvido", "periférico" e "dependente".[54]

Em julho de 1939, o Ministério da Justiça formou uma comissão de juristas liderada por Orozimbo Nonato, Filadelfo Azevedo e Hanneman Guimarães, com a missão de revisar o Código Civil de 1916. A comissão foi encarregada de apresentar dois anteprojetos, um da Lei de Introdução e outro do Código de Obrigações. Após negociações, a Lei de Introdução foi finalmente promulgada e passou a ter impacto na maneira como as demais leis são aplicadas. Desde então, é comumente referenciada na literatura como uma "sobrenorma", "metanorma"[55] e "conjunto de normas sobre normas".[56] Devido a essa natureza especial, foi escolhida como o veículo para receber os dispositivos que dizem respeito ao direito público.[57]

Em segundo lugar, a pesquisa se justifica porque visa a contribuir com certa lacuna na produção acadêmica sobre a nova LINDB no âmbito do direito administrativo. Embora muitos estudos tenham sido publicados desde a aprovação da lei, a maioria se concentra na interpretação dos seus dispositivos[58] e na investigação de sua aplicação

---

[54] Cf. MOTA, Carlos Guilherme. *Para uma visão de conjunto: a história do Brasil pós-1930 e seus juristas*, 2010, p. 26.
[55] Cf. DINIZ, Maria Helena. *Curso de direito civil brasileiro*, 2012, p. 74.
[56] Cf. BATALHA, Wilson de Souza Campos. *Lei de Introdução ao Código Civil*, 1959, p. 5-6.
[57] Cf. SUNDFELD, Carlos Ari. *Direito administrativo: o novo olhar da LINDB*, 2022, p. 35-43.
[58] Há muitas obras que buscam estudar a nova LINDB com foco no direito administrativo. Entre elas, ver: MAFFINI, Rafael; RAMOS, Rafael (coord.). *Nova LINDB – Consequencialismo, deferência judicial, motivação e responsabilidade do gestor público*, 2020; MAFFINI, Rafael; RAMOS, Rafael (coord.). Nova LINDB – *Proteção da confiança, consensualidade, participação democrática e precedentes administrativos*, 2021; VALIATI, Thiago Priess; HUNGARO,

por autoridades públicas.[59] Poucos autores, porém, adotaram uma abordagem retrospectiva, procurando entender com quais debates os dispositivos estão vinculados, ou seja, buscando identificar a origem das soluções propostas e aquelas contra as quais as soluções se opõem. Os trabalhos mais próximos dessa abordagem constam na edição especial da Revista de Direito Administrativo da Escola de Direito do Rio de Janeiro da Fundação Getúlio Vargas (RDA) – *Direito Público na Lei de Introdução às Normas do Direito Brasileiro* de 2018. Jacintho Arruda Câmara e Vera Monteiro, respectivamente, analisaram o conteúdo do art. 24 (irretroatividade de nova orientação geral para anular deliberações administrativas) e art. 29 (realização de consulta pública para a edição de regulamentos) com base em seus antecedentes teóricos e normativos.[60]

Busco avançar em relação às produções acadêmicas existentes, por meio da análise de novas fontes bibliográficas e normativas, além da sistematização e reflexão sobre temas ainda não abordados sob uma mesma perspectiva. Como um primeiro passo, dois textos em coautoria

---

Luis Alberto; MORETTINI E CASTELLA, Gabriel (coord.). *A Lei de Introdução e o direito administrativo brasileiro*, 2019; NOHARA, Irene Patrícia (coord.). *LINDB – Lei de Introdução às Normas do Direito Brasileiro – Hermenêutica e novos parâmetros ao direito público*, 2018; MOTTA, Fabrício; NOHARA, Irene Patrícia. *LINDB no direito público*, 2018; NOBRE JÚNIOR, Edilson Pereira. *As normas de direito público na Lei de Introdução ao Direito Brasileiro: paradigmas para interpretação do direito administrativo*, 2021; MARQUES NETO, Floriano de Azevedo; FREITAS, Rafael Véras de. *Comentários à Lei 13.655/2018*, 2019; CUNHA FILHO, Alexandre Jorge Carneiro da; ISSA, Rafael Hamze; SCHWIND, Rafael Wallbach. *Lei de Introdução às Normas do Direito Brasileiro – anotada: Decreto-Lei nº 4.657, de 4 de setembro de 1942*, 2019; SUNDFELD, Carlos Ari; GIACOMUZZI, José Guilherme. *O espírito da Lei nº 13.655/2018: impulso realista para a segurança jurídica no Brasil*, 2018; SUNDFELD, Carlos Ari; JURKSAITIS, Guilherme Jardim. *Uma lei para dar mais segurança jurídica ao direito público e ao controle*, 2016.

[59] Por exemplo, ver pesquisas no âmbito do (i) TCU (GRUPO PÚBLICO. *Aplicação dos novos dispositivos da Lei de Introdução às Normas do Direito Brasileiro (LINDB) pelo Tribunal de Contas da União*, 2021; SCHWAITZER, Bernardo Padula; ROQUETE, Felipe Leitão Valadares. *O controle do erro administrativo entre a tradição e a inovação: a aplicação do art. 28 da LINDB pelo Tribunal de Contas da União*, 2022); (ii) STF e STJ (MENDONÇA, José Vicente Santos de. *Aplicação da LINDB pelo Supremo e pelo STJ: o que os dados falam?*, 2021); e (iii) Justiça Federal (CAGGIANO, Heloísa Conrado; MARTINS, Paula Silva. *O impacto da nova LINDB no julgamento de ações de improbidade administrativa pelos Tribunais Regionais Federais: a Lei 14.230/2021 era mesmo necessária?*, 2022).

[60] ARRUDA CÂMARA, Jacintho. *Art. 24 da LINDB – Irretroatividade de nova orientação geral para anular deliberações administrativas*, 2018, p. 113-134; SUNDFELD, MONTEIRO, Vera. *Art. 29 da LINDB – Regime jurídico da consulta pública*, 2018, p. 225-242. Para além do trabalho desses autores, ver outros artigos que também contém uma tentativa de avaliar os antecedentes dos dispositivos da LINDB, de forma mais restrita em relação ao objetivo do presente trabalho: MARRARA, Thiago. *Consultas públicas: o que mudou com a LINDB?*, 2021, p. 153-172; CALIL, Ana Luíza. *Motivação administrativa: passado, presente e futuro no direito administrativo brasileiro*, 2019, p. 169-190.

com o professor orientador foram elaborados e publicados, em versão estendida, no livro *Direito administrativo: o novo olhar da LINDB* de 2022. Aproveitei parte das fontes e das reflexões propostas nesses artigos e aprofundou a investigação.[61]

Em terceiro lugar e último lugar, o trabalho se justifica pelo fato de considerar o direito administrativo como um ramo em constante transformação, em linha com as constatações e preocupações de autores internacionais e nacionais há muitas décadas. Já em 1910, León Duguit ponderou, em *Les transformations du droit public*, que o direito público estaria em perpétua transformação, de modo que anunciar estudo sobre as "transformações do direito público" poderia sugerir que se fosse tratar "de todo o direito público".[62]

Nessa perspectiva, gestores públicos, controladores públicos e administrativistas são parte integrante de um processo de transformação contínua, contribuindo com a proposição de normas, teorias e soluções jurídicas concretas que influenciam os rumos da disciplina.[63] E o pesquisador contemporâneo naturalmente enfrenta desafios analíticos e metodológicos ao buscar compreender esse cenário em constante transformação.

De acordo com Sabino Cassese, é fundamental que o estudioso da área se mantenha sempre atualizado, acompanhando as mudanças no direito positivo e investigando suas tendências. Também é importante que ele busque uma linguagem que permita transcender o direito positivo, de modo a reconstruir os princípios que regulam "as leis do movimento".[64] A pesquisa busca contribuir para a compreensão da LINDB justamente a partir da adoção dessa abordagem.

---

[61] Os textos originais são: SUNDFELD, Carlos Ari; CASTRO NEVES, Camila. *O direito administrativo busca estabilidade: as trilhas da LINDB para o futuro*, no prelo; SUNDFELD, Carlos Ari; CASTRO NEVES, Camila. *Nova LINDB e reformas da atividade pública sancionadora*, no prelo. Ambos foram republicados em: SUNDFELD, Carlos Ari. *Direito administrativo: o novo olhar da LINDB*, 2022 (Capítulo 3 – Criação, invalidade e consensualismo no direito administrativo: as orientações da LINDB e Capítulo 6 – Sanções em direito administrativo e a LINDB).

[62] DUGUIT, León. *Les transformations du droit public*, 1910, p. XIX-X.

[63] Para uma referência internacional mais recente, ver: CASSESE, Sabino. *As transformações do direito administrativo do século XIX ao XXI*, 2004, p. 13-15. Entre os autores brasileiros que também se atentaram às transformações da disciplina, ver: MEDAUAR, Odete. *O direito administrativo em evolução*, 2003; MOREIRA NETO, Diogo de Figueiredo. *Mutações do direito administrativo*, 2007; BAPTISTA, Patrícia. *Transformações do direito administrativo*, 2018.

[64] CASSESE, Sabino. *As transformações do direito administrativo do século XIX ao XXI*, 2004, p. 22-23.

3 Metodologia e plano de trabalho

A pergunta principal da pesquisa é: *como a nova LINDB se relaciona com movimentos anteriores do direito administrativo que parametrizaram a produção, a invalidação e a manutenção de atos administrativos?* Para respondê-la, adotei abordagem metodológica qualitativa, que inclui a produção de um texto descritivo (narrando os movimentos) e exploratório (fazendo inferências e sugerindo hipóteses). Os métodos utilizados foram a revisão bibliográfica e análise documental.[65]

A revisão bibliográfica foi conduzida com base na literatura de direito administrativo. A literatura é também conhecida como doutrina, produção acadêmica ou dogmática jurídica[66] e inclui textos produzidos fora dos contextos processuais ou negociais, independentemente do formato de exposição, métodos, objetivos específicos ou público-alvo. Embora tenha utilizado os termos literatura jurídica e produção acadêmica de forma indistinta, parcela das publicações consideradas na pesquisa se deu fora das universidades. Autores influentes, como Miguel Seabra Fagundes e Hely Lopes Meirelles, não ocuparam cátedras universitárias.

O principal objeto de estudo consiste na literatura jurídica brasileira. Referências estrangeiras e de outros campos do conhecimento foram consultadas apenas como complemento necessário para compreender o contexto da concepção ou da transposição de algumas ideias na literatura jurídica brasileira. As referências consideradas foram aquelas mencionadas nos livros nacionais mais influentes e respeitados na área.

A seleção dos textos foi realizada a partir de diversas fontes, incluindo repositórios de acesso público, como o Google Scholar, o Portal de Periódicos e o Catálogo de Teses e Dissertações da CAPES, revistas especializadas em direito, como RDA, Fórum, Revista de Direito Público, Revista Trimestral de Direito Público, Revista de Direito Administrativo & Constitucional (A&C) e Revista de Direito Público da Economia (RDPE), e bibliotecas físicas. Além disso, a pesquisa também foi conduzida através de referências obtidas durante o percurso acadêmico na FGV Direito SP, incluindo disciplinas, seminários, eventos e grupos de estudo.

---

[65] Sobre a pesquisa qualitativa nas ciências sociais, ver: PIRES, Álvaro. *Amostragem e pesquisa qualitativa: ensaio teórico e metodológico*, 2010, p. 90-21.

[66] Sobre o uso da expressão literatura jurídica no Brasil, ver: CÂNDIDO, Antônio. *Literatura e sociedade*, 2006, p. 121.

Além da revisão bibliográfica, o trabalho também coletou fontes primárias do Direito, incluindo a Constituição Federal, leis, normas infralegais setoriais, decisões administrativas e controladoras e relatórios produzidos por órgãos e entidades administrativas sobre temas específicos. Essas fontes foram utilizadas para garantir consistência à narrativa. No entanto, análises sistemáticas de jurisprudência e legislação não foram realizadas.[67]

Com base nessas estratégias de pesquisa, o trabalho concluiu que o condicionamento da produção jurídica na nova LINDB e da superação da nulidade absoluta estão relacionados a quatro movimentos do direito administrativo: movimento de parametrização da validade do ato administrativo, movimento de parametrização da invalidação e da conservação do ato administrativo, movimento de criação das agências reguladoras e movimento de edição de leis gerais de processo administrativo.

A identificação e a caracterização dos movimentos foram realizadas com base no tema central e na problemática que os dispositivos legais enfrentaram. Por exemplo: o art. 20 estabelece que as decisões públicas baseadas em valores jurídicos abstratos, sejam elas da administração ou dos controladores, considerarão suas consequências práticas. O tema é a produção e o controle do ato administrativo; a problemática é o uso pouco criterioso de princípios como método de fundamentação. Portanto, o trabalho elegeu o movimento de parametrização da validade do ato como relevante e focou na análise da expansão de teorias e normas que viabilizaram o controle principiológico como uma de suas fases.[68]

Os movimentos foram organizados em ordem cronológica, com um capítulo cada, do mais antigo ao mais recente. Em cada um dos capítulos, os movimentos foram subdivididos em seções temporais ou temáticas para explorar cada uma segundo suas especificidades. Essa forma de organização foi adotada partindo da premissa de que em certo período ocorra uma certa continuidade, em que autores se refiram a certos temas, ideias ou inspirações comuns, ou ao menos levem em conta sua existência, seja para concordar, discordar ou acrescentar novos aspectos.

---

[67] Sobre a análise documental em pesquisas qualitativas, ver texto de Andre Cellard (CELLARD, Andre. *A análise documental*, 2008, p. 297).
[68] Cf. JUSTEN FILHO, Marçal. *Art. 20 da LINDB – Dever de transparência, concretude e proporcionalidade nas decisões públicas*, 2018.

Embora o trabalho adote a organização dos movimentos em ordem cronológica, os subtópicos dos capítulos não adotam uma lógica ordenada de início, meio e fim. Os fluxos dos movimentos podem ocorrer de forma paralela durante o mesmo período até que um eventualmente, mas nem sempre, prevaleça sobre o outro. Por essa razão, há subseções dentro de um mesmo capítulo com marcos temporais coincidentes sem que isso represente uma contradição factual ou uma inconsistência metodológica.

Os capítulos foram elaborados a partir de duas etapas: descrição dos movimentos do direito administrativo mapeados e comparação de suas características com os dispositivos da nova LINDB. Na primeira etapa, a descrição foi realizada levando em consideração as mudanças na legislação, os debates presentes na literatura e o contexto político-social no qual as reformas ou teorias foram concebidas. Como argumentado por Carlos Ari Sundfeld, no estudo do direito administrativo, é indispensável conhecer o espírito da época em estudo, que se revela em um complexo de elementos, como nos textos normativos, na literatura, nas polêmicas que concretamente chamam a atenção das pessoas, nos problemas enfrentados e nas decisões controladoras.[69]

Essa descrição, no entanto, não pretende ter rigor historiográfico. A pesquisa desenvolvida talvez diga mais respeito a uma sistematização das *ideias do direito administrativo* do que à sua história propriamente dita. E, como em toda discussão de ideias, a do direito administrativo tem seus personagens, principais e coadjuvantes. A aposta do trabalho é a de que seja possível reconstruir a trajetória do direito administrativo dando voz a esses personagens que a marcaram, que influíram no seu curso e, em especial, no desenvolvimento e na consolidação de ideias que viriam a inspirar a nova LINDB.

Já na segunda etapa da pesquisa, foi realizada uma análise comparativa entre as características dos movimentos mapeados e a LINDB, de forma a classificar as modificações implementadas na lei em diferentes tipos de reforma jurídica.

As aulas cursadas no Mestrado demonstraram que a literatura de reformas administrativas é produtiva em criar modelos que buscam descrever e explicar os processos reformistas empreendidos nas administrações públicas. Um dos paradigmas mais utilizados é proveniente da teoria institucionalista. Mahoney e Thelen

---

[69] SUNDFELD, Carlos Ari. *Processo e procedimento administrativo no Brasil*, 2020, p. 20.

desenvolveram um modelo para identificar os diferentes padrões resultantes das mudanças institucionais e para explicar seus fatores determinantes.

O "deslocamento" (*displacement*) e a "sobreposição de camadas" (*layering*) estão entre os padrões elaborados pelos autores. O primeiro consiste na remoção das instituições existentes e introdução de novas. Normalmente, envolvem mudanças radicais, a partir do colapso e substituição de regras antigas. Já o segundo é marcado pela introdução de novas regras além das existentes. Esse processo pode consistir em emendas ou acréscimos às instituições vigentes, mas também pode trazer mudanças substanciais se as camadas alterarem a lógica da instituição.[70]

O debate mais amplo sobre como as reformas administrativas podem ser formatadas também é recorrente na literatura institucionalista. De um lado, estão as macrorreformas ou propostas de transformação institucional radical (*big bang*), de caráter abrangente, com objetivos claros e de longo alcance. A literatura aponta que a vantagem dessa estratégia é aproveitar janelas de oportunidades – como crises, novo governo, popularidade presidencial etc. – para rápida implementação e diminuir a capacidade dos opositores de preservarem o *status quo*.[71]

Do outro lado, estão as reformas de caráter incremental, focadas em soluções de problemas mais específicos e atingidos, normalmente, de forma gradual, sequencial, em menor escala e sem muito alarde. Seus empreendedores aproveitam oportunidades pequenas para avançar em mudanças significativas, com ajustes e aprendizado contínuo. Devido a essas características, autores apontam que as reformas incrementais, nas últimas décadas, têm sido a opção predominante nos governos democráticos.[72]

As vantagens da abordagem incremental são discutidas extensivamente pela literatura institucionalista e ultrapassam o escopo deste trabalho. Pode-se mencionar, apenas como exemplo, o argumento de que elas possuem uma implementação mais fácil após sua aprovação. Como não pretendem alterar as fundações do regime vigente, tendem a enfrentar menor resistência interna do que reformas do tipo *big bang*

---

[70] Ampliar em: MAHONEY, J.; THELEN, K. *Explaining institutional change: ambiguity, agency, and power*, 2010.

[71] Ampliar em: CAVALCANTE, Pedro. *Transformações contemporâneas no Estado Brasileiro: macrorreformas ou inovações incrementais na era da governança?*, 2020, p. 561.

[72] *Ibidem*.

e sofrer menos sabotagens na hora de tirar suas normas do papel. Também existe o argumento de que essas reformas permitem que a administração tenha maior facilidade em desenvolver novas rotinas que permitam a implementação de suas regras, bem como dialogar com agentes que ainda apresentem oposições às mudanças.

Não existe, entretanto, uma distinção bem delimitada entre as abordagens *big bang* e incremental. Como essa diferenciação depende de elementos subjetivos acerca do tamanho e da velocidade das transformações implementadas, a perspectiva individual de cada estudioso ou reformador fará com que diferentes pessoas possam caracterizar um mesmo movimento como radical ou gradual. Nesse trabalho, porém, será considerada incremental a reforma que trabalhe com a ideia de mudanças escalonadas.

Na literatura jurídica, é raro encontrar modelos que expliquem as reformas jurídicas que afetam a administração. Esse trabalho não busca ajustar a tipologia de mudanças institucionais às reformas aqui estudadas, nem propor a criação de um novo modelo analítico. O objetivo é mais específico: entender as alterações da LINDB com base nas teorias e normativas mapeadas a partir de três critérios: (i) reforma para adição de ferramentas: incorporação de ferramentas que não estavam previstas no direito positivo e na literatura; (ii) reforma para declaração formal: incorporação, em lei geral, de ideias que já eram discutidas na literatura, mas não estavam contempladas na legislação; (iii) reforma para realce normativo: incorporação, em lei geral, de ideias que já estavam presentes em normas esparsas do ordenamento jurídico, focadas em temas ou destinatários mais específicos.

Conceitos trazidos pelo movimento institucionalista também serão empregados de maneira bastante pontual, a fim de analisar características relevantes para a compreensão da nova LINDB no contexto de reformas jurídicas do direito administrativo. Vale frisar que o trabalho não tem a pretensão de promover uma análise aprofundada do pensamento institucionalista, tampouco se filiar de maneira expressa a nenhuma das suas correntes. Essa perspectiva é útil para fins de apresentar que o direito administrativo, assim como as instituições em geral, passa por transformações permanentes, que nem sempre se operam por meio de alterações abruptas.

A complexidade de sintetizar movimentos do direito administrativo impõe restrições analíticas. A primeira envolve a inviabilidade de se abordar todas as questões envolvendo os temas estudados, o que obrigou a pesquisadora a selecionar, com alguma arbitrariedade, questões consideradas centrais para compreendê-los. A segunda restrição se relaciona com o extenso recorte longitudinal dos temas objeto da pesquisa, que certamente traz desafios em colher informações e dados e mensurar os acontecimentos.

A terceira restrição analítica consiste na simplificação de posições da literatura: ideias desenvolvidas por diferentes autores tiveram de ser resumidas em relação à sua exposição original e, em algumas situações, analisadas em conjunto. Esse exercício de simplificação pode ser observado, por exemplo, no tema da invalidação do ato administrativo. É possível encontrar inúmeras classificações teóricas que não foram consideradas na pesquisa, que se concentrou nas posições consideradas como mais representativas desse debate. Apesar das restrições mencionadas, acredita-se que o trabalho tem o potencial de discutir o passado com rigor metodológico e analítico para, então, se compreender e explicar o presente.

Estão fora do escopo do trabalho: (i) elaboração de comentários pontuais, artigo por artigo, da nova LINDB; (ii) reflexão sobre como os dispositivos devem ser interpretados; (iii) investigação empírica da aplicação dos dispositivos; (iv) reflexão sobre a conexão dos dispositivos da LINDB com reformas posteriores à sua edição; (v) estudo pormenorizado de conceitos (entender para que servem, quais significados podem apresentar na literatura); (vi) pesquisa de jurisprudência sistemática sobre quaisquer dos temas abordados.

Em relação a aspectos de forma, o trabalho optou por um dos sistemas de referência bibliográfica adotados no Brasil: o da indicação do ano de publicação da obra, seguido do número da página, ou das páginas, em que se encontra a ideia citada. O trabalho não indica a página, mas apenas do ano de publicação, quando a referência for à obra como um todo. Em caso de obra reeditada, por razões de acessibilidade, algumas vezes foi citado o ano das reedições. As indicações bibliográficas ao final se referem tanto a obras mais estruturantes, como a obras de referência pontual.

Por fim, quanto à estrutura, o trabalho foi organizado em quatro capítulos além dessa introdução e das considerações finais.

O capítulo 1 trata do movimento de parametrização da validade do ato administrativo: o estabelecimento de critérios, na literatura e na legislação brasileiras, que devem ser observados pela administração na produção de seus atos. O primeiro fluxo do movimento se iniciou nos anos 1940, com estudos de autores como Miguel Seabra Fagundes e Themístocles Brandão Cavalcanti, que buscaram decompor o ato administrativo em elementos mínimos de produção, analisando cada um deles para examinar quais poderiam ser controlados pelos juízes.

O segundo fluxo do movimento se iniciou nos anos 1980, com o desenvolvimento de novos parâmetros para a validade dos atos administrativos. A validade passou a não apenas ser condicionada pelos elementos enunciados nos anos anteriores, mas também pelos princípios gerais do Direito, como a proporcionalidade e razoabilidade. Esses conceitos impregnaram a cultura jurídica e passaram a ser enunciados na legislação e utilizados pelos tribunais com alta frequência.

O capítulo 2 aborda o movimento de parametrização da invalidação e da conservação do ato administrativo: o estabelecimento de critérios, na literatura e na legislação, que devem ser observados pela administração e pelo Judiciário para a anulação dos atos administrativos que possuem vícios ou, a depender do caso, para a sua conservação no mundo jurídico. Esse esforço está inserido na preocupação mais ampla da literatura sobre os atos administrativos apresentada no capítulo anterior. Isso porque o estudo dos elementos de validade do ato buscava justamente identificar seus vícios, que poderiam levar à sua invalidação ou, a depender do caso, à sua correção e manutenção no mundo jurídico.

O movimento de parametrização da invalidação e da manutenção do ato administrativo foi dividido em três fluxos. O primeiro e mais antigo, entre os anos 1940 e 1970, trata das classificações iniciais das hipóteses de invalidação e suas consequências na literatura, pois não havia lei que sistematizasse os casos de invalidade. O segundo fluxo, iniciado no final dos anos 1970, se refere à valorização da possibilidade de convalidação do ato administrativo, em certas situações, em nome da proteção da legalidade administrativa e do interesse público. O terceiro e mais recente fluxo do movimento consiste, a partir dos anos 1980, no reconhecimento da necessidade de proteção da segurança jurídica e da confiança do particular.

Os dois primeiros capítulos têm uma relação mais estreita com o objeto central de estudo, ou seja, a produção, a invalidação e a manutenção do ato administrativo. A partir dessas preocupações, movimentos normativos mais específicos vieram a reboque, incluindo a criação das agências reguladoras no final dos anos 1990, bem como a promulgação das leis gerais de processo administrativo no mesmo período.

O capítulo 3 discorre sobre o movimento de criação das agências reguladoras. O poder normativo conferido a essas entidades contribuiu para o surgimento de novos parâmetros para a validade dos atos administrativos com conteúdo normativo (os regulamentos), como as consultas e as audiências públicas. Apresento que discussões e normas relacionadas ao tema já existiam antes da década de 1990, exemplificando essa afirmativa com o fato de que, nos anos 1960 e 1970, entidades administrativas foram criadas para ordenar o mercado financeiro e de capitais.

O capítulo 4 apresenta o movimento de edição das leis gerais de processo administrativo, ocorrido no final dos anos 1990. A comparação entre as recém-criadas agências reguladoras brasileiras e as norte-americanas permitiu a identificação de um *déficit*. O Brasil não dispunha de lei geral para disciplinar de forma ampla o exercício das atividades decisórias administrativas, incluindo a edição de regulamentos, como dispunha os Estados Unidos. Em função disso, pela primeira vez no Brasil, foram editadas as leis gerais de processo, com parâmetros para a produção, para a invalidação e para a manutenção do ato administrativo.

CAPÍTULO 1

MOVIMENTO DE PARAMETRIZAÇÃO DA VALIDADE DO ATO ADMINISTRATIVO

1 Do mecanicismo à criatividade na aplicação do Direito (1850-2010)

A LINDB condiciona, em caráter geral, o exercício das competências públicas da administração e do controle.

O art. 20, *caput*, contém diretrizes para decisões baseadas em normas indeterminadas, prevendo que elas deverão levar em conta suas consequências práticas.[73] O art. 23 prevê direito à transição adequada no caso de criação de novas situações jurídicas para os particulares: a decisão que estabelecer orientação nova sobre norma de conteúdo indeterminado deverá prever regime de transição, se indispensável para que o novo dever ou condicionamento de direito seja cumprido de modo proporcional, equânime e eficiente e sem prejuízo aos interesses gerais.[74]

---

[73] Para aprofundar no art. 20 da nova LINDB, ver: JUSTEN FILHO, Marçal. *Art. 20 da LINDB – Dever de transparência, concretude e proporcionalidade nas decisões públicas*, 2018, p. 13-41; BITTENCOURT, Caroline Muller; LEAL, Rogério Gesta. *Consequencialismo das decisões e os valores jurídicos abstratos a partir da Lei 13.655/18: uma análise crítica sob a perspectiva da (in)segurança jurídica*, 2020, p. 93-122; FRANÇA, Philip Gil. *Algumas considerações sobre como decidir conforme o consequencialismo jurídico da Lei 13.655/2018*, 2020, p. 123-142; BRUM, Guilherme Valle. *Políticas públicas, princípios e consequencialismo: notas sobre o art. 20 da Lei de Introdução às Normas do Direito Brasileiro*, 2020, p. 143-156; SOUZA, Rodrigo Pagani de; ALENCAR, Letícia Lins de. *O dever de contextualização na interpretação e aplicação do direito público*, 2019, p. 51-72; NOHARA, Irene Patrícia. *Motivação do ato administrativo na disciplina de direito público da LINDB*, 2019, p. 3-20.

[74] Para aprofundar no art. 23 da nova LINDB, ver: MARQUES NETO, Floriano de Azevedo. *Art. 23 da LINDB – O equilíbrio entre mudança e previsibilidade na hermenêutica jurídica*, 2018,

O art. 29 estabelece a necessidade de consulta pública prévia à edição de regulamento administrativo.[75] Já o art. 30 trata do dever de publicidade e autovinculação da Administração na aplicação de normas. O *caput* determina que as autoridades públicas devem atuar para aumentar a segurança jurídica na aplicação das normas, inclusive por meio de regulamentos, súmulas administrativas e respostas a consultas. O parágrafo único adiciona que esses instrumentos terão caráter vinculante em relação ao órgão ou entidade a que se destinam.[76]

Ao condicionar o exercício da produção jurídica, a LINDB se posiciona sobre a seguinte questão: *a aplicação do direito administrativo envolve apenas a observância estrita da lei ou uma dimensão criativa?* Em resposta, a lei parece adotar a premissa de que os aplicadores do Direito exercem grau considerável de criação nos casos concretos, se opondo à visão mais tradicional, segundo a qual, em função do princípio da legalidade, a aplicação do Direito excluiria qualquer margem de liberdade e criatividade por parte do operador no caso concreto.

Essa concepção estava presente na produção acadêmica de Carlos Ari Sundfeld, um dos responsáveis pela elaboração do anteprojeto de lei que alterou a LINDB. O autor publicou diversas obras, em especial o livro *Direito administrativo para céticos* de 2012, que buscaram afastar a ideia segundo a qual os gestores e controladores públicos se comportam como braços mecânicos do legislador. Esses atores, ao atuar, constroem uma história envolvendo práticas, entendimentos e normas administrativas que adquirem algum "grau de vida própria".[77]

A visão mais tradicional de legalidade, à qual a LINDB se opõe, possui raízes na própria origem do direito administrativo. A história

---

p. 93-112; RODRIGUES, Itiberê de Oliveira Castellano. *Artigo 23 – regime de transição, segurança jurídica e proteção da confiança – divagações e notas soltas*, 2021, p. 37-58.

[75] Para aprofundar no art. 29 da nova LINDB, ver: MONTEIRO, Vera. *Art. 29 da LINDB – Regime jurídico da consulta pública*, 2018, p. 225-242; HEINEN, Juliano. *A formação do consensus a partir das bases normativas do art. 29 da Lei de Introdução às Normas do Direito Brasileiro*, 2021, p. 109-122; BITTENCOURT, Caroline Muller; LEAL, Rogério Gesta. *Participação democrática e a necessidade de consulta pública quando da elaboração legislativa para configuração de políticas públicas: um olhar sobre as vantagens da democracia deliberativa*, 2021, p. 123-152.

[76] Para aprofundar no art. 30 da nova LINDB, ver: MOREIRA, Egon Bockmann; PEREIRA, Paula Pessoa. *Art. 30 da LINDB – O dever público de incrementar a segurança jurídica*, 2018, p. 243-274; FRANÇA, Vladimir da Rocha. *Precedentes administrativos no direito administrativo sancionador*, 2021, p. 197-218; NOHARA, Irene Patrícia; FERNANDES, Érika Capella. *Desafio do alcance de segurança jurídica por meio de precedentes no direito administrativo*, 2021, p. 173-196.

[77] SUNDFELD, Carlos Ari. *Direito administrativo para céticos*, 2014, p. 237.

clássica, retratada nos livros,[78] narra que seu surgimento ocorreu na década de 1850 na França, com a subordinação do Estado à lei e a definição de uma pauta de direitos para vincular, organizar e limitar a atuação administrativa. A noção de legalidade é considerada como o símbolo desse momento fundador, marcando a superação da estrutura de poder do Antigo Regime, fundada na vontade do soberano.[79] A separação de poderes recém-conquistada apontaria para uma completa distinção entre a criação e a aplicação do Direito. De um lado, o Legislativo deveria reunir em regime de monopólio a prerrogativa de criação do Direito, exceto se delegasse a um ente o poder de legislar sobre determinado assunto. De outro lado, ao Executivo e ao Judiciário caberia apenas sua aplicação.[80] Embora essa narrativa seja objeto de críticas, como a de Gustavo Binenbojm exposta adiante,[81] ela acabou formatando a visão mais tradicional sobre o princípio da legalidade entre antigos publicistas.[82]

---

[78] Entre os livros jurídicos que reproduzem a narrativa clássica sobre o surgimento do direito administrativo, está o *Curso de Direito Administrativo* de Celso Antônio Bandeira de Mello, um dos mais utilizados em faculdades e concursos públicos no Brasil (BANDEIRA DE MELLO, Celso Antônio. *Curso de direito administrativo*, 2015, p. 38-40).

[79] Caio Tácito sintetizou que: "O episódio central da história administrativa do século XIX é a subordinação do Estado ao regime de legalidade. A lei, como expressão da vontade coletiva, incide tanto sobre os indivíduos como sobre as autoridades públicas. A liberdade administrativa cessa onde principia a vedação legal. O Executivo opera dentro dos limites traçados pelo Legislativo, sob a vigilância do Judiciário" (TÁCITO, Caio. *Evolução histórica do direito administrativo*, 1997, p. 2).

[80] Ibidem.

[81] Gustavo Binenbojm aponta que "[t]al história seria esclarecedora, e até mesmo louvável, não fosse falsa. Descendo-se da superfície dos exemplos genéricos às profundezas dos detalhes, verifica-se que a história da origem e do desenvolvimento do direito administrativo é bem outra. E o diabo, como se sabe, está nos detalhes. A associação da gênese do direito administrativo ao advento do Estado de direito e do princípio da separação de poderes na França pós-revolucionária caracteriza erro histórico e reprodução acrítica de um discurso de embotamento da realidade repetido por sucessivas gerações, constituindo aquilo que Paulo Otero denominou ilusão garantística da gênese. O surgimento do direito administrativo, e de suas categorias jurídicas peculiares (supremacia do interesse público, prerrogativas da Administração, discricionariedade, insindicabilidade do mérito administrativo, dentre outras), representou antes uma forma de reprodução e sobrevivência das práticas administrativas do Antigo Regime que a sua superação. A juridicização embrionária da Administração Pública não logrou subordiná-la ao direito; ao revés, serviu-lhe apenas de revestimento e aparato retórico para sua perpetuação fora da esfera de controle dos cidadãos" (BINENBOJM, Gustavo. *Uma teoria do direito administrativo: direitos fundamentais, democracia e constitucionalização*, 2014, p. 10 e seguintes).

[82] O termo publicista é utilizado sob o ponto de vista da lógica interna da produção teórica do direito administrativo, e não dos eventuais sentidos políticos conferidos aos agentes de cada época. Sobre o tema, ver: BENTO, Juliane Sant'Anna; ENGELMANN, Fabiano; PENNA, Luciana Rodrigues. *Doutrinadores, políticos e "direito administrativo" no*

É certo que o Estado de Direito pressupõe a submissão de toda atividade pública a uma malha legal, mas seu tecido não é homogêneo. Para alguns autores, os fios dessa rede são mais abertos, de modo a permitir que entre eles exista liberdade de deliberação e ação. Para outros, ela é composta por fios estreitos, que não deixam grande espaço aos gestores públicos. Publicistas mais clássicos, embora reconhecessem que a administração possui discricionariedade para agir em certas situações, adotaram essa perspectiva mais estreita, de modo que, quando houvesse previsão legal sobre determinado tema, o administrador se limitaria aplicar, sem liberdade de deliberação e ação, o comando existente.

A concepção mais estreita da legalidade parece ter sido primeiro defendida no Período Imperial por Antônio Joaquim Ribas, cuja obra *Direito administrativo brasileiro* de 1866 era adotada como leitura obrigatória nos cursos jurídicos[83] e indicava que o administrador deve "aplicar sistematicamente, às hipóteses variáveis da vida prática, o pensamento da lei".[84] Tempos depois, foi reforçada em períodos não democráticos, em que os publicistas demonstravam especial preocupação com o dever de as autoridades públicas se submeterem ao Direito.

Na ditadura Vargas (1930-1946), Miguel Seabra Fagundes publicou *O Controle dos atos administrativos pelo Poder Judiciário* e defendeu que legislar é "editar o direito positivo", julgar é "aplicar a lei contenciosamente" e administrar é "aplicar a lei de ofício".[85] O autor apenas distinguiu essas três funções e não reproduziu uma visão mecânica sobre a aplicação do Direito. Apesar disso, sua frase "administrar é aplicar a lei de ofício" foi replicada nos anos seguintes, em diferentes contextos, para limitar a margem de atuação administrativa.[86]

Na Ditadura Militar (1964-1985), Celso Antônio Bandeira de Mello é referência entre os autores que fizeram o uso da frase de Seabra Fagundes com viés mais restritivo em relação ao seu contexto original. Em *Elementos de direito administrativo* de 1980 (que posteriormente viria

---

Brasil, 2017, p. 287. Para uma visão dos principais publicistas brasileiros, considerando o momento histórico em que suas produções históricas se desenvolveram, ver o ensaio de Carlos Ari Sundfeld, intitulado *A ordem dos publicistas*: SUNDFELD, Carlos Ari. *Direito administrativo para céticos*, 2012, p. 93-131.

[83] Cf. JUNIOR, Carlos de Barros. *Antônio Joaquim Ribas (O Conselheiro Ribas)*, 1974, p. 251-252.
[84] RIBAS, Antônio Joaquim. *Direito administrativo brasileiro*, 1866, p. 66-67.
[85] SEABRA FAGUNDES, Miguel. *O controle dos atos administrativos pelo Poder Judiciário*, 2005, p. 3.
[86] Cf. AMARAL, Antônio Carlos Cintra do. *Validade e invalidade do ato administrativo*, 2000, p. 3.

a ser atualizado sob a nomenclatura de *Curso de direito administrativo*), defendeu que princípio da legalidade se destina a "garantir que a atuação do Executivo nada mais seja senão a concretização da vontade geral". A lei, tendencialmente maximalista, deveria ser "o fundamento, o critério e o limite do agir administrativo".[87]

Bandeira de Mello acrescentou que "a atividade administrativa não deve apenas ser exercida sem contraste com a lei, mas, inclusive, só pode ser exercida nos termos de autorização contida no sistema legal. A legalidade na administração não se resume à ausência de oposição à lei, mas pressupõe autorização dela, como condição de sua ação. Administrar é aplicar a lei, de ofício".[88]

A concepção da administração pública como aplicadora mecânica das leis leva consigo, ainda que de forma implícita, a crença de que as leis devem ser detalhadas, tanto quanto possível, para lidar com as situações do mundo real que possam vir a reclamar tratamento jurídico. Gestores e controladores públicos agiriam como simples agentes de transmissão de um Direito "pré-pronto", com pouca responsabilidade por soluções normativas que adotem e que eventualmente venham a ser questionadas.

A perspectiva mais tradicional ou estreita de legalidade tem perdido força há anos, ainda que se possa divergir quanto aos graus admissíveis e efetivamente praticados de criatividade jurídica. A mudança de paradigma é atribuída, em grande medida, a Almiro do Couto e Silva.[89] Em 1990, no texto *Poder discricionário no direito administrativo brasileiro*, o autor defendeu que "a noção de que a administração é mera aplicadora das leis é tão anacrônica e ultrapassada quanto a de que o direito seria apenas um limite para o administrador".[90]

Couto e Silva acrescentou que, no Estado contemporâneo, bastante complexo, seria impensável que a lei sempre determinasse até os últimos pormenores qual deveria ser o comportamento e a atuação dos diferentes agentes administrativos. A seu ver, a administração por certo não prescinde de uma base ou de uma autorização legal para agir, mas, no exercício da competência legalmente definida, agentes

---

[87] BANDEIRA DE MELLO, Celso Antônio. *Elementos de direito administrativo*, 1980, p. 14.
[88] *Ibidem*.
[89] Cf. BINENBOJM, Gustavo. *Uma teoria do direito administrativo: direitos fundamentais, democracia e* constitucionalização, 2006, p. 34 e seguintes.
[90] COUTO E SILVA, Almiro do. *Poder discricionário no direito administrativo brasileiro*, 1990, p. 53.

públicos têm um dilatado campo de liberdade para desempenhar uma "função formadora".[91]

Dali em diante, a concepção mais realista ou pragmática[92] da legalidade foi desenvolvida por vários autores, nacionais e estrangeiros, segundo diferentes abordagens e enfoques. A legalidade continua sendo elemento estruturante do direito administrativo, mas passa a ser observada sob uma perspectiva "de carne e osso".[93] Essa visão mais recente envolve três aspectos principais: a superação da visão clássica sobre a tripartição de poderes, o reconhecimento da incompletude do Direito e a aceitação do papel criativo, formador ou constitutivo do seu operador.

Em relação ao primeiro aspecto, na literatura estrangeira, Bruce Ackerman defendeu, em *The new separation of powers* e *Adeus, Montesquieu*, a importância de o direito administrativo comparado realizar um movimento decisivo para além das reflexões clássicas sobre a separação tripartite de Montesquieu. Apesar de sua grandeza, essa construção naturalmente não captou fenômenos da contemporaneidade, como a política democrática, os desenhos constitucionais modernos, as técnicas burocráticas contemporâneas e as ambições específicas do Estado regulatório.[94]

Bruce Ackerman acrescentou que o direito administrativo comparado deveria levar em conta um mundo institucional em que instituições independentes desempenham funções cada vez mais importantes e complexas, apesar de não poderem ser classificadas como puramente legislativas, judiciais ou executivas. Nesse sentido, a análise da distribuição de poderes públicos deveria ser realizada caso

---

[91] *Ibidem*.
[92] Adoto a concepção de pragmatismo proposta por Thamy Pogrebinschi. A autora desmembra o conceito em três características: (i) o antifundacionismo, o qual rejeita pontos de partida estáticos, exigindo um desprendimento com o passado e com velhas teorias; (ii) o contextualismo, o qual consiste na valorização de questões sociais, políticas, históricas, econômicas e culturais; e (iii) o consequencialismo, o qual pressupõe uma investigação voltada para o futuro, de modo a antecipar eventuais prognósticos e suas consequências (POGREBISCHI, Thamy. *Pragmatismo: teoria social e política*, 2005, p. 23-72). Sobre a presença da abordagem pragmática no direito administrativo contemporâneo, ver: MENDONÇA, José Santos Vicente. *A verdadeira mudança de paradigmas do direito administrativo: do estilo tradicional ao novo estilo*, 2014, p. 179-198.
[93] O termo "legalidade de carne e osso" foi utilizado por André Cyrino, o qual discutiu o conceito tradicional de legalidade por meio das lentes da realidade política brasileira e a literatura da ciência política. Para ampliar, ver: CYRINO, André. *Legalidade administrativa de carne e osso: uma reflexão diante do processo político brasileiro*, 2017, p. 175-208.
[94] ACKERMAN, Bruce. *The new separation of powers*, 2000; ACKERMAN, Bruce. *Adeus, Montesquieu*, 2014, p. 13-23.

a caso, com um olhar mais sensível em relação ao contexto local que se pretende examinar.[95]

Na literatura brasileira, Gustavo Binenbojm, em *Uma teoria do direito administrativo: direitos fundamentais, democracia e constitucionalização*, desafiou a narrativa clássica da origem do direito administrativo e argumentou que, ao contrário do que foi disseminado nos livros, a ação da administração jamais teria se reduzido à aplicação mecânica da lei. Os amplos espaços discricionários deixados pelas leis para serem preenchidos pelo administrador comprometeriam, desde logo, a noção de que a administração não age por conta própria, além de que própria atuação do Conselho de Estado afastaria a ideia de inexistência de produção normativa fora do Legislativo.[96]

Gustavo Binenbojm adicionou que a visão tradicional da legalidade se mostraria ainda mais descolada da realidade a partir da segunda metade do século XX, quando o direito administrativo teria passado a enfrentar uma verdadeira "crise da lei". Em seus termos, o crescente desprestígio do legislador mundo afora teria ocorrido por vários fatores, entre os quais o incremento da atividade normativa do Executivo, a proliferação das agências reguladoras com capacidade para editar regulamentos, bem como o aumento da complexidade das relações econômicas e sociais, as quais passaram a não mais caber dentro da lentidão e generalidade do processo legislativo.[97]

Com visão semelhante, Carlos Ari Sundfeld, em *Direito administrativo para céticos* de 2012, reconheceu vigorar no direito administrativo "a era da concorrência normativa", na qual os poderes Legislativo, Executivo e Judiciário se comportam como centros produtores de normas. O autor defendeu que "administrar é criar", isto é, a aplicação do direito administrativo possui natureza constitutiva, de modo que o operador do Direito constrói uma história nos casos concretos, envolvendo práticas, entendimentos e normas que adquirem algum grau de vida própria.[98]

Dez anos depois, ao tratar especificamente da nova LINDB, em *Direito administrativo: o novo olhar da LINDB*, Carlos Ari Sundfeld reforçou a noção acima. Argumentou que, para condicionar a produção

---

[95] ACKERMAN, Bruce. *Adeus, Montesquieu*, p. 18.
[96] BINENBOJM, Gustavo. *Uma teoria do direito administrativo: direitos fundamentais, democracia e constitucionalização*, 2014, p. 34.
[97] Idem, p. 35.
[98] SUNDFELD, Carlos Ari. *Direito administrativo para céticos*, 2014, p. 231-281.

jurídica de forma adequada, a LINDB precisou superar uma crise nas ideias históricas sobre divisão de tarefas dentro do Estado; a lei teve de reconhecer que a administração vinha cada vez mais compartilhando a produção normativa com os legisladores, fenômeno visível sobretudo na regulação econômica, além de que os juízes e os controladores compartilhariam, em doses crescentes, a construção em concreto do interesse público.[99]

Em segundo lugar, a visão mais realista ou pragmática da realidade reconhece a incompletude e a incerteza do Direito. Os destinos da administração não estariam todos escritos nas leis, não teriam sido traçados de maneira inflexível e detalhada pelo legislador. O aplicador do Direito enfrenta situações de incerteza, possui certa margem de liberdade para atuar e é responsável pelo seu próprio caminho, interpretando os condicionamentos legais de um ou outro modo, optando por certas decisões e descartando outras que não lhe parecem convenientes para solucionar o caso concreto.

Na literatura estrangeira, Jean-Bernard Auby defendeu, em *Observaciones teóricas, históricas y comparadas sobre la incerteza del derecho*, que a incerteza é um elemento ontológico do Direito. Seu grau pode variar conforme o sistema jurídico em questão, a depender da pluralidade das fontes internas (como leis, regulamentos, decisões etc.),[100] de uma organização administrativa mais ou menos complexa, como também em função da forma de elaboração de textos normativos. Enquanto alguns sistemas jurídicos privilegiam fórmulas gerais e abstratas (como os de tradição romano-germânica), que permitem mais de uma interpretação e tendem a diminuir o grau de certeza, outros preferem redações pragmáticas e mais próximas ao problema a ser regulado (como os países de *common law*).[101]

Diante desse cenário, Jean-Bernard Auby defendeu que ao invés de negarmos a existência da incerteza em determinado sistema jurídico, seria mais conveniente pensarmos em métodos para reduzir seu grau a depender do caso em questão. Na França, por exemplo, essa tentativa

---

[99] Cf. SUNDFELD, Carlos Ari. *Direito administrativo: o novo olhar da LINDB*, 2022, p. 39.

[100] Francisco Velasco Caballero, em estudo comparado, analisa as fontes internas como um dos elementos que determinam os diferentes tipos empíricos de direito administrativo. As fontes analisadas incluem a lei, os regulamentos, as instruções fornecidas pela administração aos particulares e a jurisprudência (CABALLERO, Francisco Velasco. *Administraciones publicas e derechos administrativos*, 2021, p. 92).

[101] AUBY, Jean-Bernard. *Observaciones teóricas, históricas y comparadas sobre la incerteza del derecho*, 2020, p. 215-216).

envolveria estratégias de simplificação administrativa e normativa, aplicadas pela Secretaria Geral de Governo e por órgãos especializados, bem como a exigência de estudos de impacto regulatório de forma prévia à aprovação de projetos de lei.[102]

Na literatura brasileira, Eduardo Jordão é um dos autores que abraçou essa mesma perspectiva.[103] De acordo com ele, apesar da incerteza ser uma característica intrínseca ao Direito, no Brasil ainda há dificuldades em reconhecer essa realidade. Aqui haveria uma supervalorização do Direito, em que dogmas irrealistas, como o da contempletude do ordenamento jurídico, conduziriam muitos operadores a supor ser sempre possível identificar solução específica determinada para qualquer problema social ou questão prática, entre princípios e regras explícitos ou extraíveis da Constituição, das leis e das normas infralegais.[104]

Eduardo Jordão apontou que essa cultura é, ao mesmo tempo, positiva para os bacharéis e negativa para os gestores públicos. Positiva para os bacharéis porque os empodera, permitindo que eles atuem como "oráculos" capazes de desvelar a determinação específica do ordenamento, da qual ninguém poderia se afastar licitamente. Negativa para os gestores porque, encarregados de interpretar o Direito para aplicá-lo no caso concreto, eles se veem depois submetidos ao controle realizado por outras instituições, as quais possuem interpretações diferentes das deles sobre qual seria a solução específica a ser adotada. Mesmo que a interpretação da administração tenha sido razoável, controladores acham que há espaço para anulações e punições.[105]

---

[102] Ibidem.

[103] Eduardo Jordão propõe uma base teórica que reconhece três finalidades distintas, e eventualmente conflitantes, do direito administrativo: a proteção de direitos ("dimensão jurídica"), a promoção eficiente de utilidades à população ("dimensão gerencial") e a garantia da legitimidade de escolhas administrativas ("dimensão política"). A construção tridimensional teria diversas vantagens. A principal talvez seria reconhecer a complexidade e a conflitualidade interna do Direito, superando nesse aspecto a concepção tradicional. Outra vantagem seria reconhecer sua incompletude, bem como a necessidade de que o operador eventualmente crie soluções específicas no contexto de indeterminação ou lacuna normativa – soluções que, dentro de certas condições, teriam de ser respeitadas como legítimas pelos controladores jurídicos. Ao admitir tal necessidade, portanto, a teoria tridimensional abre espaço para considerações institucionais, isto é, sobre qual instituição deve criar as soluções e como isso deve ser feito. Também ilumina a relevância de refletir sobre uma deferência qualificada do controle público, para que ele não substitua automaticamente as escolhas dos outros agentes e entidades (JORDÃO, Eduardo. *The three dimensions of administrative law*, 2019, p. 21-38).

[104] JORDÃO, Eduardo. *Art. 22 da LINDB – Acabou o romance: reforço do pragmatismo no direito público brasileiro*, 2018, p. 66.

[105] Ibidem.

Em terceiro lugar, a visão mais realista ou pragmática da legalidade tende a aceitar o papel criativo, formador ou constitutivo do operador do Direito na construção de soluções concretas. Embora essa ideia tenha sido paulatinamente absorvida entre administrativistas, ela se relaciona de forma muito mais ampla com a *hermenêutica jurídica*, a ciência que tem por objeto o estudo dos processos aplicáveis para determinar o sentido e o alcance das expressões do Direito; em outros termos, "a teoria científica da arte de interpretar".[106]

Carlos Maximiliano, nas edições do livro *Hermenêutica e aplicação do Direito*, publicado desde 1925, já apontava que a razão de existir da hermenêutica jurídica decorreria justamente do fato de as leis positivas serem formuladas em termos gerais, sem descer a minúcias. Esse fato exigiria, a seu ver, que o intérprete estabelecesse a relação entre o texto abstrato e o caso concreto, entre a norma e o fato social.[107]

À vista desse cenário, Carlos Maximiliano propôs um mergulho no processo interpretativo existente entre a observação do sistema normativo e a realidade. O autor observou que o controlador não atua como um "insensível e frio aplicador mecânico de dispositivos", mas como uma instância de aperfeiçoamento destes, como um intermediário entre a "letra morta das leis" e a "vida real".[108] Defendeu que o controlador deve elevar o olhar dos casos concretos para as regras dirigentes a que eles estão submetidos, indagar se, obedecendo a uma, não viola outra, e inquirir sobre as consequências de cada uma das interpretações possíveis.[109]

Muitos anos depois, essa ideia foi assimilada por administrativistas com naturalidade e, em alguns casos, com simpatia. Naturalidade porque se passou a reconhecer que a produção de normas dificilmente seria capaz de acompanhar a evolução decorrente dos novos problemas e tecnologias da sociedade moderna.[110] Alguma dose de simpatia porque a experiência demonstraria que modelos normativos maximalistas nem

---

[106] MAXIMILIANO, Carlos. *Hermenêutica e aplicação do Direito*, 2001, p. 1.
[107] *Idem*, p. 11.
[108] *Idem*, p. 66.
[109] *Idem*, p. 125.
[110] Cf. BINENBOJM, Gustavo. *Uma teoria do direito administrativo: direitos fundamentais, democracia e constitucionalização*, 2014, p. 34; MARRARA, Thiago. *As fontes do direito administrativo e o princípio da legalidade*, 2014, p. 4; PALMA, Juliana Bonacorsi de. *Segurança jurídica para a inovação pública: a nova Lei de Introdução às Normas do Direito Brasileiro (Lei nº 13.655/2018)*, 2018, p. 243.

sempre atendem aos interesses públicos, podendo vir a afetar a margem de manobra para adaptações e correções pela administração.[111]

Por exemplo, no tema das licitações e das contratações públicas, André Janjácomo Rosilho observou que a Lei 8.666/1993 (Lei de Licitações e Contratos Administrativos) teria radicalizado a tendência ao maximalismo legal. Ela impôs a observância de um conjunto de rígidos e detalhados requisitos, exigências e procedimentos que, como resultado, pouco teria aprimorado a qualidade dos processos licitatórios. Ao contrário, essa estratégia teria viabilizado a captura das licitações por interesses privados e causado prejuízos à gestão pública.[112]

A visão mais realista ou pragmática da legalidade se encontrava bastante difundida na literatura quando da edição da nova LINDB. Era praticamente consensual o reconhecimento de que a produção do Direito é um *processo de concretização*, que se inicia na Constituição, se desenvolve com as leis e se concretiza com os atos administrativos e as decisões controladoras. O aplicador do Direito tem papel mais rico do que o descritivo: é também argumentativo, prescritivo, pois influencia a interpretação, a aplicação e a criação de normas jurídicas concretas.[113]

Juliana Bonacorsi de Palma, em *Segurança jurídica para a inovação pública: a nova Lei de Introdução às Normas do Direito brasileiro (Lei n 13.655/2018)* de 2018, ilustrou o papel do aplicador do Direito comparando-o com outras profissões. Conforme destacado por ela, a professora da escola primária interpreta o programa curricular básico para construir uma aula mais próxima à realidade regional de seus alunos. O médico toma decisões trágicas considerando o cenário de escassez que solapa a saúde pública. O colegiado da ANVISA

---

[111] Charles Sabel aponta que o maximalismo pressupõe a existência de um limitado grupo de "principais" – no caso o governo ou o Congresso Nacional – que seria capaz de antever a melhor solução para problemas concretos, deixando pouca margem de manobra para "correções de percurso" (SABEL, Charles. *Beyond principal-agent governance: experimentalist organizations, learning and accountability*, 2004).

[112] ROSILHO, André Janjácomo. *Qual é o modelo legal das licitações no Brasil? As reformas legislativas federais no sistema de contratações públicas*, 2011, p. 203.

[113] Marçal Justen Filho, por exemplo, argumentou que pode ser qualificada como "mecanicista" a concepção de que todas as soluções a serem concretamente adotadas já se encontram previstas (ainda que de modo implícito) nas normas gerais, de modo que a atividade de aplicação do direito não envolveria qualquer inovação por parte do agente investido da competência decisória. Na visão do autor, esse é um enfoque idealista. Funda-se na pressuposição de que todas as circunstâncias da realidade estão previamente contidas e exaustivamente disciplinadas nas normas jurídicas abstratas (JUSTEN FILHO, Marçal. *Art. 20 da LINDB – Dever da transparência, concretude e proporcionalidade nas decisões públicas*, 2018, p. 16).

interpreta o texto da lei para determinar se narguilé é um produto fumígeno para fins de regulação. O IBAMA analisa se expede licença ambiental para um determinado projeto de empreendimento a partir da interpretação de conceitos jurídicos indeterminados como "efetiva ou potencialmente poluidoras" e "degradação ambiental". O perito da previdência social interpreta as normas para conceder, ou não, benefícios previdenciários. O gestor público interpreta a Lei de Licitações e Contratos Administrativos para ponderar se uma determinada situação é hipótese de dispensa de licitação.[114]

Eis que a LINDB assimila esse papel complexo do tomador de decisão e fornece orientações para o seu processo interpretativo em vários dispositivos. Assim, as determinações para que sejam consideradas as consequências de decisões (art. 20) e invalidações (art. 21) fazem sentido em contexto em que se considera que os textos normativos com frequência dão ensejo a mais de uma interpretação razoável (o que é explicitado no parágrafo único do art. 20, na menção a "alternativas") e que, portanto, a escolha entre elas pode ser pautada pelos efeitos concretos que tendem a produzir.

É ainda no espaço de indeterminação jurídica que torna viável a mudança de interpretação ou orientação a longo do tempo, que a LINDB tratou no art. 23. O dispositivo reflete a ideia de que a estabilidade não pode ser confundida com estagnação jurídica: interpretações, leis, questões fáticas que merecem a aplicação da lei mudam. O que a lei busca é tornar a mudança manejável ou mais estável, tanto no sentido de estabilizar soluções consolidadas (tornando o passado "mais previsível"), como no sentido de neutralizar a consequência das mudanças que são inevitáveis (reduzindo o impacto da transformação).

Também é a indeterminação do Direito que justifica a admissão generalizada à consulta pública para a edição de regulamentos no art. 29. Se a lei é insuficiente para tutelar todas as nuances das relações entre administração e administrado, se torna natural que a administração edite regulamentos que serão fonte de criação de direitos e obrigações. E, na linha da segurança jurídica, é conveniente que esses regulamentos tornem a atividade administrativa mais previsível e conquiste a confiança dos particulares que com ela se relacionam.[115]

---

[114] PALMA, Juliana Bonacorsi de. *Segurança jurídica para a inovação pública: a nova Lei de Introdução às Normas do Direito brasileiro (Lei n 13.655/2018)*, 2018, p. 227.
[115] MARQUES NETO, Floriano de Azevedo; MOREIRA, Egon Bockmann. *Uma lei para o estado de direito contemporâneo*, 2015, p. 10.

Nessa mesma linha, o art. 30 estabelece que a administração deve editar regulamentos para tornar mais segura a aplicação das normas. A previsão pode diminuir as chances de surpresas indevidas e evitar a arbitrariedade, pois no espaço deixado para a atividade regulamentar, mais ou menos alargado a depender do caso, adianta-se o caminho que será seguido pela administração, deixando mais nítido ao particular qual será o seu comportamento no caso concreto.

A demanda por segurança jurídica é também reforçada no reconhecimento de que as fontes do direito administrativo vão muito além da lei formal. A LINDB confere força normativa às interpretações adotadas em determinado pela administração e considera válidos todos os atos que tenham sido editados com base nessas interpretações, ainda que elas venham a ser alteradas. O art. 24 estabelece que interpretações gerais têm valor de normas gerais e que interpretação nova não pode retroagir para invalidar e desconstituir situação formada na vigência de interpretação geral anterior, de sentido diverso.

Finalmente, era a ideia de indeterminação jurídica e o risco de diferentes interpretações por autoridades públicas que explicava o art. 25 do PL, vetado, o qual previa uma ação para que a administração obtivesse do Poder Judiciário uma espécie de "certificado" de licitude de um determinado projeto, para evitar contestações posteriores. A maior parte das críticas do TCU se voltaram especificamente a esse dispositivo: ele seria inconstitucional pois buscaria subtrair da apreciação do Poder Legislativo e dos tribunais de contas o exercício de suas competências relativas à verificação da regularidade dos atos, contratos, ajustes, processos e normas administrativas.[116]

Em resposta a essa crítica, os juristas signatários do parecer anteriormente mencionado defenderam que o dispositivo teria sido inspirado, por um lado, na ação declaratória prevista no Código de Processo Civil (CPC), e, por outro, na experiência da ação direta de constitucionalidade. A proposta permitiria que, em casos de instabilidade jurídica gerada por múltiplas contestações ou dúvidas abusivas,

---

[116] MARQUES NETO, Floriano de Azevedo; SUNDFELD, Carlos Ari; DALLARI, Adilson de Abreu; MARTINS, Ives Gandra da Silva; DI PIETRO, Maria Sylvia Zanella; MEDAUAR, Odete; LUCON, Paulo Henrique dos Santos; JUSTEN FILHO, Marçal; CARRAZZA, Roque; BINENBOJM, Gustavo; ALMEIDA, Fernando Menezes de; ARAGÃO, Alexandre Santos de; SCAFF, Fernando Facury; CÂMARA, Jacintho Arruda; MONTEIRO, Vera; MOREIRA, Egon Bockmann; MENDONÇA, José Vicente Santos de; PEREZ, Marcos Augusto; PIOVESAN, Flavia; MODESTO, Paulo; ROSILHO, André Janjácomo; JORDÃO, Eduardo Ferreira; SCHIRATO, Vitor Rhein; CUNHA, Carlos Eduardo Bergamini. *Resposta aos comentários tecidos pela Consultoria Jurídica do TCU ao PL n º 7.448/2017*, 2018, p. 15.

o Judiciário, sempre com a participação obrigatória do Ministério Público, pudesse conferir certeza definitiva quanto à validade, vigência e obrigatoriedade de normas e atos, garantindo o fluxo adequado da ação pública contra as sabotagens de que esteja sendo alvo.[117]

Com base nos aspectos apresentados, é possível concluir que a origem da nova LINDB está diretamente relacionada à necessidade de o direito positivo abordar as complexidades envolvidas na produção jurídica além do âmbito legislativo. Enquanto existem normas gerais para a elaboração de leis, através dos conhecidos processos legislativos, foi considerado importante estabelecer diretrizes específicas para as funções administrativas e de controle e para os diferentes atores que as compõem. O reconhecimento da natureza constitutiva da aplicação do Direito foi apenas o primeiro passo para que a normatização pudesse ser realizada de forma eficiente.

2 Início da parametrização e elementos do ato administrativo (1940-1970)

O condicionamento da produção jurídica na LINDB se relaciona com o movimento de parametrização da validade do ato administrativo, iniciado na literatura e depois desenvolvido na legislação e jurisprudência. Esse movimento reflete o estabelecimento de critérios que deveriam estar presentes para que o ato fosse produzido de forma válida e tivesse condições de permanecer no ordenamento jurídico, produzindo efeitos.

O primeiro fluxo do movimento ocorreu entre 1940 e 1970, com a atuação de publicistas como Miguel Seabra Fagundes, Themístocles Brandão Cavalcanti e Ruy Cirne Lima, os quais foram seguidos por Oswaldo Aranha Bandeira de Mello e Hely Lopes Meirelles. Os estudos iniciais sobre a matéria seguiam a lógica de decompor o ato administrativo em *elementos* ou *requisitos mínimos de validade*, analisando cada um deles para examinar quais poderiam ser controlados.

O contato dos publicistas com a literatura estrangeira foi essencial para que o tema fosse desenvolvido no Brasil. É o que se extrai do relato de Miguel Seabra Fagundes, autor da primeira obra dedicada à análise sistemática do tema, *O controle dos atos administrativos pelo Poder Judiciário* de 1941. Ele apontou que enquanto a literatura internacional, como a da

---

[117] *Idem*, p. 16.

França, Itália e Bélgica, sistematizava leis, princípios e jurisprudência sobre a produção e o controle do ato, a literatura nacional tendia a adotar abordagem mais histórica.[118]

Até aquele momento, entre os autores brasileiros, Alcides Cruz havia defendido que o Judiciário seria competente para anular atos administrativos, por vício de forma ou de competência, apenas no caso de o ato ter ferido direitos civis ou políticos.[119] J. Rodrigues Valle tratou do ato administrativo e de seus elementos de validade, identificando a competência, o objeto e a forma, mas sem intenção abordar a questão de forma sistemática.[120] Ruy Barbosa se pronunciou sobre o tema reagindo à provocação feita pelo Procurador da República segundo a qual o Poder Judiciário não teria competência para revogar atos políticos do Executivo, também sem maiores reflexões.[121]

Já os autores estrangeiros vinham teorizando sobre os parâmetros de produção do ato administrativo a partir da observação do controle exercido sobre ele. Buscavam, em geral, entender as "vias de abertura" do controle, por meio da identificação de quais elementos poderiam ser examinados pelos juízes. O direito francês, apontado como o que mais influenciou o Brasil nesse tema, ilustra essa tendência: as ideias desenvolvidas na literatura se relacionam com a atuação do Conselho de Estado, o qual criava parâmetros para o controle do ato já no final do século XX.[122]

Em 1875, o Conselho de Estado concebeu a noção do desvio de poder (*détournement de pouvoir*), a qual viria a ser transplantada para outros países, incluindo o Brasil. O caso *Pariset et Laudamonnier-Carriol* discutiu a conduta de prefeito que, usando suas atribuições para regular a circulação e permanência de veículo de passageiros e cargas

---

[118] SEABRA FAGUNDES, Miguel. *O controle dos atos administrativos pelo Poder Judiciário*, 1941, prefácio.
[119] CRUZ, Alcides. *Direito administrativo brasileiro*, 1914, p. 39.
[120] VALLE, J. Rodrigues. *Curso de direito administrativo*, 1941, p. 174-175.
[121] BARBOSA, Ruy. *A constituição e os actos inconstitucionaes do Congresso e do Executivo*, sem data, p. 100.
[122] Para uma análise da influência francesa no tema do controle do ato administrativo, ver: JORDÃO, Eduardo. *Passado, presente e futuro: ensaio sobre a história do controle judicial da administração Pública no Brasil*, 2017, p. 352. A seleção de julgados proposta por Eduardo Jordão foi utilizada como base para a descrição proposta no presente item. Para uma análise mais ampla sobre a influência do direito francês na formação de teorias de direito administrativo, ver: MENEZES DE ALMEIDA, Fernando Dias. *Formação da teoria de direito administrativo no Brasil*, 2005, p. 99.

na proximidade das estações ferroviárias do Município, o fez para conferir monopólio a certa empresa e não para concretizar a finalidade prevista em lei.[123]

O Conselho de Estado entendeu que o ato analisado era contrário ao Direito, porque significava o uso de uma competência municipal com finalidade diversa da pretendida pelo ordenamento jurídico. A teoria do desvio de poder ora criada considerou que todo ato administrativo deveria atender a um interesse público e não ao interesse de pessoas ou grupos privados. O órgão passou a permitir o controle não apenas das decisões administrativas que violassem a lei de forma direta, mas também daquelas que violassem sua finalidade.

Em 1914, no caso *Gomel*, o Conselho de Estado permitiu o controle do *motivo* do ato administrativo, ou a chamada qualificação jurídica dos fatos. Se a lei estabelecia que um vínculo paisagístico deve ser atribuído a uma praça que tivesse perspectiva monumental, a avaliação sobre se determinada praça constituía ou não essa perspectiva não caberia apenas à administração; o juiz também poderia fazê-la e anular o ato discordasse da análise realizada.[124]

Em 1961, o Conselho de Estado criou a ideia de erro manifesto de apreciação para permitir o controle sobre as escolhas administrativas discricionárias, incluindo o objeto do ato. O avanço se deu no caso *Lagrange*, o qual discutiu litígio relativo ao estabelecimento de equivalência entre o cargo público de guarda rural e o de pedreiro pela administração. O órgão reconheceu que embora o Estado tivesse margem de liberdade no caso concreto, o juiz poderia interferir na sua escolha e apreciar os fatos em caso de erro evidente.[125]

Os avanços do Conselho de Estado sobre o ato administrativo eram comentados pela literatura francesa. Maurice Hariou, considerado como um dos principais nomes do direito administrativo, avaliou a teoria do desvio de poder criada pelo órgão nas primeiras edições de seu *Précis de droit administratif*, como na de 1893.[126] Na primeira metade do século XX, construções sobre o ato propriamente dito entraram em cena e, novamente, Hariou é apontado como um dos primeiros autores a fornecer conceito específico para o instituto.[127]

---

[123] CONSELHO DE ESTADO. *Pariset et Laudamonnier-Carriol*, 26/11/1875.
[124] CONSELHO DE ESTADO. *Gomel*, 04/04/1914.
[125] CONSELHO DE ESTADO. *Lagrange*, 15/02/1961.
[126] HARIOU, Maurice. *Précis de droit administratif, contenant le droit public et le droit administratif*, 1893, p. 193.
[127] Cf. prefácio à obra *El acto administrativo*, de R. Fernandez de Velasco, 1929, p. 7, *apud* SALAZAR, Alcino de Paula. *Conceito de ato administrativo*, 1945. Para uma análise histórica

Outros autores somaram-se a Hariou e exploraram o assunto sob diferentes lentes, como Roger Bonnard, Gaston Jèze, Raphael Alibert e René Foignet.[128] Parece existir, embora com variações, uma lógica à francesa de examinar o ato administrativo, que viria a ser transplantada para o Brasil. A literatura tendia a prescrever cinco elementos ou requisitos de validade:[129] sujeito (autoridade produtora do ato), forma (modo através do qual o ato se apresenta), finalidade (bem jurídico a que o ato deve atender), motivo (pressuposto de fato que autoriza ou exige a prática do ato) e objeto (disposição jurídica expressada pelo ato).[130]

A lógica à francesa de decompor o ato em elementos não é universal. Ao contrário, ela é desconhecida nos direitos administrativos de Países de *common law*. O direito administrativo norte-americano, inglês e canadense, por exemplo, sequer conheciam a ideia de ato administrativo e de seus elementos. A forma de controle que se dava e ainda se dá sobre as decisões administrativas nesses países é independente de considerações desse tipo e está mais focada na substância da decisão.[131]

No Brasil, embora os publicistas tenham adotado a lógica à francesa de decompor o ato administrativo em elementos, o movimento de parametrização da sua validade teve início em contexto diverso, mais afastado dos tribunais. Quando a obra pioneira de Seabra Fagundes foi publicada, o país vivenciava a ditadura Vargas. A Constituição Federal de 1934 havia intensificado a intervenção política do Governo Federal em setores econômicos e sociais, ao mesmo tempo que reduziu a atuação do Judiciário. Os tribunais tinham papel de pouco prestígio:

---

do surgimento da noção de ato administrativo, ver: STASSINOPOULOS, Michel. *L'origine et la signification de l'acte administratif dans l'état de droit*, 1973, p. 22-24.

[128] BONNARD, Roger. *Controle juridictionnel de l'Administration*, 1934, p. 56; BONNARD, Roger. *Précis elementaire de droit administratif*, 1935, p. 28; JÈZE, Gaston. *Principios generales del derecho administrativo*, 1949; ALIBERT, Raphael. *Le contrôle juridictionnel de l'Administration – au moyen du recours pour excès de pouvoir*, 1926; FOIGNET, René. *Manuel élémentaire de droit administratif*, 1926, p. 648.

[129] Para uma sistematização mais recente a respeito do tema, ver: LOMBARD, Martine; DUMONT, Gilles; SIRINELLI, Jean. *Droit administratif*, 2013, p. 495-498.

[130] A descrição proposta fez um exercício de simplificação, na medida que os administrativistas discordam quanto aos elementos dos atos, bem como à própria metodologia da decomposição em elementos. Para ilustrar essa ausência de uniformidade, ver reflexão de Afonso Queiró Rodriguez, segundo o qual a sistematização dominante utilizada em relação ao tema em torno da lógica de elementos serviria mais para confundir do que para facilitar a compreensão dos defeitos do ato administrativo (QUEIRÓ, Afonso Rodrigues. *Reflexões sobre a teoria do desvio de poder em direito administrativo*, 1940, p. 19).

[131] Cf. JORDÃO, Eduardo. *Passado, presente e futuro: ensaio sobre a história do controle judicial da administração Pública no Brasil*, 2017, p. 352.

suas decisões deviam ser revisadas pelo Legislativo e não podiam envolver questões políticas.[132]

A Lei 221/1894, a qual dispunha sobre a organização da Justiça Federal, estava vigente. A norma possibilitava ao Judiciário anular ato administrativo contrário à lei, o que deveria ser feito considerando apenas as "razões jurídicas" e deixando de fora seu "merecimento" e o "discricionário".[133] Mas ela deixava algumas questões em aberto, como a indicação de quais elementos indicariam se o ato administrativo é válido ou inválido, além de como deveriam ser resolvidos os casos de arbítrio do Executivo.

O tema desafiou os publicistas brasileiros, que buscaram respostas na literatura estrangeira. Nesse sentido, a obra de Seabra Fagundes, com evidente inspiração internacional, se desdobrou em diferentes planos, com o objetivo de conceituar o ato administrativo, os elementos mínimos que deveriam ser observados na sua produção, as possibilidades e limites do controle exercido pelo Judiciário, bem como os remédios judiciais adequados para esse exame.

Com relação à parametrização da validade do ato administrativo, Seabra Fagundes apontou, nos moldes franceses, a existência de cinco elementos: a manifestação de vontade (impulso gerador do ato), o motivo (razões que baseiam o ato), o objeto (declaração jurídica do ato), a finalidade (resultado prático que se procura alcançar) e a forma (meio pelo qual o ato exterioriza a manifestação da vontade).[134]

Com relação ao controle, o autor diferenciou a apreciação jurídica e a apreciação da gestão política do ato administrativo. A primeira permitiria que o Judiciário analisasse aspectos de legalidade, de modo a verificar se a administração obedeceu às prescrições legais quanto à competência e à manifestação da vontade do agente, ao motivo, ao objeto, à finalidade e à forma. A segunda estaria fora do alcance dos

---

[132] Art. 94 da Constituição de 1937: "É vedado ao Poder Judiciário conhecer de questões exclusivamente políticas".

[133] Art. 13, §9º, "a" e "b", da Lei 221/1894: "a) Consideram-se ilegais os atos ou decisões administrativas em razão da não aplicação ou indevida aplicação do direito vigente. A autoridade judiciária fundar-se-á em razões jurídicas, abstendo-se de apreciar o merecimento de atos administrativos, sob o ponto de vista de sua conveniência ou oportunidade; b) A medida administrativa tomada em virtude de uma faculdade ou poder discricionário somente será havida por ilegal em razão da incompetência da autoridade respectiva ou do excesso de poder".

[134] SEABRA FAGUNDES, Miguel. *O controle dos atos administrativos pelo Poder Judiciário*, 2005, p. 2-32.

tribunais: certas avaliações deveriam ser feitas apenas pela administração no exercício de sua discricionariedade.[135] O conceito de mérito do ato administrativo havia sido desenvolvido pela literatura estrangeira, em especial pelos italianos, como Oreste Raneletti e Arturo Lentini, justamente a fim de designar essa margem de atuação conferida pelas normas à administração e os aspectos de ordem extrajurídica das suas decisões (como razões técnicas e políticas). Seabra Fagundes citou as contribuições de diversos autores[136] e concluiu que "o mérito está no sentido político do ato administrativo. É o sentido dele em função das normas da boa administração". O mérito compreende aspectos nem sempre de fácil identificação, atinentes à razoabilidade, moralidade de cada procedimento administrativo". Caso o Judiciário entrasse nessas questões, "faria obra de administrador, violando destarte, o princípio da separação de poderes".[137]

A despeito dessas considerações de ordem restritiva, Seabra Fagundes reconheceu a possibilidade de o controle judicial atingir o ato quanto à sua finalidade e ao seu motivo. Decorrência disso é aumento do espaço de análise dos tribunais e a limitação da discricionariedade da administração. Se a autoridade agiu "contrariando o espírito da lei", se houve uma "burla da intenção legal", o "ato será inválido".[138] Se o ato foi praticado com finalidade distinta daquela prevista em lei, estaria sujeito à impugnação judicial pela teoria do desvio de poder.[139]

Seabra Fagundes ocupou o cargo de desembargador no Tribunal de Justiça do Rio Grande do Norte (TJ-RN) e foi relator de acórdão considerado o *leading case* da teoria francesa do desvio de poder (*détournement de pouvoir*) no Brasil. O caso, julgado em 1948, envolveu a concessão de mandado de segurança a empresa de ônibus que questionou ato do órgão estadual de inspeção de trânsito, o qual proibira o tráfego de veículos da empresa em determinados horários.[140]

---

[135] SEABRA FAGUNDES, Miguel. *Conceito de mérito no direito administrativo*, 1951, p. 1-16 e 148 e 156).

[136] Cf. LENTINI, Arturo. *Insttuzioni di diritto amministrativo*, t. II, 1939, p. 80-81; ZANOBINI, Guido. Corso di diritto amministrativo, v. II, 1939, p. 254; PRESUTTI, Errico. *Istituzioni di diritto amministrativo italiano*, v. I, p. 156-157 (nota 4 de rodapé de SEABRA FAGUNDES, Miguel. *Conceito de mérito no direito administrativo*, 1951, p. 1-16 e 148 e 156).

[137] SEABRA FAGUNDES, Miguel. *O controle dos atos administrativos pelo Poder Judiciário*, 2005, p. 180-181.

[138] *Idem*, p. 81.

[139] *Idem*, p. 79.

[140] "PODER DISCRICIONARIO DA ADMINISTRAÇÃO – ABUSO DE PODER – MANDADO DE SEGURANÇA – DIREITO LÍQUIDO E CERTO – No que concerne à competência,

Segundo o TJ-RN, embora o órgão estadual fosse competente para regular os horários e condições de trânsito, a vedação imposta servia ao interesse particular de empresa concorrente. Seabra Fagundes captou a teoria do desvio de poder da decisão do Conselho de Estado, utilizando-a para justificar a possibilidade de o Judiciário examinar o ato que, encobrindo fins de interesse público, deixasse à mostra finalidades pessoais.

A influência das ideias de Seabra Fagundes foi registrada por Carlos Mário da Silva Velloso, ministro do Supremo Tribunal Federal (STF). Ele afirmou que o acórdão do TJ-RN foi pioneiro na apreciação dos atos discricionários pelo Poder Judiciário, pois antes dele a discricionariedade era encarada como tabu e com fetichismo pelos tribunais. O ministro Victor Nunes Leal também deixou expresso que o acórdão rompeu "a praxe reiterada dos nossos tribunais que sempre declararam os atos discricionários insuscetíveis de apreciação jurisdicional, sem aprofundar a questão da possível arbitrariedade do poder discricionário".[141]

A construção de Seabra Fagundes teve um impacto significativo não apenas nos tribunais, mas também na literatura administrativa. O controle por desvio de poder encontrou apoio e desenvolvimento em autores como o supracitado Victor Nunes Leal e Caio Tácito. Para exemplificar melhor, o segundo autor, que também foi Consultor-Geral da República no Governo JK e desembargador do Tribunal de Justiça do Rio de Janeiro (TJ-RJ), contribuiu para a tonificação das ideias acerca do controle por desvio de poder a partir de uma reflexão teórica acerca dos elementos do ato administrativo, que chama de "centro do sistema planetário do direito administrativo".[142]

Caio Tácito teorizou sobre os elementos do ato administrativo e reforçou a ideia de que o ato administrativo não é indivisível. Demonstrou que a discricionariedade não seria um atributo do ato em si, mas

---

à finalidade e à forma, o ato discricionário está tão sujeito aos textos legais como qualquer outro. - O ato que, encobrindo fins de interesse público, deixe à mostra finalidades pessoais, poderá cair na apreciação do Poder Judiciário, não obstante originário do exercício de competência livre. – O ((fim legal" dos atos da administração pode vir expresso ou apenas subentendido na lei. - O direito que resulta, não da letra da lei, 'mas do seu espírito, exsurgindo infinitamente do texto, também pode apresentar a liquidez e certeza de que se exigem para concessão do mandado de segurança" (TJ-RN. Apelação Cível 1.422, 28/07/1948).

[141] VELLOSO, Carlos Mário da Silva. Prefácio à 7a edição de *O controle dos atos administrativos pelo Poder Judiciário*, 2005, p. VII/VIII.

[142] TÁCITO, Caio. *Teoria e prática do desvio de poder*, 1974, p. 1-18.

um poder que a lei pode reservar ao administrador em relação a alguns aspectos do ato, em maior ou menor extensão.[143] Aproximando-se, então, de Seabra Fagundes, defendeu que a administração serve a "interesses públicos caracterizados, não sendo lícito ao agente servir-se de suas atribuições para satisfazer interesses pessoais, sectários ou político-partidários, ou mesmo a outro interesse público que não se filie ao seu âmbito de competência." Daí sua contundência em afirmar que "a regra de competência não é um cheque em branco e que a finalidade legal é o teto do poder discricionário".[144]

Essa mudança de perspectiva parece estar essencialmente centrada na possibilidade de "avanço" da análise judicial sobre os motivos da ação administrativa, a fim de que se identifique o atingimento, ou não, da finalidade pública. Se, até então, a matéria fática estava fora do raio de ação do Poder Judiciário, com o "giro" provocado pelos autores aqui referidos, passou-se a entender "não bastar que, em tese, a lei admita um certo resultado, fazendo-se necessário o nexo de causalidade entre o objeto e os motivos."[145]

É também marcante na obra de Caio Tácito a preocupação com o risco de substituição do administrador pelo juiz. Ele enfatizou "não caber ao juiz, mesmo perante erros e desacertos, substituir a ação executiva pelo arbítrio da toga. A ditadura judiciária será tão nociva quanto o descritério da administração." O autor citou passagem de Victor Nunes Leal, segundo a qual "no estudo do controle do poder discricionário, a doutrina tem de utilizar instrumentos de precisão, para não vestir um santo com a roupa do outro, substituindo o arbítrio administrativo pelo arbítrio judiciário".[146]

Nessa linha, um dos pontos do pensamento de Caio Tácito, capaz de inspirar reflexões sobre problemas contemporâneos e a reação do art. 20 da nova LINDB frente a eles, é a consciência da dificuldade em determinar o que representa, no caso concreto, a consecução da finalidade e do interesse públicos. Já havia, dessa forma, um reconhecimento de que o conflito contamina o agir da administração, dada a complexidade da sociedade e a abstração da ideia de interesse público, de forma que o fenômeno social "não se escraviza a coletes de força, nem a esquemas teóricos."[147]

---

[143] Idem, p. 2-3.
[144] Ibidem.
[145] Ibidem.
[146] Ibidem.
[147] Ibidem.

Outro publicista influente no movimento de parametrização da validade do ato administrativo, contemporâneo de Seabra Fagundes, foi Themístocles Brandão Cavalcanti. Ele publicou livros e artigos que registraram o desenvolvimento de teorias sobre o ato e técnicas de controle judicial, em especial *Tratado de direito administrativo* de 1942 e *Teoria dos atos administrativos* de 1973.[148]

Brandão Cavalcanti fez considerações próximas às de Seabra Fagundes, mas com diferenças. Por exemplo, acrescentou que o objeto do ato deve ser possível e lícito, de modo a obedecer a disposição legal, princípios de moral e do direito positivo,[149] conceituou a causa tal qual a finalidade do ato[150] e relativizou a importância do motivo, apontando que essa seria uma exigência peculiar ao direito francês e com pouca justificativa de transposição para o ordenamento jurídico brasileiro.[151]

Quanto ao controle do ato administrativo de forma mais específica, Brandão Cavalcanti expressou suas reservas quanto à aplicação da teoria francesa do desvio de poder (*détournement de pouvoir*), encabeçada por Seabra Fagundes e aprofundada por Caio Tácito. De acordo com ele, uma análise mais profunda das finalidades da administração pelo Poder Judiciário só faria sentido no sistema de contencioso administrativo francês, em que o Conselho de Estado, diferentemente do Poder Judiciário brasileiro, possui uma estrutura adequada e capacitada para julgar questões administrativas.[152]

Brandão Cavalcanti também estudou a atuação do Judiciário em matéria administrativa de forma mais ampla. Ele analisou os desafios da atividade de revisão judicial dos atos políticos e notou uma dificuldade inerente ao modelo brasileiro de jurisdição una. Em sua visão, o modelo colocaria os tribunais em contato direto com decisões administrativas que, em virtude da matéria, eles poderiam bem ou mal compreender.[153] Dessa maneira, concluiu sobre a necessidade de o Judiciário realizar uma análise que considere os impactos econômicos e sociais de suas decisões.[154]

---

[148] CAVALCANTI, Themístocles Brandão. *Do mandado de segurança*, 1934; *Do controle da constitucionalidade*, 1965; *Teoria dos atos administrativos*, 1973.
[149] CAVALCANTI, Themístocles Brandão. *Teoria dos atos administrativos*, 1973, p. 71.
[150] *Idem*, p. 73.
[151] *Idem*, p. 66-69.
[152] CAVALCANTI, Themístocles Brandão. *O princípio da legalidade e o desvio de poder*, 2013, p. 149-155.
[153] CAVALCANTI, Themístocles Brandão. *Teoria do Estado*, 1958, p. 309-320.
[154] CAVALCANTI, Themístocles Brandão. *Manual da Constituição*, 1963, p. 245.

Os esforços de Brandão Cavalcanti e Seabra Fagundes foram acompanhados por outros publicistas, entre os quais se destacam Ruy Cirne Lima em *Princípios de direito administrativo* de 1964, Hely Lopes Meirelles em *Direito administrativo brasileiro*, publicado em 1964 e Oswaldo Aranha Bandeira de Mello em *Princípios gerais de direito administrativo* de 1969. Esses autores apresentaram construções com variações entre si. Ruy Cirne Lima, por exemplo, desconsiderou a finalidade e o motivo como elementos do ato administrativo[155] e Oswaldo Aranha Bandeira de Mello teorizou sobre a causa como elemento.[156]

Essas diferenças conceituais poderiam ter algum efeito prático, pois a retirada, a adição ou a alteração de um elemento de validade do ato poderia importar na maior ou menor capacidade de controle judicial. Apesar das divergências, os autores demonstravam preocupação com as consequências da concretização de amplo controle sobre o ato: suas construções tendiam a aparecer com um lado voltado para o aperfeiçoamento das técnicas controladoras, dando espaço à sua ocorrência, e outro voltado para a restrição dos elementos submetidos a esse controle. Brandão Cavalcanti, por exemplo, teria dado um "passo à frente" ao destacar o motivo do ato enquanto limitador do exercício da discricionariedade, e um "passo atrás" afirmando que nem todo ato precisa ser motivado, salvo nas hipóteses em que a lei subordina sua prática a uma condição específica.[157]

Em 1943, o STF começou a definir parâmetros mais precisos sobre a validade do ato administrativo. As decisões costumavam ser analisadas por autores e publicadas na RDA desde a primeira edição da revista em 1946, com comentários à luz das teorias prevalecentes na época. Antes disso, a posição do tribunal era mais cautelosa: permitia que os juízes avaliassem as questões jurídicas dos casos concretos, mas sugeria que deveriam aceitar as soluções técnicas ou especializadas, ou seja, as "questões de fato" da administração.[158]

---

[155] LIMA, Ruy Cirne. *Princípios de direito administrativo*, 1982, p. 94.
[156] BANDEIRA DE MELLO, Oswaldo Aranha. *Princípios gerais de direito administrativo*, 1969.
[157] Cf. PEREZ, Marcos Augusto. *O controle jurisdicional da discricionariedade administrativa: métodos para uma jurisdição ampla das decisões administrativas*, 2015, p. 123.
[158] Nesse sentido, ver: MORAIS, Antão de. *Ato administrativo – poder discricionário – controle jurisdicional – ação popular*, 1949; FAGUNDES, Miguel Seabra. *Concorrência pública – classificação dos concorrentes – ato administrativo – vício de ilegalidade e vício de mérito – mandado de segurança*, 1950; OLIVEIRA, A. Gonçalves de. *Professor – Acumulação remunerada – Correlação de matérias – Opção – Boa-fé – Ato administrativo – Revogação e anulação*, 1955; CORREA, Walter Barbosa. *O lançamento tributário e o ato administrativo nulo*, 1974; REALE, Miguel. *Ato administrativo complexo – revogação e anulamento – Servidor de autarquia*, 1966;

Na AC 7.377, o STF revisou a distinção entre "questões jurídicas" e "questões de fato" e entendeu que ela seria muito simplificada à luz das controvérsias administrativas.[159] O caso versou sobre o Decreto-Lei 25/1937, que organizou a proteção do patrimônio histórico e artístico nacional. O diploma estabeleceu que um bem é considerado como patrimônio histórico depois de tombado pelo Serviço de Patrimônio Histórico e Artístico Nacional. Se o proprietário do bem discordar da decisão, a divergência deve ser decidida por órgão administrativo, o Conselho Consultivo do Serviço de Patrimônio Histórico e Artístico Nacional.[160]

A controvérsia levada ao STF: proprietário de bem tombado argumentou que seu prédio não deveria ser considerado como patrimônio histórico, fundamentando seu pedido com vistoria documentada. O juiz de primeira instância acolheu o pedido, sem valorar a prova apresentada. O Procurador Geral entendeu que o juiz exorbitara suas funções, porque o exame judicial não poderia compreender as "razões técnicas de decidir" do órgão administrativo. Por fim, o STF decidiu que a qualificação do bem estaria sim sujeita ao exame judicial, pois não se trataria de análise da atividade discricionária da administração, mas da análise do motivo que o Decreto-Lei exige para a prática do ato.

Vitor Nunes Leal, em comentário publicado na RDA de 1946, observou que a decisão do STF parece ter sido pautada na urgência de evitar parcialidade e arbítrio estatal. Embora o tribunal tenha refletido que a competência especializada do órgão administrativo constituiria argumento apto a sustentar o afastamento do Judiciário no caso concreto, a consideração de precedentes norte-americanos, em que o

---

MANGABEIRA, João. *Ato administrativo – Anulação – Revogação – Situação jurídica individual*, 1961; ABREU E SILVA, Glauco Lessa. *Ato administrativo – Revogação – Enquadramento*, 1972.

[159] STF. AC 7.377-DF, Primeira Turma, relator ministro Castro Nunes, j. em 19/8/1943.

[160] Art. 9º do Decreto-Lei 25/1937: "O tombamento compulsório se fará de acôrdo com o seguinte processo: 1) o Serviço do Patrimônio Histórico e Artístico Nacional, por seu órgão competente, notificará o proprietário para anuir ao tombamento, dentro do prazo de quinze dias, a contar do recebimento da notificação, ou para, si o quisér impugnar, oferecer dentro do mesmo prazo as razões de sua impugnação. 2) no caso de não haver impugnação dentro do prazo assinado. que é fatal, o diretor do Serviço do Patrimônio Histórico e Artístico Nacional mandará por símples despacho que se proceda à inscrição da coisa no competente Livro do Tombo. 3) se a impugnação for oferecida dentro do prazo assinado, far-se-á vista da mesma, dentro de outros quinze dias fatais, ao órgão de que houver emanado a iniciativa do tombamento, a fim de sustentá-la. Em seguida, independentemente de custas, será o processo remetido ao Conselho Consultivo do Serviço do Patrimônio Histórico e Artístico Nacional, que proferirá decisão a respeito, dentro do prazo de sessenta dias, a contar do seu recebimento. Dessa decisão não caberá recurso".

exercício de funções "quase-judiciais" por organizações administrativas aparecia de forma mais recorrente, teria sensibilizado o STF quanto à tendência de esses órgãos decidirem as ouvir as partes, com base em crença ou intuição.[161]

Ainda em 1943, na AC 7.307, o STF seguiu a mesma linha e permitiu o controle do motivo do ato quanto à demissão de servidor público. Defendeu a necessidade de o Judiciário analisar os aspectos fáticos que poderiam configurar uma aplicação falsa, viciosa ou errônea da lei, sob o argumento de que a adequação do motivo real ocorrido com o motivo que a lei exige para a prática do ato é seu elemento essencial de validade. O tribunal assinalou que essa forma de controle já era realizada pelo Conselho de Estado francês há muitos anos.[162]

Em 1952, no RE 19.720, o STF admitiu o controle sobre ato discricionário da administração e deu lugar à chamada "teoria dos motivos determinantes". Essa construção, inspirada no entendimento que Gaston Jèze tinha sobre a jurisprudência do Conselho de Estado, preconizou que a administração, ao qualificar publicamente determinados motivos como determinantes para a prática de um ato, fica a eles vinculada, ainda que a lei tenha concedido discricionariedade para que outros motivos pudessem ser escolhidos.[163]

O caso revela uma possível inconsistência. Gaston Jèze havia sustentado que era possível extrair diversas regras universalizáveis da jurisprudência do Conselho de Estado francês, entre as quais a de que os motivos expressos pela administração para a prática de determinado ato seriam considerados, em princípio, determinantes. O STF, com base nisso, criou o entendimento de que o ato administrativo ficaria necessariamente vinculado à existência dos motivos declarados.[164] A despeito disso, a invocação da "teoria dos motivos determinantes" passou a ser crescente nos tribunais brasileiros nas décadas seguintes.[165]

---

[161] LEAL, Victor Nunes. *Atos administrativos – seu exame pelo Poder Judiciário – Serviço do Patrimônio Histórico e Artístico Nacional*, 1946, p. 135.

[162] STF. AC 7.307-MG, Primeira Turma, relator ministro Castro Nunes, j. em 20/12/1944.

[163] STF. RE 19.720, Segunda Turma, relator ministro Orozimbo Nonato, j. em 17/06/1952.

[164] Cf. MENDONÇA, José Vicente Santos de. *Conceitos inventados de direito administrativo*, 2016, p. 12.

[165] Para exemplificar o uso da teoria dos motivos determinantes no Brasil, em época mais recente, é ilustrativa a ementa do Superior Tribunal de Justiça (STJ) de 2002, segundo a qual: "os motivos que determinaram a vontade do agente público, consubstanciado nos fatos que serviram de suporte à sua decisão, integram a validade do ato, eis que a ele se vinculam visceralmente. É o que reza a prestigiada teoria dos motivos determinantes" STJ. ROMS 13.617/MG, relatora ministra Laurita Vaz, j. em 22.04.2002.

Os casos expostos acima indicam que as ideias desenvolvidas na literatura é que permitiram o avanço gradual e progressivo do controle sobre a administração. Esse avanço ocorreu tanto sobre aspectos formais do ato administrativo, como competência e forma, quanto em aspectos materiais, como finalidade e motivo. Essa circunstância reduziu a resistência da administração, já que cada passo na direção de um maior controle poderia parecer pequeno individualmente, mas significativo quando avaliado em conjunto.[166]

Na década de 1950, o movimento de parametrização da validade do ato administrativo chegou no plano normativo. Duas leis foram aprovadas com o objetivo de proteger os direitos dos cidadãos perante o Poder Judiciário: a Lei do Mandado de Segurança (Lei 1.533/1951) e a Lei da Ação Popular (Lei 4.717/1965). Essas leis foram consideradas positivas pela literatura, e havia um otimismo geral quanto ao avanço do controle exercido sobre a administração.[167]

A Lei 1.533/1951 estabeleceu o mandado de segurança como uma ferramenta para proteger os direitos de cidadãos ameaçados ou violados por ações ilegais ou abusos de poder por parte das autoridades públicas. Essa norma representa um marco importante no movimento em direção ao fortalecimento do controle exercido sobre a administração, e foi vista como uma consequência do período de reestabelecimento da democracia e da luta pelos direitos dos cidadãos após anos de regime autoritário.[168]

Como observado por Brandão Cavalcanti, foi preciso um longo processo de elaboração histórica e jurídica a ponto de criar um remédio próprio para garantir direitos essenciais à vida e segurança individual no ordenamento jurídico.[169] A Lei 1.533/1951 foi inspirada em dispositivo da Constituição Federal de 1934, a qual havia introduzido, pela primeira vez, o mandado de segurança no país. Antes disso havia certo vácuo no sistema processual para proteger direitos individuais frente aos atos estatais.

O Congresso Nacional havia sido fechado pelo presidente Getúlio Vargas e o andamento de propostas legislativas em prol de um maior controle dos atos do Executivo ficou impedido durante anos. Embora a

---

[166] Cf. JORDÃO, Eduardo. *Passado, presente e futuro: ensaio sobre a história do controle judicial da administração Pública*, 2017, p. 352.
[167] Ibidem.
[168] Cf. MACIEL, Adhemar Ferreira. *Mandado de segurança. Direito líquido e certo*, 1998, p. 298.
[169] CAVALCANTI, Themístocles Brandão. *Do mandado de segurança*, 1954, p. 36.

Lei 221/1894, vigente naquela época, previsse a ação anulatória de ato administrativo, a literatura aponta que sua utilização não prosperou na prática forense como uma forma efetiva de controle da administração. Os principais problemas apontados foram a morosidade na tramitação da ação, sua baixa utilização nos tribunais e a falta de preparo dos juízes para julgá-las.[170]

Os operadores do Direito teriam então se voltado para os remédios de tramitação mais céleres existentes no sistema processual, assunto que dividiu opiniões. Por um lado, alguns autores defenderam a possibilidade de o *habeas corpus* ser utilizado para a defesa de direitos individuais em geral e não apenas do direito à liberdade. Por outro lado, outros autores, como Brandão Cavalcanti, afirmaram que a ampliação do uso dessa ação causava confusão e que deveria existir um remédio específico para tanto.[171]

Somente com a reabertura do Congresso Nacional é que o cenário se modificaria. A Comissão do Itamaraty, da qual Brandão Cavalcanti fez parte, foi criada para elaborar o anteprojeto da Constituição de 1934.[172] O autor apresentou contribuições ao texto constitucional aprovado[173] e trabalhou em escritos sobre o instrumento, com destaque à monografia *Do mandado de segurança* de 1934. Nela, destacou uma dificuldade inerente à dogmática de "sobreposição dos interesses coletivos aos interesses individuais", que teria levado a literatura a delimitar o âmbito de atuação dos tribunais em assuntos administrativos. O autor concluiu que o instrumento seria cabível para contestar a legalidade, mas não para analisar o terreno político-discricionário do ato.[174]

A Lei do Mandado de Segurança foi complementada pela Lei de Ação Popular de 1965. Essa norma permitiu aos cidadãos pleitear a invalidade de atos administrativos lesivos ao patrimônio público.[175]

---

[170] BUZAID, Alfredo. *Do mandado de segurança*, 1956, p. 36-37.
[171] Cf. CAVALCANTI, Themístocles Brandão. *Do mandado de segurança*, 1934, p. 50-52). Para ampliar: BUZAID, Alfredo. *Do mandado de segurança*, 1956, p. 36-37; NUNES, Castro. *Do mandado de segurança*, 1987, p. 18; BARBI, Celso Agrícola. *Do mandado de segurança*, 2009, p. 30-33.
[172] SENADO FEDERAL. *Constituições brasileiras. Volume III: 1934*, 2012, p. 16.
[173] Item 33 da Constituição de 1934: "Dar-se-á mandado de segurança para defesa do direito, certo e incontestável, ameaçado ou violado por ato manifestamente inconstitucional ou ilegal de qualquer autoridade".
[174] CAVALCANTI, Themístocles Brandão. *Do mandado de segurança*, 1934, p. 115.
[175] Art. 1º da Lei da Ação Popular: "Qualquer cidadão será parte legítima para pleitear a anulação ou a declaração de nulidade de atos lesivos ao patrimônio da União, do Distrito Federal, dos Estados, dos Municípios, de entidades autárquicas, de sociedades de economia mista (Constituição, art. 141, §38), de sociedades mútuas de seguro nas quais a

Com a sua edição, o administrado passou a ter duas formas de contestar a atuação do Estado: o mandado de segurança para questões relativas a direitos individuais e a ação popular para questões de interesse público.

A ação popular, assim como o mandado de segurança, esteve prevista em constituições anteriores. A Constituição de 1934 havia a introduzido como mecanismo de controle dos atos lesivos ao patrimônio da União, dos Estados, dos Municípios e do Distrito Federal.[176] A ela não se referiu a Constituição de 1937, mas a Constituição de 1946 a restaurou.[177]

A Lei da Ação Popular positivou, pela primeira vez no ordenamento jurídico, os elementos essenciais para a validade do ato administrativo. Ela incluiu os cinco aspectos que eram considerados na literatura: competência (responsabilidade legal do agente que o executou), forma (cumprimento de requisitos formais indispensáveis para a existência do ato), objeto (cumprimento da lei, regulamento ou outro ato normativo), motivo (matéria juridicamente adequada ao objeto) e finalidade (prevista na regra de competência).[178]

A Lei da Ação Popular também colocou o Ministério Público em evidência no controle da administração. O órgão assumiu diversas responsabilidades no âmbito da ação, incluindo o seu acompanhamento,[179] a execução de medidas para garantir que as requisições fossem

---

União represente os segurados ausentes, de empresas públicas, de serviços sociais autônomos, de instituições ou fundações para cuja criação ou custeio o tesouro público haja concorrido ou concorra com mais de cinquenta por cento do patrimônio ou da receita ânua, de empresas incorporadas ao patrimônio da União, do Distrito Federal, dos Estados e dos Municípios, e de quaisquer pessoas jurídicas ou entidades subvencionadas pelos cofres públicos".

[176] Art. 113, 38, da Constituição de 1934: "Qualquer cidadão será parte legítima para pleitear a declaração de nulidade ou anulação dos atos lesivos do patrimônio da União, dos Estados ou dos Municípios".

[177] Art. 141, §38, da Constituição de 1946: "Qualquer cidadão será parte legítima para pleitear a anulação ou a declaração de nulidade de atos lesivos do patrimônio da União, dos Estados, dos Municípios, das entidades autárquicas e das sociedades de economia mista".

[178] Art. 2º, parágrafo único, da Lei da Ação Popular: "Para a conceituação dos casos de nulidade observar-se-ão as seguintes normas: a) a incompetência fica caracterizada quando o ato não se incluir nas atribuições legais do agente que o praticou; b) o vício de forma consiste na omissão ou na observância incompleta ou irregular de formalidades indispensáveis à existência ou seriedade do ato; c) a ilegalidade do objeto ocorre quando o resultado do ato importa em violação de lei, regulamento ou outro ato normativo; d) a inexistência dos motivos se verifica quando a matéria de fato ou de direito, em que se fundamenta o ato, é materialmente inexistente ou juridicamente inadequada ao resultado obtido; e) o desvio de finalidade se verifica quando o agente pratica o ato visando a fim diverso daquele previsto, explícita ou implicitamente, na regra de competência".

[179] Art. 6º, §4º, da Lei da Ação Popular: "O Ministério Público acompanhará a ação, cabendo-lhe apressar a produção da prova e promover a responsabilidade, civil ou criminal, dos

atendidas dentro do prazo estabelecido pelo juiz[180] e a promoção da execução em certas hipóteses.[181] A norma pode ser considerada como o pontapé inicial de um movimento normativo de empoderamento do controle expressivo, o qual viria a ser reforçado com a edição da Lei da Ação Civil Pública e da Lei de Improbidade Administrativa, além da promulgação da Constituição de 1988.[182]

Com base no exposto, as décadas de 1940 a 1970 ficaram marcadas por um movimento de progressivo fortalecimento do papel do Judiciário na fiscalização da atuação da administração, pautado na ideia dos elementos mínimos de validade dos atos administrativos.

3 Reforço da parametrização e princípios gerais do Direito (1980-2010)

A partir dos anos 1980, houve um aumento no esforço teórico para compreender o ato administrativo, com autores ampliando as ideias desenvolvidas na fase anterior do movimento. Essa segunda fase foi liderada por Celso Antônio Bandeira de Mello, professor na Pontifícia Universidade Católica de São Paulo (PUC-SP). Essa universidade, sob a gestão inicial do reitor Oswaldo Aranha Bandeira de Mello e depois de Geraldo Ataliba, havia iniciado seus programas de pós-graduação e se tornou um local de destaque para a pesquisa e desenvolvimento de ideias sobre o ato administrativo.

O curso de direito administrativo era conduzido por Celso Antônio, o qual o dividia em dois semestres, abordando, no primeiro semestre, o tema da função administrativa e, no seguinte, o tema do ato administrativo.[183] Além da presença do assunto em sala de aula,

---

que nela incidirem, sendo-lhe vedado, em qualquer hipótese, assumir a defesa do ato impugnado ou dos seus autores".

[180] Art. 7º, §1º, da Lei da Ação Popular: "O representante do Ministério Público providenciará para que as requisições, a que se refere o inciso anterior, sejam atendidas dentro dos prazos fixados pelo juiz".

[181] Art. 16 da Lei da Ação Popular: "Caso decorridos 60 (sessenta) dias da publicação da sentença condenatória de segunda instância, sem que o autor ou terceiro promova a respectiva execução. o representante do Ministério Público a promoverá nos 30 (trinta) dias seguintes, sob pena de falta grave".

[182] Ampliar em: SUNDFELD, Carlos Ari. *Direito administrativo para céticos*, 2014, p. 321 e seguintes.

[183] Para um relato do período em que os cursos de pós-graduação da PUC-SP se iniciaram, ver relato de Ricardo Marcondes Martins (MARTINS, Ricardo Marcondes. *Teoria do ato administrativo nos trinta anos da Constituição de 1988: o que mudou?*, 2019, p. 451).

vários estudos foram realizados sob sua orientação: Antônio Carlos Cintra do Amaral, Carlos Ari Sundfeld, Weida Zancaner, Percival Júlio Vaz Cerquinho, Mônica Martins Toscano, Walter Campaz, Ricardo Marcondes Martins e Vladimir da Rocha França estão entre os autores que mergulharam no tema em suas teses ou dissertações.[184]

A produção intelectual liderada por Bandeira de Mello se preocupava com o chamado "método científico", que pressupunha a elaboração de enunciados ou interpretações sobre determinado objeto. A base adotada foi a acepção de ciência do Direito de Hans Kelsen na *Teoria pura do direito*, com métodos e objeto próprios. O "princípio metodológico fundamental" seria garantir um conhecimento apenas dirigido ao Direito e excluir desse conhecimento tudo que não pertença ao seu objeto, libertando "a ciência jurídica de todos os elementos que lhe são estranhos".[185]

Bandeira de Mello deixava a busca pela cientificidade do direito administrativo expressa em seus textos. Em *O conteúdo do regime jurídico-administrativo e o seu valor metodológico*, publicado ainda em 1967, o autor já apontava a carência de uma proposta científica ordenada e sistematizada que se debruçasse de modo detido e aprofundado à temática do regime jurídico-administrativo. Ele assinalou a urgência de se explicitar os componentes que "outorgam sentido lógico à disciplina, formando uma composição harmônica e coerente, capaz de ser reconhecida como um sistema".[186]

---

[184] AMARAL, Antônio Carlos Cintra do. *Extinção do ato administrativo*, 1977; AMARAL, Antônio Carlos Cintra do. *Motivo e motivação do ato administrativo*, 1979; AMARAL, Antônio Carlos Cintra do. *Teoria do ato administrativo*, 2008; SUNDFELD, Carlos Ari. *Ato administrativo inválido*, 1990; ZANCANER, Weida. *A revogação dos atos administrativos*, 1980; ZANCANER, Weida. *A revogação dos atos administrativos*, 1980; CERQUINHO, Percival Júlio Vaz. *O desvio do poder nos atos administrativos*, 1977; TOSCANO, Mônica Martins. *O processo administrativo e a invalidação de atos viciados*, 2000; CAMPAZ, Walter. *Revogação do ato administrativo*, 1980; CAMPAZ, Walter. *Revogação do ato administrativo*, 1980; MARTINS, Ricardo Marcondes. *Efeitos dos vícios do ato administrativo*, 2007; FRANÇA, Vladimir da Rocha. *Estrutura e motivação do ato administrativo*, 2004. Ver também: SERRAGLIO, Osmar José. *O ato administrativo e o princípio da legalidade*, 1993; GIMENEZ, Décio Gabriel. *A extinção dos efeitos dos atos administrativos em virtude do descumprimento de deveres pelo destinatário: a cassação e seu regime jurídico*, 2010; LEITE, Fabio Barbalho. *Os regimes jurídicos de invalidação dos atos administrativos*, 2001; LORENZO, Ana Paolo Zonari de. *A razoabilidade dos atos administrativos*, 1999; TALAMINI, Daniele Coutinho. *Revogação do ato administrativo*, 2001; ZANDONADE, Adriana. *Limites da revogação do ato administrativo*, 2000; OLIVEIRA, Régis Fernandes. *Ato administrativo*, 1992; SILVA, Maria Cuervo; CERQUINHO, Vaz. *O desvio de poder no ato administrativo*, 1979.

[185] KELSEN, Hans. *Teoria pura do direito*, 2001, p. 1 e 81.

[186] BANDEIRA DE MELLO, Celso Antônio. *O conteúdo do regime jurídico-administrativo e o seu valor metodológico*, 1967, p. 9-33.

A posição do autor está relacionada à premissa segundo a qual todo saber científico deve se desenvolver a partir de uma noção-base, da qual se extraem desenvolvimentos lógicos aptos a formar um sistema integrado de conhecimentos. Na Matemática, essa ideia-matriz é representada pelos números; na Biologia, pela célula; na Química, pelo átomo. E no direito administrativo, pelo "interesse público".

A noção de "interesse público", enquanto "ponto nuclear de convergência e articulação de todos os princípios e normas", foi utilizada para fornecer identidade ao direito administrativo como uma disciplina jurídica independente e diferenciada em relação às demais. Suas particularidades estariam demonstradas por duas "pedras angulares": "o princípio da supremacia do interesse público sobre o privado", segundo o qual o Estado se encontra em situação de autoridade em relação aos particulares para gerir os interesses postos em confronto; e o "princípio da indisponibilidade dos interesses públicos", segundo o qual interesses qualificados como próprios da coletividade não se encontram à livre disposição de quem quer que seja.[187]

A busca pela cientificidade do direito administrativo parece ter gerado reflexos na forma como o ato administrativo era analisado pelos administrativistas. Conforme exposto anteriormente, na acepção de ciência de Hans Kelsen, adotada por Bandeira de Mello e seus seguidores, somente aquilo que pertencesse ao objeto do Direito poderia ser objeto de estudo. As obras jurídicas se concentravam em analisar o ato administrativo de forma isolada, ignorando, de forma intencional, fatores políticos, sociais e econômicos que pudessem afetar a sua interpretação.

Os autores tendiam a se aprofundar em uma faceta específica do ato e compilar teorias e normas existentes, por vezes propondo novas perspectivas. Antônio Carlos Cintra do Amaral, por exemplo, em *Extinção do ato administrativo* de 1978 (republicada de forma estendida como a *Teoria do ato administrativo*) tratou do conceito, da perfeição, validade e eficácia do ato, das modalidades de extinção, da anulação e do seu controle.[188] Em *Motivo e motivação do ato administrativo* de 1979, continuou a se dedicar ao tema, mas adotou foco mais específico, pregando pela existência de uma tendência universal, na literatura e jurisprudência, em prol do alargamento da extensão de incidência da motivação do ato.[189]

---

[187] *Idem*, p. 10.
[188] AMARAL, Antônio Carlos Cintra do. *Teoria do ato administrativo*, 2008.
[189] AMARAL, Antônio Carlos Cintra do. *Motivo e motivação do ato administrativo*, 1979, p. 114.

Bandeira de Mello buscou elaborar teoria consistente sobre o ato administrativo, a qual se desdobra em várias das suas obras, como em *Elementos de direito administrativo* de 1980 (anos depois ampliado na forma do *Curso de direito administrativo*), *Ato administrativo e direitos dos administrados* de 1981 e *Discricionariedade administrativa e controle jurisdicional* de 1992.[190]

Em *Ato administrativo e direitos dos administrados*, o autor propôs nova classificação em relação ao que dominava na literatura da época. Ao invés de reproduzir os cinco elementos do ato administrativo, o autor identificou apenas dois: o conteúdo e a forma. Os outros componentes, por serem realidades extrínsecas ao ato, constituíram o que ele denominou de pressupostos de existência e pressupostos de validade. Os primeiros englobariam o objeto e a pertinência ao exercício da função administrativa e os segundos abrangeriam o sujeito, os pressupostos objetivos (motivo e requisitos procedimentais), a finalidade, a causa e a formalização.[191]

A despeito dessa nova classificação, o autor observou que mais importante do que discutir diferentes possibilidades de catalogação, a teoria dos elementos do ato administrativo teria por função primordial a de proporcionar a delimitação daquilo que é necessário para produzi-lo e examiná-lo de forma válida. Logo, a sistematização teórica mais bem sucedida seria aquela capaz que melhor conseguisse definir e explicar os pontos indispensáveis a serem observados pela administração e pelo Judiciário.[192]

Talvez o principal diferencial da construção do autor em relação aos seus antecessores brasileiros se refira à noção de "causa", um dos pressupostos de validade do ato administrativo. Inspirado pelo português André Gonçalves Pereira,[193] Bandeira de Mello defendeu que a causa exprime o vínculo de pertinência ou a "correlação lógica"

---

[190] Para Bandeira de Mello, o ato administrativo consiste na "declaração do Estado ou de quem lhe faça às vezes, expedida em nível inferior à lei – a título de cumpri-la – sob regime de direito público e sujeito a controle de legitimidade por órgão jurisdicional" (BANDEIRA DE MELLO, Celso Antônio. *Ato administrativo e direito dos administrados*, 1980, p. 31).

[191] BANDEIRA DE MELLO, Celso Antônio. *Ato administrativo e direitos dos administrados*, 1981, p. 33.

[192] "(...) Convém observar que não apresenta subido relevo a discussão sobre nomes (elementos, causas, requisitos e pressupostos). O que efetivamente importa é adotar um modelo de análise que leve em conta o conjunto de "objetos de pensamento" úteis para ressaltar os diferentes aspectos a serem examinados quando se quer avaliar as condições de produção e validade do ato administrativo" (*Idem*, p. 37).

[193] PEREIRA, André Gonçalves. *Erro e ilegalidade do ato administrativo*, 1962, p. 122.

entre o motivo e conteúdo do ato administrativo. Caso ela não fosse observada, a causa levaria à invalidação do ato administrativo, como no caso em que a administração se baseia em motivos que não mantêm congruência com o ato praticado.[194]

A noção de "causa" foi especialmente relevante porque, em primeiro lugar, foi graças a ela que o Poder Judiciário pôde controlar a validade do comportamento da administração mesmo quando a lei não enunciasse expressamente os motivos que legitimam a prática de um ato. Em segundo lugar, porque ela esteve relacionada a dois conceitos que se tornariam centrais para o controle da administração: a proporcionalidade e a razoabilidade.

Bandeira de Mello defendeu que a razoabilidade e a proporcionalidade seriam princípios gerais do Direito que deveriam estar presentes em todos os atos administrativos e "conter a discricionariedade dentro de seus reais limites".[195] O autor é verdadeiro entusiasta da força normativa dos princípios e do seu manuseio enquanto parâmetro para o controle. Para ele, "violar um princípio é muito mais grave que transgredir uma norma qualquer", de modo que isso representaria "a mais grave forma de ilegalidade ou inconstitucionalidade, conforme o escalão do princípio atingido, porque representa insurgência contra todo o sistema".[196]

Os princípios gerais do Direito haviam sido absorvidos como parâmetro para o controle do ato administrativo em outros países. No direito francês, por exemplo, a incorporação ocorrera nas décadas de 1940 a 1970, em função da atuação do Conselho de Estado. Em um dos casos julgados, *Ville Nouvelle-Est*, o órgão permitiu o controle de

---

[194] Bandeira de Mello defendeu que "(...) se o agente erroneamente supõe que existe determinada situação objetiva (motivo) e por força deste equívoco expede determinado ato no exercício da discrição administrativa, o ato estará viciado. Mesmo que pudesse eleger o motivo dentre vários possíveis (discricionariedade na escolha do pressuposto de fato), se embasou-se em determinado fato que inexiste, haverá faltado apoio para a correção lógica que lhe estabeleceu; haverá faltado a causa do ato. Ora, como a lei defere liberdade discricionária para que o administrador possa avaliar uma situação específica e decidir sobre o modo de melhor satisfazer "in concreto", o interesse público, inexistindo o pressuposto imaginado pelo agente, é óbvio que não se realizou o mandamento legal. Faltou o juízo real que a lei exigia do administrador. Com efeito, por causa, entendemos a correlação lógica entre o motivo (situação fática) e o conteúdo do ato à vista de sua finalidade (BANDEIRA DE MELLO, Celso Antônio. *Direito administrativo e direitos dos administrados*, 1980, p. 68).

[195] BANDEIRA DE MELLO, Celso Antônio. *Ato administrativo e direitos dos administrados*, 1981, p. 38.

[196] BANDEIRA DE MELLO, Celso Antônio. *Elementos de direito administrativo*, 1992, p. 301.

decisão administrativa mesmo sem lei específica. Em seus termos, ainda que a decisão fosse discricionária, ela teria de ser proporcional.[197]

A incorporação dos princípios como parâmetro para o controle trouxe consequências significativas para o movimento de parametrização da validade do ato administrativo. Em primeiro lugar, do ponto de vista teórico, essa abordagem é considerada como a resposta mais articulada e efetiva da literatura para a demanda de um maior controle judicial sobre as escolhas e decisões da administração. O controle judicial passou a ter a capacidade de verificar e corrigir possíveis abusos de poder perpetrados pela administração, mesmo quando escondidos sob a justificativa do "mérito administrativo".[198]

Em segundo lugar, a incorporação dos princípios gerais do Direito permitiu que decisões públicas fossem fundamentadas não apenas pela lei, mas também por valores abstratos, como moralidade, razoabilidade, eficiência, proporcionalidade e interesse público. Essas noções, previstas de forma explícita ou implícita no ordenamento jurídico, ganharam destaque tanto do ponto de vista normativo quanto jurisprudencial.

Do ponto de vista normativo, os princípios receberam suporte explícito na Constituição Federal de 1988, cujo processo de elaboração, na Assembleia Constituinte, envolveu juristas da PUC-SP como Geraldo Ataliba e Bandeira de Mello.[199] O funcionamento da administração passou a ser compreendido a partir das noções de legalidade, impessoalidade, moralidade, publicidade e eficiência (art. 37, *caput*).[200]

A lógica dos princípios gerais do Direito foi inserida não apenas na Constituição de 1988, mas também em importantes leis que, como desdobramentos da redemocratização, vieram para conformar a atuação estatal e para fortalecer o controle sobre ela. A Lei de Improbidade Administrativa, de 1992, estabeleceu que constitui ato de improbidade que atenta contra os "princípios da administração" a ação ou omissão dolosa que viole os deveres de honestidade, de imparcialidade e de legalidade. A Lei de Licitações, de 1993, previu que a licitação se destinaria a garantir a observância do "princípio constitucional da isonomia" e seria processada e julgada em "estrita conformidade com os

---

[197] CONSELHO DE ESTADO. *Ville-Nouvelle Est*, 28/05/1971. Ampliar em: JORDÃO, Eduardo. *Estudos antirromânticos sobre controle da administração Pública*, 2022, p. 23 e seguintes.
[198] Cf. BINENBOJM, Gustavo. *Uma teoria do direito administrativo: direitos fundamentais, democracia e constitucionalização*, 2014, p. 217.
[199] Ampliar em: SUNDFELD, Carlos Ari. *Direito administrativo para céticos*, 2014, p. 55.
[200] Cf. SUNDFELD, Carlos Ari. *Direito administrativo para céticos*, 2014, p.103-105.

princípios básicos da legalidade, da impessoalidade, da moralidade, da igualdade, da publicidade, da probidade administrativa, da vinculação ao instrumento convocatório, do julgamento objetivo e dos que lhes são correlatos".[201]

Também como desdobramento da redemocratização em 1985, os órgãos de controle da administração conseguiram rapidamente se tornar mais fortes e ativos. Rogério Arantes e Thiago Moreira argumentam que esse processo de consolidação e expansão institucional foi pautado na "linguagem de direitos" que orientou a transição democrática: mais do que o discurso da democratização, foi o discurso do controle do Estado que se mostrou mais promissor e abriu mais oportunidade de inovação institucional nas últimas décadas.[202]

Além do empoderamento do Judiciário e do Ministério Público, novas instâncias de fiscalização da administração, como a CGU, surgiram e novas leis iriam prever competências sancionadoras. O discurso contra a corrupção e a improbidade atingiria grande intensidade. Mais do que nos períodos anteriores, o Brasil passaria a contar com um forte controle múltiplo (*multiple accountability*),[203] composto por diversos órgãos como Judiciário, Ministério Público, tribunais de contas e controladorias internas.[204]

---

[201] Art. 3º da Lei de Licitações e Contratos Administrativos: "A licitação destina-se a garantir a observância do princípio constitucional da isonomia e a selecionar a proposta mais vantajosa para a administração e será processada e julgada em estrita conformidade com os princípios básicos da legalidade, da impessoalidade, da moralidade, da igualdade, da publicidade, da probidade administrativa, da vinculação ao instrumento convocatório, do julgamento objetivo e dos que lhes são correlatos".

[202] ARANTES, Rogério; MOREIRA, Thiago. *Democracia, instituições de controle e justiça sob a ótica do pluralismo estatal*, 2019, p. 98 e 103).

[203] Para ampliar: SCHILLEMANS, Thomas e BOVENS, Mark. *The challenge of multiple accountability: does redundancy lead to overload?*, 2011.

[204] Floriano Azevedo de Marques Neto e Rafael Véras de Freitas defendem que "é dizer: se, de um lado, a Constituição de 1988, abriu um caminho fértil para a democratização (disciplinando, com grande detalhamento, instrumentos de participação popular, como o voto secreto, o plebiscito e o referendo), de outro, prestigiou a incidência de múltiplos controles. E esse fato não é em nada alterado pela inafastabilidade da jurisdição judicial prevista na Constituição (art. 5º, XXXV). Um exemplo basta. A rejeição das contas de um administrador público, pelo Tribunal de Contas, gera, automaticamente, sua inelegibilidade por força da aplicação da chamada Lei da Ficha Limpa. E isso importou no fim do protagonismo da administração Pública, que é quem em vigor adágio da Separação dos Poderes – dispõe de capacidade institucional para gerir a coisa pública. As sobreposições de controles somadas à crise de legitimação democrática importaram na substituição do administrador público pelo controlador, destacadamente no exercício de sua atividade-fim" (MARQUES NETO, Floriano de Azevedo; FREITAS, Rafael Véras de. *Comentários à Lei 13.655/2018 (Lei da Segurança Jurídica para a Inovação Pública)*, 2018, p. 12).

Na jurisprudência, há diversos exemplos que ilustram a tendência principiológica. No âmbito do STF, Floriano de Azevedo Marques Neto e Rafael Véras de Freitas afirmaram que o tribunal, ao tutelar direitos sociais como a educação e a saúde, tende a se valer de noções abstratas e deixa de examinar os aspectos específicos dos casos concretos.[205] Outro exemplo diz respeito às decisões que usam o princípio da supremacia do interesse público sobre o interesse privado como um de seus fundamentos. Na maior parte dos casos, sua utilização ocorre de forma meramente retórica, desprovida de esforço argumentativo no sentido de justificar o motivo pelo qual o interesse público preponderaria sobre o interesse particular.[206]

No STJ, o uso dos princípios é ilustrado a partir da tese de que "a discricionariedade atribuída ao administrador deve ser usada com parcimônia e de acordo com os princípios da moralidade pública, da razoabilidade e da proporcionalidade, sob pena de desvirtuamento".[207] Mas talvez o exemplo mais expressivo do uso de princípios em decisões públicas se refira à aplicação da Lei de Improbidade Administrativa. Conforme exposto anteriormente, a norma classifica como ato de improbidade aquele que atenta contra os "princípios da administração" e, apesar da vagueza do termo, grande parte das condenações por improbidade foi justificada a partir dele.

É o que sugere estudo do Conselho Nacional de Justiça (CNJ) sobre o perfil das ações ajuizadas e julgadas no país. A pesquisa analisou ações em trâmite perante seis tribunais superiores, incluindo o STJ, e verificou que entre 2010 e 2013 o número de condenações em segunda instância por violação a princípios foi semelhante à soma das conde-

---

[205] Floriano de Azevedo Marques Neto e Rafael Véras de Freitas expuseram que "Boa parte dessas decisões [do STF] se vale de uma linha argumentativa de acordo com a qual as normas que veiculam direitos sociais não teriam natureza jurídica de normas constitucionais programáticas – as quais poderiam ser implementadas, de forma gradual, pelo Estado. Ainda de acordo com tal entendimento, os direitos sociais seriam direitos fundamentais, e, nessa qualidade, à luz do art. 5º, §1º, da CRFB, possuiriam eficácia imediata. Não se desabona tal entendimento. Mas isso não poderia importar numa transferência de atribuições da administração Pública para o Poder Judiciário. Mais que isso, não confere ao Poder Judiciário a prerrogativa de exercer uma função reguladora, para a qual não possui a necessária capacidade institucional" (MARQUES NETO, Floriano de Azevedo; FREITAS, Rafael Véras de. *Comentários à Lei 13.655 (Lei de Segurança Jurídica para a Inovação Pública*, 2018, p. 24).

[206] Ampliar em: COHEN, Isadora Chansky. *Princípio da supremacia do interesse público? Uma análise da utilização da supremacia do interesse público sobre o privado no âmbito da jurisprudência do STF*, 2010, p. 95. Ver também: NEVES, Marcelo. *Princípios e regras: do juiz Hidra ao juiz Iolau*, 2013, p. 1149-1172.

[207] STJ. REsp, 79.761, relator ministro Anselmo Santiago, j. em 29/04/1997.

nações por enriquecimento ilícito e por danos ao erário. No Tribunal de Justiça do Estado de São Paulo (TJ-SP), o maior tribunal brasileiro em volume de processos,[208] as condenações por violação a princípios foram seis vezes superiores às condenações por enriquecimento ilícito ou danos ao erário.[209]

Na literatura administrativista, os princípios gerais do Direito se tornaram objeto de preocupação e debate, provocando paixões e despertando críticas contundentes. As discussões envolvem desde aspectos mais específicos, como o fundamento e a existência do chamado "princípio da supremacia do interesse público sobre o interesse privado", até outros mais amplos e relevantes para o propósito do trabalho, relativos à utilização dessas noções como método de fundamentação das decisões públicas.

Com relação ao princípio da supremacia do interesse público sobre o interesse privado, as ideias de Bandeira de Mello encontraram amplo suporte na literatura brasileira, como em obras de Romeu Felipe Bacellar Filho, Daniel Wunder Hachem e Emerson Gabardo.[210] A referência ao princípio passou a se tornar quase obrigatória nos cursos e manuais de direito administrativo no Brasil, bem como na jurisprudência, que passou a reforçar sua existência e normatividade, empregando-o com frequência como fundamento para decidir.[211]

De outro lado, a partir do final dos anos 1990, críticas ao princípio da supremacia do interesse público sobre o interesse privado começaram a surgir, incluindo as de autores como Humberto Ávila, Gustavo Binenbojm e Daniel Sarmento.

Humberto Ávila, em *Repensando o "princípio da supremacia do interesse público sobre o particular* de 1998, negou a qualidade de "norma-princípio" à supremacia do interesse público. Com base na afirmação de Bandeira de Mello de que a supremacia seria pressuposto de uma ordem social estável, em que todos e cada um possam se sentir garan-

---

[208] CNJ. *Relatório Justiça em Números*, 2021.
[209] CNJ. *Justiça Pesquisa – Lei de Improbidade Administrativa, obstáculos à plena efetividade do combate aos atos de improbidade*, 2015, p. 65.
[210] Para uma reflexão aprofundada a respeito do *status* constitucional do princípio da supremacia do interesse público: HACHEM, Daniel Wunder. *O princípio constitucional da supremacia do interesse público*, 2011. Além disso, ver: BACELLAR FILHO, Romeu Felipe. *A noção jurídica de interesse público no direito administrativo brasileiro*, 2010; GABARDO, Emerson. *Interesse público e subsidiariedade: o Estado e a sociedade civil para além do bem e do mal*, 2009, p. 288.
[211] HACHEM, Daniel Wunder. *Princípio constitucional da supremacia do interesse público*, 2011, p. 3.

tidos e resguardados, o autor aduziu não haver qualquer referência a essa ideia no ordenamento jurídico brasileiro. Ela se trataria apenas de um postulado ético-político ou de um princípio fundamental da ética comunitária ou da política jurídica.[212]

Gustavo Binenbojm, em diversos textos e sobretudo no livro *Uma teoria do direito administrativo: direitos fundamentais, democracia e constitucionalização*, afirmou que o princípio da supremacia do interesse público não está respaldado pelo sistema normativo nacional em razão de três motivos: "por não decorrer da análise sistemática do ordenamento jurídico"; "por não admitir a dissociação do interesse privado, colocando-se em xeque o conflito pressuposto pelo princípio"; e "por demonstrar-se incompatível com os preceitos normativos erigidos pela ordem constitucional".[213]

Daniel Sarmento, por sua vez, organizou obra coletiva, intitulada *Interesses públicos versus interesses privados: desconstruindo o princípio da supremacia do interesse público*. Esse livro reuniu cinco ensaios jurídicos, de Alexandre Santos de Aragão, Daniel Sarmento, Gustavo Binenbojm, Humberto Ávila e Paulo Ricardo Schier, os quais objetivavam, nos termos utilizados pelo organizador, promover "o esperado réquiem deste malfadado princípio".[214]

Com relação ao uso dos princípios como método de fundamentação de decisões públicas, Carlos Ari Sundfeld, em *Direito administrativo para céticos* de 2012, afirmou que o uso pouco criterioso desses conceitos para justificar qualquer posição estaria deteriorando a qualidade dos atos administrativos e das decisões controladoras. Teria se tornado possível que o responsável pela contestação do ato administrativo se valha de um princípio para fundamentar seu pedido, e que a administração faça uso do mesmo princípio, interpretado de forma diversa, para defender a validade do mesmo ato.[215]

Carlos Ari Sundfeld caracterizou os princípios como uma possível "arma de espertos e preguiçosos", a depender da sua forma de utilização. A decisão tomada com base neles poderia servir para que controladores decidam sem enfrentar os fatos e analisar o ordenamento

---

[212] ÁVILA, Humberto. *Repensando o "princípio da supremacia do interesse público sobre o particular*, 1998, p. 159-180.

[213] BINENBOJM, Gustavo. *Uma teoria do direito administrativo: direitos fundamentais, democracia e constitucionalização*, 2008. p. 95.

[214] SARMENTO, Daniel (coord.). *Interesses públicos versus interesses privados: desconstruindo o princípio da supremacia do interesse público*, 2010, apresentação.

[215] SUNDFELD, Carlos Ari. *Direito administrativo para céticos*, 2014, p. 206 e seguintes.

jurídico. Mais do que isso, para que, por meio de indeterminações principiológicas, o controlador se substitua ao administrador público, seja para não ter de motivar adequadamente suas decisões, seja para ignorar o ordenamento jurídico.[216]

Em linha parecida, Marçal Justen Filho, em *O direito administrativo do espetáculo* de 2009, afirmou que os princípios acabam permitindo a ampla criatividade do governante para desenvolver imagens de uma falsa submissão a controle, se reportando a figuras imaginárias, tais como a de "ordem pública, "ato político" e "interesse público".[217] O autor defendeu que as decisões com base principiológica poderiam permitir oportunismos decisórios, em que a indeterminação de significado pode ocultar interesses escusos ou justificar uma decisão "pré-tomada" pelo julgador.[218]

Eduardo Jordão, em *Passado, presente e futuro: história do controle judicial da administração Pública no Brasil*, defendeu que, com o uso dos princípios, se não é possível dizer que o controle em si foi ampliado, é possível afirmar que se ampliou a litigância administrativa, com os diversos atores institucionais buscando obter do Judiciário os mais distintos provimentos a que creem ter direito por força de um princípio ou outro. Em cenário de incertezas sobre as fronteiras do controle judicial, os interessados são convidados a testar os limites de suas armas.[219]

Essa forma mais crítica de enxergar o uso de princípios em decisões públicas foi compartilhada por administrativistas com inclinação mais realista ou pragmática. Entre eles, se formou certo consenso no sentido de que a aplicação do Direito não deve se resumir a conteúdos abstratos, mas deve também e sobretudo considerar as consequências práticas de determinada ação ou decisão. O consequencialismo ou pragmatismo, antes discutidos em outros campos do conhecimento, como na filosofia e na teoria da argumentação, se aproximou do Direito.

O consequencialismo é concebido como a característica da "matriz pragmatista" que "prioriza as consequências do ato, teoria ou conceito". Também compõem as características da matriz pragmatista o antifundacionismo, tomado como a rejeição sistemática a dogmas e verdades absolutas, aprioristicas e fixas; e o contextualismo, que, rejeita

---

[216] *Ibidem*.
[217] JUSTEN FILHO, Marçal. *O direito administrativo do espetáculo*, 2009.
[218] JUSTEN FILHO, Marçal. *O art. 20: dever de transparência, concretude e proporcionalidade nas decisões públicas*, 2018, p. 22.
[219] JORDÃO, Eduardo. *Passado, presente e futuro: história do controle judicial da administração Pública no Brasil*, 2017, p. 358.

abstrações temporais na investigação filosófica e científica e defende a consideração dos contextos social, político, histórico e cultural na decisão.[220]

O consequencialismo passou a ser tratado de forma expressa pelos administrativistas aos poucos, mas de certa forma sempre esteve presente na literatura e mesmo em parcela da legislação. Em 2019, após a sanção da nova LINDB, por exemplo, Adilson Abreu Dallari identificou que o debate sobre "consequências concretas" para fins de fundamentação judicial já estava presente na doutrina tradicional referente aos vícios do ato administrativo há muitos anos.[221] José Antonio Savaris demonstrou a presença do consequencialismo na Lei 9.868/1999 e a Lei 9.882/1999, que autorizaram a modulação de efeitos temporais nas decisões do STF que declaram leis e atos normativos inconstitucionais.[222]

O consequencialismo ou pragmatismo jurídico foi alvo críticas. Para os propósitos desse trabalho, basta saber que parte delas reside na questão da legitimidade da utilização de consequências práticas como fundamentação das decisões. Entre administrativistas, José Vicente Santos de Mendonça apontou para o fato de o pragmatismo ser uma "realidade incontornável" na prática brasileira, mas ressaltou que os argumentos baseados em consequências aparecem "mascarados dentro de argumentos formais e normativos" e atribuiu esse fenômeno ao "preconceito" dos operadores do Direito e da sociedade, que acreditam que o papel do juiz é "aplicar a lei" e não operar com resultados.[223]

Para além dos administrativistas, entre os principais críticos do pragmatismo jurídico estão Fernando Leal e Diego Werneck Arguelhes. Ao falarem da "trivialidade" do pragmatismo jurídico, dispararam: "se o 'pragmatismo jurídico' é apenas uma espécie de bom-senso provido de algum vago *pedigree* filosófico, ele pouco tem a contribuir para uma discussão relevante sobre a decisão judicial".[224] Além desses

---

[220] MENDONÇA, José Vicente Santos de. *Direito constitucional econômico: a intervenção do Estado na economia à luz da razão pública e do pragmatismo*, 2018. p. 31-32

[221] DALLARI, Adilson Abreu. *Consequencialismo no âmbito do direito administrativo*, 2019, p. 127.

[222] SAVARIS, J. A. *Globalización, crisis económica, consecuencialismo y la aplicación de los derechos económicos, sociales y culturales (DESC)*, 2012, p. 31.

[223] MENDONÇA, José Vicente Santos de. *Direito constitucional econômico: a intervenção do Estado na economia à luz da razão pública e do pragmatismo*, 2018. p. 31-32

[224] As críticas de Leal e Arguelhes amparam-se na distinção entre teorias de primeira ordem e teorias de segunda ordem: enquanto uma teoria de primeira ordem justifica a decisão que um juiz toma (por exemplo, "X prevalece sobre Y porque produzirá os melhores

autores, Conrado Hübner Mendes apontou que o "giro empírico-pragmático" de ministros do STF como Luís Roberto Barroso criava uma "jurisprudência impressionista" baseada em "achismos" e "palpites". A seu ver, "com frequência, juízes afirmam que suas decisões trarão certas consequências. Não têm ferramentas para testar suas previsões, mas não hesitam na especulação de gabinete".[225]

Conrado Hübner Mendes voltou sua carga contra o que apelidou jocosamente de "consequenciachismo": "bons consequencialistas respeitam a complexidade e a incerteza do mundo social. Consequenciachistas julgam conhecer o mundo social por intuição e experiência, aderem ao consequencialismo inconsequente, impressionismo com verve retórica".[226] Em resposta direta ao autor, José Vicente Santos de Mendonça disse preferir o "consequenciachismo" ao "principiachismo": "a retórica das consequências é melhor do que a retórica dos princípios, pois, como apela a estados da realidade, pode ser falseada". O autor exemplificou: pode-se discutir a "credibilidade da instituição" que realizou a pesquisa, o "tamanho da amostra", o "valor da regressão estatística", mas como se pode avaliar uma decisão que adota a "dimensão objetiva do direito fundamental à dignidade da pessoa humana enquanto dever de proteção?".[227]

Desde 2018, toda essa discussão sobre o "menos pior" entre o "consequenciachismo" e o "principiachismo", sobre personagens consequencialistas ou sobre a suposta incompetência do Judiciário

---

resultados"), uma teoria de segunda ordem justifica a própria teoria de primeira ordem (por exemplo: "Sou um juiz pragmático porque essa abordagem à jurisdição produz os melhores resultados em geral").
São duas as principais críticas de Leal e Arguelhes. A primeira diz respeito à insegurança jurídica. Eles afirmam que "quando um juiz se compromete de antemão a pensar nas consequências sempre que for decidir um caso, ele está na verdade tomando uma decisão de segunda ordem, isto é, está decidindo sobre como vai decidir". Leal e Arguelhes argumentam que tal postura frustra as expectativas sociais que as regras jurídicas procuram estabilizar.
A segunda crítica, relacionada com a primeira, atina com a vagueza do pragmatismo jurídico de Posner, que, segundo eles, "não fornece orientação suficientemente detalhada para a atividade jurisdicional". Leal e Arguelhes sintetizam o modelo de adjudicação de Posner da seguinte forma: "na prática tudo o que Posner tem a oferecer é um critério de 'razoabilidade' — 'tome a melhor decisão possível, levando em conta tudo o que for relevante'". Para eles, tal decisão de segunda ordem não preservaria expectativas sociais (ARGUELHES, Diego Werneck; LEAL, Fernando. *Pragmatismo como [meta] teoria da decisão judicial: caracterização, estratégias e implicações*, 2009, p. 210-211).
[225] MENDES, Conrado Hübner. *Jurisprudência impressionista*, 2018.
[226] *Ibidem*.
[227] MENDONÇA, José Vicente Santos de. *Em defesa do consequenciachismo*, 2018.

para avaliar os impactos de suas decisões precisa considerar um fato. O legislador, por meio da LINDB, passou a esperar que juízes e controladores ponderem o papel das consequências em suas decisões.

4 Alterações na LINDB

As soluções que parametrizam a validade do ato administrativo na nova LINDB abrangem os arts. 20, *caput*, 23 e 30. Esses dispositivos dão impulso ao rumo que o movimento já vinha apontando: o da afirmação crescente de requisitos gerais, de forma e conteúdo, para limitar e condicionar a validade de atos, contratos, ajustes, normas e processos administrativos.

A nova LINDB veio para consolidar alterações que vinham afetando a teoria do ato administrativo no decorrer do tempo, seja essa teoria qual for. De um lado, uma teoria mais clássica, desenvolvida pelos publicistas entre as décadas de 1940 e 1990, inspirada em uma visão mais abstrata e de teoria geral das normas. De outro lado, uma teoria mais realista ou pragmática, desenvolvida sobretudo a partir dos anos 2000, a qual olha em primeiro lugar para a vida real, para os problemas concretos da gestão pública brasileira.[228]

Olhando para os dispositivos de forma mais específica, o art. 20, *caput*, trata de decisões públicas baseadas em normas indeterminadas, prevendo que "nas esferas administrativa, controladora e judicial, não se decidirá com base em valores jurídicos abstratos sem que sejam consideradas as consequências práticas da decisão".

O dispositivo apresenta dois núcleos normativos: a vedação à motivação fundada exclusivamente em princípios abertos (*reforço de motivação*) e a exigência de avaliação dos efeitos concretos da decisão (*consequencialismo*). O reforço de motivação impõe um dever de concretude como condição do uso de princípios na esfera pública.[229] Trata-se de resposta direta à segunda fase do movimento de parametrização da validade do ato administrativo, marcada pela aceitação da força normativa dos princípios e à sua utilização excessiva na motivação de decisões públicas, só que em versão beletrista, retórica.[230]

---

[228] SUNDFELD, Carlos Ari. *Direito administrativo: o novo olhar da LINDB*, 2022, p. 46.
[229] Sobre o dever de concretude: AUBY, Jean-Bernard; JORDÃO, Eduardo. *Un principe inédit de droit public posé par la loi brésilienne sur les normes de 2018: le devoir de concrétude*, 2021.
[230] SUNDFELD, Carlos Ari; SALAMA, Bruno Meyerhof. *Chegou a hora de mudar a velha lei de introdução*, 2015.

O consequencialismo se manifesta quando o art. 20 exige que a autoridade pública competente formule uma projeção quanto aos possíveis cenários resultantes da decisão adotada.[231] O dispositivo pode ser visto como uma mudança de paradigma, o que José Vicente Santos de Mendonça chama de "o novo estilo do direito administrativo", pragmático e empiricista. Para o autor, esse novo estilo vai requerer mais esforço de profissionalização da academia jurídica e dos operadores em geral. Enquanto no estilo "tradicional", é possível argumentar com a "razoabilidade" intrínseca da decisão, citando livros e decisões judiciais, no "novo estilo" é preciso indicar os estudos empíricos de apoio à conclusão.[232]

Essa possível mudança acentua a demanda por estudos científicos, especialmente empíricos e experimentais, para nortear a jurisdição. Como diagnosticaram Mariana Pargendler e Bruno Meyerhof Salama em *Direito e consequência no Brasil: em busca de um discurso sobre o método* de 2013, antes da alteração da LINDB, "quer gostem, quer não gostem, quer o façam aberta ou veladamente", os integrantes do Poder Judiciário "estão irresistivelmente impingidos a pensar seriamente sobre relações de adequação entre meios jurídicos e fins normativos, relações essas que não podem ser obtidas somente com a filosofia, a lógica, a filologia ou a gramática".[233]

O art. 20 da nova LINDB representa uma reforma para declaração formal: a positivação, em lei geral, de ideias que constavam na literatura especializada, mas não eram contempladas de forma expressa pela legislação brasileira. O dispositivo acolhe a visão mais pragmática ou realista desenvolvida na literatura a partir dos anos 2000 e, ao fazê-lo, se opõe ao movimento teórico de disseminação dos princípios como parâmetro de validade do ato administrativo, ainda que ele tenha sigo generoso em sua origem, na tentativa de fazer vingar valores não suficientemente positivados em regras do ordenamento.[234]

O dispositivo foi alvo de críticas duras. A Consultoria Jurídica do TCU afirmou que ele imporia ao julgador o dever de decidir com base em informações que não constariam dos autos e que precisariam

---

[231] Cf. JUSTEN FILHO, Marçal. *Art. 20 da LINDB – Dever de transparência, concretude e proporcionalidade nas decisões públicas*, 2018, p. 29.
[232] MENDONÇA, José Vicente Santos de. *A verdadeira mudança de paradigmas do direito administrativo brasileiro: do estilo tradicional ao novo estilo*, 2014, p. 179-198.
[233] PARGENDLER, Mariana; SALAMA, Bruno Meyerhof. *Direito e consequência no Brasil: em busca de um discurso sobre o método*, 2013, p. 127.
[234] SUNDFELD, Carlos Ari. *Direito administrativo: o novo olhar da LINDB*, 2022, p. 45.

ser fornecidas pelas partes. A seu ver, a norma não pode "exigir do julgador que analise as possíveis alternativas, se o conhecimento do julgador acerca da realidade está limitado ao que consta dos autos, trazido pelas partes". Para os juristas signatários do parecer em resposta ao TCU, contudo, o dispositivo não exige conhecimento extraprocessual do julgador, mas sim que ele concretize sua função pública com responsabilidade.[235]

De acordo com o parecer, o dispositivo configura aplicação do princípio da proporcionalidade, que exige ao tomador de decisão a comprovação de que a medida a ser adotada é adequada, necessária e proporcional em sentido estrito. Sempre que o Estado tiver de decidir tendo por base um conflito de bens jurídicos de qualquer espécie, deve analisar a possibilidade dessa medida levar à realização pretendida (adequação), de a medida ser a menos restritiva aos direitos e interesses envolvidos (necessidade) e de a finalidade pública buscada ser valorosa a ponto de justificar a restrição imposta (proporcionalidade em sentido estrito).[236]

Em segundo lugar, o art. 23 da LINDB cria uma espécie de autorizativo genérico para a instituição de regimes de transição. De acordo com o dispositivo, "a decisão administrativa, controladora ou judicial que estabelecer interpretação ou orientação nova sobre norma de conteúdo indeterminado, impondo novo dever ou novo condicionamento de direito, deverá prever regime de transição quando indispensável para que o novo dever ou condicionamento de direito seja cumprido de modo proporcional, equânime e eficiente e sem prejuízo aos interesses gerais".

---

[235] Cf. MARQUES NETO, Floriano de Azevedo; SUNDFELD, Carlos Ari; DALLARI, Adilson de Abreu; MARTINS, Ives Gandra da Silva; DI PIETRO, Maria Sylvia Zanella; MEDAUAR, Odete; LUCON, Paulo Henrique dos Santos; JUSTEN FILHO, Marçal; CARRAZZA, Roque; BINENBOJM, Gustavo; ALMEIDA, Fernando Menezes de; ARAGÃO, Alexandre Santos de; SCAFF, Fernando Facury; CÂMARA, Jacintho Arruda; MONTEIRO, Vera; MOREIRA, Egon Bockmann; MENDONÇA, José Vicente Santos de; PEREZ, Marcos Augusto; PIOVESAN, Flavia; MODESTO, Paulo; ROSILHO, André Janjácomo; JORDÃO, Eduardo Ferreira; SCHIRATO, Vitor Rhein; CUNHA, Carlos Eduardo Bergamini. *Resposta aos comentários tecidos pela Consultoria Jurídica do TCU ao PL n º 7.448/2017*, 2018, p. 293.

[236] Cf. MARQUES NETO, Floriano de Azevedo; SUNDFELD, Carlos Ari; DALLARI, Adilson de Abreu; MARTINS, Ives Gandra da Silva; DI PIETRO, Maria Sylvia Zanella; MEDAUAR, Odete; LUCON, Paulo Henrique dos Santos; JUSTEN FILHO, Marçal; CARRAZZA, Roque; BINENBOJM, Gustavo; ALMEIDA, Fernando Menezes de; ARAGÃO, Alexandre Santos de; SCAFF, Fernando Facury; CÂMARA, Jacintho Arruda; MONTEIRO, Vera; MOREIRA, Egon Bockmann; MENDONÇA, José Vicente Santos de; PEREZ, Marcos Augusto; PIOVESAN, Flavia; MODESTO, Paulo; ROSILHO, André Janjácomo; JORDÃO, Eduardo Ferreira; SCHIRATO, Vitor Rhein; CUNHA, Carlos Eduardo Bergamini. *Resposta aos comentários tecidos pela Consultoria Jurídica do TCU ao PL n º 7.448/2017*, 2018, p. 295.

O parágrafo único do art. 23, vetado, acrescentava que se o regime de transição não estiver previamente estabelecido, "o sujeito obrigado terá direito a negociá-lo com a autoridade, segundo as peculiaridades de seu caso e observadas as limitações legais, celebrando-se compromisso para o ajustamento, na esfera administrativa, controladora ou judicial, conforme o caso".

O dispositivo também foi alvo de críticas e teve sua constitucionalidade questionada. A Consultoria Jurídica do TCU afirmou que a Constituição Federal garante a competência dos tribunais de contas para "assinar prazo para que o órgão ou entidade adote as providências necessárias ao exato cumprimento da lei, se verificada ilegalidade",[237] de forma que a LINDB não poderia impor a elas a obrigação de celebrar compromisso de ajustamento.

O parecer de juristas afastou essa crítica a partir de quatro argumentos principais. Em primeiro lugar, afirmou que as atividades mencionadas não são excludentes, isto é, a obrigação de negociar a celebração de um compromisso para o ajustamento de conduta não é oposta à competência de assinar prazo para a adoção de providência para o cumprimento da lei. No exercício de suas competências constitucionais, os tribunais de contas continuarão competentes para estipular prazos. Mas quando se tratar de alteração de interpretação ou orientação sobre norma de conteúdo indeterminado emergirá o direito do administrado a um regime de transição provisório, que poderá ser negociado.[238]

Em segundo lugar, os signatários do parecer afirmaram que seria incorreto supor que o art. 23 não pudesse criar obrigações ao Estado. A seu ver, o Estado de Direito tem por essência "a submissão efetiva do Estado ao império da lei e seria temerário que órgão estatal se negasse a dar cumprimento à lei sob qualquer argumento". Em terceiro lugar,

---

[237] Art. 71, IX, da Constituição Federal: "O controle externo, a cargo do Congresso Nacional, será exercido com o auxílio do Tribunal de Contas da União, ao qual compete: (...) assinar prazo para que o órgão ou entidade adote as providências necessárias ao exato cumprimento da lei, se verificada ilegalidade".

[238] Cf. MARQUES NETO, Floriano de Azevedo; SUNDFELD, Carlos Ari; DALLARI, Adilson de Abreu; MARTINS, Ives Gandra da Silva; DI PIETRO, Maria Sylvia Zanella; MEDAUAR, Odete; LUCON, Paulo Henrique dos Santos; JUSTEN FILHO, Marçal; CARRAZZA, Roque; BINENBOJM, Gustavo; ALMEIDA, Fernando Menezes de; ARAGÃO, Alexandre Santos de; SCAFF, Fernando Facury; CÂMARA, Jacintho Arruda; MONTEIRO, Vera; MOREIRA, Egon Bockmann; MENDONÇA, José Vicente Santos de; PEREZ, Marcos Augusto; PIOVESAN, Flavia; MODESTO, Paulo; ROSILHO, André Janjácomo; JORDÃO, Eduardo Ferreira; SCHIRATO, Vitor Rhein; CUNHA, Carlos Eduardo Bergamini. *Resposta aos comentários tecidos pela Consultoria Jurídica do TCU ao PL nº 7.448/2017*, 2018, p. 299.

os juristas defenderam que o mote fundamental do dispositivo não envolve atribuições de entes estatais, mas versa sobre os direitos dos administrados e o respeito à segurança jurídica.[239]

Em quarto lugar, o parecer afirmou que a ideia principal prevista no art. 23 já estava presente em relação à modulação de efeitos das declarações de inconstitucionalidade, prevista pela Lei 9.868/1999. Além da legislação, teria havido uma mudança na própria posição do STF, que passou a aceitar a modulação como uma exceção em nome da segurança jurídica sempre que houvesse uma alteração na interpretação da corte sobre determinado assunto.[240-241]

Seguindo essa mesma linha, Floriano de Azevedo Marques Neto e Rafael Véras de Freitas, em livro publicado após a sanção da LINDB, defenderam que o art. 23 positivou ideia bem aceita pelo STF nas décadas anteriores. Isso teria ocorrido, por exemplo, no julgamento do MI 670, que tratou do direito de greve dos servidores públicos. O tribunal concluiu no caso que "em razão da evolução jurisprudencial sobre o tema da interpretação da omissão legislativa do direito de greve dos servidores públicos civis e em respeito aos ditames de segurança jurídica, fixa-se o prazo de 60 dias para que o Congresso Nacional legisle sobre a matéria". No RE 597.994/PA, o tribunal assentou que "a ausência de regras de transição para disciplinar situações fáticas não abrangidas por emenda constitucional demanda a análise de cada caso concreto à luz do direito enquanto totalidade".[242]

As potencialidades do dispositivo também foram aprofundadas pela literatura após a sanção da LINDB. Em *Segurança jurídica e regras de transição nos processos judicial e administrativo: introdução ao artigo 23*

---

[239] Ibidem.
[240] Art. 927, 3º, do Código de Processo Civil: "Na hipótese de alteração de jurisprudência dominante do Supremo Tribunal Federal e dos tribunais superiores ou daquela oriunda de julgamento de casos repetitivos, pode haver modulação dos efeitos da alteração no interesse social e no da segurança jurídica".
[241] Cf. MARQUES NETO, Floriano de Azevedo; SUNDFELD, Carlos Ari; DALLARI, Adilson de Abreu; MARTINS, Ives Gandra da Silva; DI PIETRO, Maria Sylvia Zanella; MEDAUAR, Odete; LUCON, Paulo Henrique dos Santos; JUSTEN FILHO, Marçal; CARRAZZA, Roque; BINENBOJM, Gustavo; ALMEIDA, Fernando Menezes de; ARAGÃO, Alexandre Santos de; SCAFF, Fernando Facury; CÂMARA, Jacintho Arruda; MONTEIRO, Vera; MOREIRA, Egon Bockmann; MENDONÇA, José Vicente Santos de; PEREZ, Marcos Augusto; PIOVESAN, Flavia; MODESTO, Paulo; ROSILHO, André Janjácomo; JORDÃO, Eduardo Ferreira; SCHIRATO, Vitor Rhein; CUNHA, Carlos Eduardo Bergamini. *Resposta aos comentários tecidos pela Consultoria Jurídica do TCU ao PL nº 7.448/2017*, 2018, p. 300.
[242] Cf. MARQUES NETO, Floriano de Azevedo; FREITAS, Rafael Véras de. *Comentários à Lei 13.655 (Lei de Segurança Jurídica para a Inovação Pública)*, 2018, p. 80.

da LINDB, de 2021, Antonio do Passo Cabral disse que a proteção da segurança jurídica como imutabilidade ou inalterabilidade, fundada numa perspectiva estática, passou a admitir também uma perspectiva mais dinâmica e flexível, por ele denominada de "continuidade jurídica". Caberá à autoridade competente definir o conteúdo da regra de transição a ser aplicada: além da modulação temporal dos efeitos da decisão, cogita da compensação financeira, da ajuda de adaptação e de cláusulas de exceção e opção.[243]

Em *As normas de transição no direito administrativo: possibilidades, parâmetros de aplicabilidade e limites do artigo 23 da LINDB*, de 2022, Dante Silva Tomaz forneceu um itinerário teórico para se instituir regimes de transição. O autor propôs um procedimento em três etapas: (i) a necessidade de identificação de uma situação jurídica consolidada; (ii) a legítima expectativa do afetado na manutenção da situação pretérita ou que a mudança normativa afete funcionamentos essenciais; e (iii) que o bem jurídico tutelado pelo regime de transição se sobreponha ao interesse social que justificou a decisão inovadora. A decisão pela necessidade do regime transicional e a definição de seu conteúdo dependerão da análise dessas etapas.[244]

Com base nesses elementos, o art. 23 da LINDB representa uma reforma para inclusão de novidade instrumental no ordenamento jurídico brasileiro. Embora ideias semelhantes já estivessem presentes em relação à modulação de efeitos nas declarações de inconstitucionalidade por parte do STF, o dispositivo apresenta uma previsão direcionada às decisões públicas de forma mais ampla.

Por fim, o art. 30 trata da necessidade de a administração eliminar incertezas normativas por meio de instrumentos como regulamentos, súmulas administrativas e respostas a consulta, bem como de vincular-se juridicamente a eles. O *caput* estabelece que "as autoridades públicas devem atuar para aumentar a segurança jurídica na aplicação das normas, inclusive por meio de regulamentos, súmulas administrativas e respostas a consultas". O parágrafo único acrescenta que esses instrumentos "terão caráter vinculante em relação ao órgão ou entidade a que se destinam, até ulterior revisão".

---

[243] CABRAL, Antonio do Passo. *Segurança jurídica e regras de transição nos processos judicial e administrativo: introdução o art. 23 da LINDB*, 2021.
[244] TOMAZ, Dante Silva. *As normas de transição no direito administrativo: possibilidades, parâmetros de aplicabilidade e limites do artigo 23 da LINDB*, 2022.

Egon Bockmann Moreira e Paula Pessoa Ferreira, ao analisarem o dispositivo após a sanção da LINDB, em *Art. 30 da LINDB – O dever público de incrementar a segurança jurídica*, apontaram dois desdobramentos principais. Primeiramente, órgãos e entidades administrativos que julguem questões relacionadas ao direito público precisariam, com base na norma, desenvolver todos os esforços para criar e estabelecer seus próprios precedentes. Em segundo lugar, as decisões que tratam de temas relacionados ao direito público e que se tornam precedentes teriam de ser aplicadas em casos futuros da administração.[245]

O art. 23 da LINDB representa uma reforma para inclusão de novidade instrumental no ordenamento jurídico brasileiro. Embora ideias semelhantes já estivessem presentes em relação à ideia de seguir precedentes judiciais, o dispositivo apresenta uma previsão direcionada às decisões públicas de forma mais ampla.

Na esteira de um processo de valorização cada vez maior das decisões proferidas pelo STF e com a finalidade de se conquistar um grau mais elevado de segurança jurídica, a Emenda Constitucional 45/2004 introduziu o instituto das súmulas vinculantes no ordenamento jurídico brasileiro.[246] Esses enunciados vinculam todos os tribunais, assim como a administração, aos entendimentos construídos pelo STF através de seus reiterados julgamentos sobre questão idêntica, representando uma tentativa de uniformizar a jurisprudência pátria.

Muito embora o objetivo das súmulas vinculantes seja garantir uma melhor prestação jurisdicional através da realização da justiça de forma igualitária para os jurisdicionados em situação idêntica, bem como reduzir a quantidade de processos em tramitação no STF, a literatura nacional não se mostrou unânime no que se refere à avaliação de sua adoção, podendo ser encontradas posições antagônicas no tocante à contribuição desses enunciados para o funcionamento do sistema jurídico brasileiro.

---

[245] MOREIRA, Egon Bockmann; FERREIRA, Paula Pessoa. *Art. 30 da LINDB – O dever público de incrementar a segurança jurídica*, 2018, p. 262.

[246] Art. 103-A da Constituição Federal de 1988: "O Supremo Tribunal Federal poderá, de ofício ou por provocação, mediante decisão de dois terços dos seus membros, após reiteradas decisões sobre matéria constitucional, aprovar súmula que, a partir de sua publicação na imprensa oficial, terá efeito vinculante em relação aos demais órgãos do Poder Judiciário e à administração pública direta e indireta, nas esferas federal, estadual e municipal, bem como proceder à sua revisão ou cancelamento, na forma estabelecida na lei. §1º A súmula terá por objetivo a validade, a interpretação e a eficácia de normas determinadas, acerca das quais haja controvérsia atual entre órgãos judiciários ou entre esses e a administração pública que acarrete insegurança jurídica e relevante multiplicação de processos sobre questão idêntica".

Seus defensores alegam que o efeito vinculante atribuído a esses enunciados é essencial para garantir a segurança jurídica e evitar uma desnecessária multiplicação de processos sobre as mesmas questões de direito nas diversas instâncias do Poder Judiciário. A vinculação de todos os juízes ao entendimento legal consolidado pelo STF resultaria na obrigatoriedade de decidir conforme a jurisprudência deste tribunal, mesmo quando os magistrados dela discordassem, impedindo a continuidade de grande parte dos litígios judiciais e resultando em uma redução significativa do número de processos repetidos em tramitação.[247]

Por outro lado, há autores que ressaltaram o risco de engessamento do Judiciário, uma vez que entendem que a adoção de súmulas vinculantes impede a inovação jurisprudencial, transformando as decisões dos tribunais inferiores em simples cópias dos julgamentos já realizados pelo STF, de maneira que esta situação levaria a uma paralisia na evolução e interpretação do Direito.[248]

Mais recentemente, o sistema de precedentes instituído pelo CPC também partiu da premissa de que as decisões oriundas do julgamento de determinados instrumentos terão efeito vinculante para o Poder Judiciário e que, justamente por esse motivo, a sua inobservância ou mesmo a prolação de decisão conflitante estará sujeita a questionamento pela via da reclamação. Esses instrumentos incluem os acórdãos do STF em controle concentrado de constitucionalidade, as súmulas vinculantes, os acórdãos em incidentes de assunção de competência ou de resolução de demandas repetitivas e os acórdãos do STF ou do STJ no julgamento de recursos extraordinários ou especiais repetitivos.

---

[247] DINAMARCO, Cândido Rangel. *Decisões vinculantes*, 2000, p. 166-185.
[248] GOMES, Luiz Flávio. *A dimensão da magistratura no estado constitucional e democrático de direito*, 1997, p. 190 e ss.

MOVIMENTO DE PARAMETRIZAÇÃO DA INVALIDAÇÃO E DA CONSERVAÇÃO DO ATO ADMINISTRATIVO

A LINDB estabeleceu parâmetros para a invalidação dos atos administrativos que possuem vícios, bem como para a sua regularização e manutenção no mundo jurídico. A invalidação é entendida pela literatura como "o desfazimento do ato administrativo por razões de ilegalidade"[249] ou "a eliminação, de um ato administrativo ou da relação jurídica por ele gerada, ou de ambos, por terem sido produzidos em desconformidade com a ordem jurídica".[250]

O art. 21 estipula que a decisão que decretar a invalidação de ato, contrato, ajuste, processo ou norma administrativa deverá indicar suas consequências jurídicas e administrativas. O parágrafo único adiciona que, a depender do caso, a decisão deverá indicar as condições para que a regularização ocorra de modo proporcional e equânime e sem prejuízo aos interesses gerais. O art. 24 veda a invalidação de deliberação administrativa tomada com base em interpretação vigente à época do ato.

Os dispositivos se relacionam com o movimento de parametrização da invalidação e da manutenção do ato administrativo viciado, desenvolvido primeiramente na literatura e depois na legislação e na jurisprudência. Esse esforço está relacionado a outro mais amplo, tratado no capítulo anterior, de parametrizar as condições de validade do ato. Isso porque o escopo prático desse estudo era justamente o

---

[249] DI PIETRO, Maria Sylvia Zanella. *Direito administrativo*, 2012. p. 243.
[250] VITTA, Heraldo Garcia. *Invalidação dos atos administrativos*, 2003, p. 43-64.

de permitir a descrição dos vícios presentes no ato, de modo que sua "anatomia" era encarada justamente como ponto de passagem para sua "patologia".[251]

1 Início da parametrização dos casos de invalidade (1940-1970)

Desde a década de 1940, publicistas têm se dedicado ao estudo da invalidação dos atos administrativos. Conforme exposto no capítulo anterior, essa ênfase está relacionada com a influência da literatura estrangeira mais madura sobre o assunto e com a preocupação de garantir a obediência à legalidade administrativa. Segundo essa perspectiva, a administração deve sempre seguir a lei e, caso algum ato administrativo fosse emitido sem observar as regras aplicáveis a ele, deveria ser invalidado pela administração ou pelo Poder Judiciário, a depender do caso.

O trabalho desenvolvido na literatura foi relevante para o início do movimento, especialmente porque o direito positivo não fornecia regras sobre o assunto até o final dos anos 1990, quando as leis gerais de processo administrativo foram editadas. Quando as primeiras obras sobre o tema começaram a ser publicadas, como *O controle dos atos administrativos pelo Poder Judiciário* de Seabra Fagundes, a Lei 221/1984 estava vigente e previa a possibilidade de anulação do ato administrativo ilegal, mas não indicava quais seriam as consequências decorrentes da medida.[252]

O silêncio da lei permaneceu até 1965, quando a Lei da Ação Popular foi editada. A norma classificou o ato administrativo inválido em duas categorias: o nulo, incluindo os casos de incompetência, vício de forma, inexistência de motivos, ilegalidade do objeto e desvio de finalidade; e o anulável, cujos vícios não se enquadram na categoria.[253]

---

[251] Cf. PEREIRA, André Gonçalves. *Erro e ilegalidade do ato administrativo*, 1962, p. 106.

[252] Art. 13, §9º, "a", da Lei 221/1984: "Verificando a autoridade judiciaria que o acto ou resolução em questão é ilegal, o anulará no todo ou em parte, para o fim de assegurar o direito do autor".

[253] Arts. 2º e 3º da Lei da Ação Popular: "São nulos os atos lesivos ao patrimônio das entidades mencionadas no artigo anterior, nos casos de: a) incompetência; b) vício de forma; c) ilegalidade do objeto; d) inexistência dos motivos; e) desvio de finalidade (...) Os atos lesivos ao patrimônio das pessoas de direito público ou privado, ou das entidades mencionadas no art. 1º, cujos vícios não se compreendam nas especificações do artigo anterior, serão anuláveis, segundo as prescrições legais, enquanto compatíveis com a natureza deles".

A despeito disso, a lei se mostrou insuficiente para disciplinar a matéria e dissolver as discussões existentes porque não diferenciou os atos nulos e anuláveis quanto aos seus efeitos. Estando presente a lesividade, não parecia fazer muita diferença se ela foi gerada por uma causa ou outra.[254] As consequências da invalidação eram regidas apenas no âmbito do direito privado. O Código Civil, ao disciplinar a validade do negócio jurídico privado, diferenciou e ainda diferencia o negócio jurídico nulo do negócio jurídico anulável. O primeiro contém defeito grave, viola disposição de ordem pública e dos bons costumes e não pode ser confirmado. O segundo está restrito aos interesses das partes no caso concreto e é passível de correção.[255]

A ausência de disciplina normativa propiciou o desenvolvimento de diferentes correntes de pensamento na literatura administrativista. No período sob análise, alguns autores defendiam a aplicação das normas do direito civil ao direito administrativo e outros consideravam essa abordagem inadequada e propunham novas categorizações. Prevalecia a tentativa de catalogar as espécies de atos viciados, mas não de estipular formas para a sua correção a depender do caso.

A primeira corrente teórica, influenciada pela literatura francesa,[256] adotou a distinção entre negócio nulo e anulável, prevista pelo Código Civil. Entre os publicistas que abraçaram essa visão, destacam-se Ruy Cirne Lima e Oswaldo Bandeira de Mello, segundo os quais o direito público e o direito privado são ramos distintos, mas as normas do direito privado podem ser utilizadas para avaliar a validade dos atos administrativos, desde que estejam de acordo com o interesse público.

Ruy Cirne Lima, em *Princípios de direito administrativo*, argumentou que a anulação seria domínio quase exclusivo dos princípios do direito civil. Essa transposição quase completa se justificaria, a seu ver, "pela unidade do critério que lhe deve presidir à elaboração".[257] Oswaldo Bandeira de Mello, em *Princípios gerais de direito administrativo*, também disse que o direito administrativo, "pela semelhança de

---

[254] Cf. SILVA, Clarissa Sampaio. *Limites à invalidação dos atos administrativos*, 2001, p. 45.
[255] Art. 172 do Código Civil: "O negócio anulável pode ser conformado pelas partes, salvo direito de terceiro". Art. 166 do Código Civil: "É nulo o negócio jurídico quando: (...) VI – tiver por objeto fraudar lei imperativa". Art. 171 do Código Civil: "(...) é anulável o negócio jurídico: (...) II – por vício resultante de erro, dolo, coação, estado de perigo, lesão ou fraude contra credores". Art. 169 do Código Civil: "O negócio jurídico nulo não é suscetível de confirmação, nem convalesce pelo decurso do tempo".
[256] Cf. HOBARCH, Carlos Bastide. *Teoria das nulidades do ato administrativo*, 2010, p. 203-204.
[257] LIMA, Ruy Cirne. *Princípios de direito administrativo*, 1982, p. 94.

situação de identidade de razão", deveria abraçar analogicamente as hipóteses de nulidade e anulabilidade contempladas pelo Código Civil".[258]

A segunda corrente teórica, defendida por Seabra Fagundes, rechaçou a possibilidade de aplicação integral das regras do direito civil no direito administrativo. A repercussão da anulação lhe parecia muito diferente para esses dois ramos: enquanto no direito civil ela teria por finalidade restaurar o equilíbrio individual perturbado, atingindo, normalmente, apenas seus participantes diretos, no direito administrativo haveria múltiplos interesses em jogo, o que aconselharia a manutenção dos efeitos do ato em certas situações.[259]

Seabra Fagundes forneceu exemplo que tornaria bastante popular nos manuais e cursos de direito administrativo: o ato que, sem obediência à lei, formalizasse concessões de terras a colonos com o objetivo de fixá-los em determinada região. Apesar de vicioso, ele mereceria ser mantido se a sua irregularidade for constatada após a instalação e fixação dos beneficiários. Os interesses dos colonos, importantes do ponto de vista social e econômico, demandariam a persistência dos seus efeitos.[260]

O autor concluiu que a gravidade do vício do ato administrativo e a medida para lidar com ela deveria ser analisada caso a caso, em face da sua repercussão com o interesse público. A depender das circunstâncias concretas, o ato administrativo poderia se apresentar como absolutamente inválido ou nulo, sendo extinto com supressão total dos efeitos; relativamente inválido ou anulável, ressalvando-se os efeitos passados ou alguns deles; ou apenas irregular, com defeito de forma.[261]

A terceira corrente teórica, mais rigorosa, foi encabeçada por Hely Lopes Meirelles. O autor, assim como Seabra Fagundes, também afastou a dicotomia prevista no Código Civil, mas se baseou na ideia de que o direito administrativo apenas admitiria o ato nulo, ou seja, aquele que não pode ser confirmado pelas partes. Em artigo publicado em 1964, defendeu que "reconhecida e declarada a nulidade do ato, pela administração ou pelo Judiciário, o pronunciamento de invalidade

---

[258] BANDEIRA DE MELLO, Oswaldo Aranha. *Princípios gerais de direito administrativo*, 1969, p. 583.
[259] SEABRA FAGUNDES, Miguel. *O controle dos atos administrativos pelo Poder Judiciário*, 2005, p. 40.
[260] *Ibidem*.
[261] *Ibidem*.

opera *ex tunc*, desfazendo todos os vínculos entre as partes e obrigando-as à reposição das coisas no *status quo ante*, como consequência natural e lógica da decisão anulatória.".²⁶²

Hely Lopes Meirelles acrescentou que "em direito público não há lugar para os atos anuláveis (...) quando é de interesse público – e tais são todos os atos administrativos – a sua legalidade se impõe como condição de validade e eficácia do ato, não se admitindo o arbítrio dos interessados para a sua manutenção ou invalidação, porque isto ofenderia a exigência de legitimidade da atuação pública".²⁶³

Essa visão mais rigorosa acabou ganhando impulso na literatura e na jurisprudência nos anos seguintes. Na literatura, autores importantes, como Diogo de Figueiredo Moreira Neto, defenderam que em virtude do interesse público, descaberia falar de anulabilidade no direito administrativo. Essa categoria somente seria cabível no direito privado, em que os particulares podem deliberar de forma mais livre acerca da manutenção do ato ou do negócio jurídico.²⁶⁴

Na jurisprudência, a Súmula 473, editada em 1969 pelo STF, estabeleceu que "a administração pode anular seus próprios atos, quando eivados de vícios que os tornam ilegais, porque deles não se originam direitos".²⁶⁵ Em *Passado e Futuro da Súmula do STF*, o ministro do STF Victor Nunes Leal explicou que as súmulas passaram a ser adotadas naquela época como método destinado a "ordenar melhor e facilitar a tarefa judicante" nos tribunais do país. A autoridade das orientações disponíveis em súmulas estaria diretamente ligada ao fato de, em conjunto, constituírem um repertório oficial de jurisprudência que busca eliminar dúvidas de interpretação, com precedentes disponíveis a serem invocados pelas partes.²⁶⁶

---

[262] MEIRELLES, Hely Lopes. *Revogação e anulação de ato administrativo*, 1964. p. 34-35.
[263] *Ibidem*.
[264] MOREIRA NETO, Diogo de Figueiredo. *Curso de direito administrativo*, 1983, p. 179.
[265] Além da Súmula 473/1969, o STF editou outras súmulas relacionadas ao tema da invalidade. São elas: Súmula 6/1963: "A revogação ou anulação, pelo Poder Executivo, de aposentadoria, ou qualquer outro ato aprovado pelo Tribunal de Contas, não produz efeitos antes de aprovada por aquêle Tribunal, ressalvada a competência revisora do Judiciário"; Súmula 346/1963: "A administração pública pode declarar a nulidade dos seus próprios atos"; e mais recentemente Súmula 3/2007 ("Nos processos perante o Tribunal de Contas da União asseguram-se o contraditório e a ampla defesa quando da decisão puder resultar anulação ou revogação de ato administrativo que beneficie o interessado, excetuada a apreciação da legalidade do ato de concessão inicial de aposentadoria, reforma e pensão").
[266] LEAL, Victor Nunes. *Passado e futuro da súmula do STF*, 1981.

Apesar dos esforços do tribunal nesse sentido, a análise dos precedentes que resultaram na edição da Súmula 473 demonstra que, embora a mensagem final do STF tenha sido clara e dura – pois rejeitou a existência de diferentes tipos de vícios nos atos administrativos – os ministros estavam mais preocupados em distinguir os casos de anulação da revogação do ato administrativo, e menos em refletir com precisão sobre quais seriam os efeitos da primeira.[267]

Em 1955, o STF julgou o primeiro caso que serviu de base para a Súmula 473. No RE 27.031, o tribunal se limitou a definir os limites e as diferenças entre a anulação e a revogação do ato administrativo. Como afirmado pelo ministro relator Luiz Galotti, a revogação se daria por motivos de conveniência ou oportunidade da administração e não seria cabível nas hipóteses em que o ato tivesse produzido direitos subjetivos. Por outro lado, a anulação incidiria sobre todo ato ilegal, sendo impossível "falar então de direito subjetivo que haja nascido, pois do ato ilegal não nasce direito".[268]

Em 1964, no MS 13.942, o STF decidiu que a anulação deveria ser motivada pela administração, sob pena de caraterização de abuso de poder.[269] Também em 1964, o tribunal julgou o MS 12.512 e enfrentou a questão da revogabilidade do ato administrativo, buscando definir em quais condições a administração poderia tornar um ato anterior sem

---

[267] Os precedentes do STF que antecederam à edição da Súmula 473/1969 e que foram objeto de análise são: RMS 16935, 24/05/1968; MS 12.512, 01/10/1964; MS 13942, 24/09/1964; RE 27031, 04/08/1955. Para análise mais ampla da jurisprudência do STF sobre a invalidade administrativa, ver: ALVES, Lucas Leite. A aplicação do artigo 24 da LINDB e a revisão da validade das deliberações administrativas do Estado de São Paulo, 2020, p. 23 e seguintes.

[268] "Loteamento de terrenos. Não prevalência de leis locais em face do decreto-lei federal nº 58 de 1937 e decreto federal nº 3.079 de 1938. Não cabimento do recurso extraordinário, uma vez que este não se destina a corrigir a falta de aplicação de leis locais. Revogabilidade e anulação dos atos administrativos pela própria administração. Distinção entre a revogação e o anulamento: a primeira, competindo à própria autoridade administrativa, e o segundo à própria autoridade administrativa ou ao judiciário. A revogação se dá por motivos de conveniência ou oportunidade, e não será possível quando do ato revogado já houver nascido um direito subjetivo. A anulação caberá quando o ato contenha vício que o torne ilegal (não será possível falar então de direito subjetivo que haja nascido, pois do ato ilegal não nasce direito)" (STF. RE 27.031, Primeira Turma, ministro relator Luiz Galloti, j. em 20/06/1955).

[269] "Mandado de segurança concedido, por voto de desempate. Os atos administrativos podem ser rescindidos. Mas, quando já operaram efeito, tomando o caráter de direito adquirido, a autoridade deve indicar, precisamente, o vício ou ilegalidade de que se achem contaminados, para se possibilitar o controle judicial sobre a revogação. Configura abuso de poder, quando a hipótese se verifica, a rescisão pura e simples, ou não idoneamente motivada. Writ outorgado para convalescimento do dec. 52.379, de 19 de agosto de 1963" (STF. MS 13.942, Tribunal Pleno, ministro relator Antonio Villas Boas, 31/07/1964).

efeito.[270] Por último, o RMS 16.935 de 1968 envolveu a análise de ato administrativo expedido em concordância com a legislação.[271]

Após a redemocratização em 1985, o STF utilizou diferentes critérios para limitar o exercício da autotutela por meio da anulação do ato administrativo. Segundo pesquisa realizada por Sofia Pieruccetti Gutierrez, *O controle judicial do poder de autotutela administrativa: uma análise da aplicação da súmula 473 do STF*, os julgados analisados entre 1976 e 2013 permitem afirmar que atuações unilaterais da administração passaram a ser exceção, sendo que a regra seria o diálogo com os interessados por meio de processo administrativo. Essas mudanças na jurisprudência, contudo, não alteraram o enunciado da Súmula 473.[272]

De acordo com a pesquisa destacada, a última tentativa para atualizar o enunciado da Súmula 473 ocorreu na fixação da tese de repercussão geral do acórdão RE 594.269 de 2011: "ao Estado é facultada a revogação de atos que repute ilegalmente praticados; porém, se de tais atos já decorreram efeitos concretos, seu desfazimento deve ser precedido de regular processo administrativo".[273]

A ideia da Súmula 473 do STF acabou moldando a arquitetura jurídica dos efeitos da invalidade no Brasil, dado o alto nível de correlação entre a proposição e o conteúdo das normas e da prática jurídica que se consolidaram. O tradicional regime brasileiro de invalidação se assentou numa lógica retrospectiva, menos atenta ao futuro.[274]

No plano normativo, leis que regulam a atuação da administração foram formuladas segundo uma lógica mais dura de invalidação.

---

[270] "Revogabilidade do ato administrativo. Ilegalidade, erro, fraude, justificam, com reserva dos direitos adquiridos. Desvirtuamento da autorização de concessão. Justifica-se a rescisão quando houve infração do concessionário. Impossibilidade de manutenção parcial. Não provimento" (STF. MS 12.512, Tribunal Pleno, ministro Lafayette de Andrada, j. em 01/10/1964).

[271] "Os atos administrativos de que resultam direitos, a não ser quando expedidos contra disposição expressa de lei, são irrevogáveis" (STF. RMS 16935, Segunda Turma, ministro relator Themístocles Brandão Cavalcanti, j. em 24/05/1968).

[272] GUTIERREZ, Sofia Pieruccetti. *O controle judicial do poder de autotutela administrativa: uma análise da aplicação da súmula 473 do STF*, 2019, p. 37.

[273] Idem, p. 38.

[274] Egon Bockmann Moreira observou que "o tradicional regime brasileiro de rescisões e nulidades de atos e contratos, inclusive os de longo prazo, é eminentemente retrospectivo. Volta-se ao passado, sem atentar ao futuro. Isso instalou o exercício irresponsável de competências. Se os agentes que firmam os contratos respondem por seus atos, o mesmo não se pode dizer daqueles que o extinguem" (MOREIRA, Egon Bockmann. *Direito administrativo da escassez, contratações públicas e segurança jurídica: o que temos a aprender com a crise permanente*, 2018, p. 55-36).

Essa arquitetura normativa, ao estabelecer que o descumprimento de preceitos legais "gera a nulidade do ato administrativo", "torna o ato administrativo nulo" ou faz ensejar a aplicação da "pena de nulidade", parece ter contribuído, ainda que de forma pouco consciente, para a disseminação da ideia de que vícios de legalidade em um ato administrativo levaria sempre à sua extinção completa.

Mesmo antes da edição da Súmula 473 do STF, a Lei 4.595/1964, que trata do sistema financeiro nacional, havia estabelecido que a ausência de concurso público para seleção do quadro de pessoal do Bacen implica a "nulidade da admissão".[275] Após a edição da súmula, a Lei 8.112/1990 (Estatuto dos Funcionários Públicos Civis da União) estabeleceu que a administração deverá rever seus atos, "a qualquer tempo", quando eivados de ilegalidade.[276] Dez anos depois, a Lei 101/2000 (Lei de Responsabilidade Fiscal) prescreveu que é "nulo de pleno direito" o ato administrativo que provoque despesa de pessoal no final de mandato.[277]

No campo das licitações e das contratações públicas, a Lei 8.666/1993 previu que o contrato verbal com a administração é "nulo e de nenhum efeito".[278] Mais adiante, adotou a ideia da Súmula 473, determinando que a declaração de nulidade do contrato opera de forma retroativa, impedindo os efeitos jurídicos que ele deveria produzir e desconstituindo os efeitos já produzidos. Porém, mitigou essa rigidez, ao introduzir a obrigação de a administração indenizar o contratado pelos prejuízos decorrentes.[279]

Em 2014, foi editada a Lei 13.019 para tratar do regime jurídico das parcerias voluntárias entre a administração pública e as organizações da

---

[275] Art. 52 da Lei do Sistema Financeiro Nacional: "O quadro de pessoal do Banco Central da República do Brasil será constituído de: I – pessoal próprio, admitido mediante concurso público de provas ou de títulos e provas, sujeita à pena de nulidade a admissão que se processar com inobservância destas exigências".

[276] Art. 114 do Estatuto dos Servidores Públicos da União: "A administração deverá rever seus atos, a qualquer tempo, quando eivados de ilegalidade".

[277] Art. 21 da Lei de Responsabilidade Fiscal: "É nulo de pleno direito (...) I – o ato que provoque aumento da despesa com pessoal (...) II – (...) nos 190 dias anteriores ao final do mandato (..)".

[278] Art. 60, parágrafo único, da Lei de Licitações: "É nulo e de nenhum efeito o contrato verbal com a administração (...)".

[279] Art. 59 da Lei de Licitações: "A declaração de nulidade do contrato administrativo opera retroativamente impedindo os efeitos jurídicos que ele, ordinariamente, deveria produzir, além de desconstituir os já produzidos. Parágrafo único. A nulidade não exonera a administração do dever de indenizar o contratado pelo que este houver executado até a data em que ela for declarada e por outros prejuízos regularmente comprovados, contanto que não lhe seja imputável, promovendo-se a responsabilidade de quem lhe deu causa".

sociedade civil. A norma exigiu chamamento público para a celebração de contratos dessa natureza. Quando a administração não realiza o chamamento público, nas hipóteses legais de dispensa, deve publicar uma justificativa em seu site oficial sob "pena de nulidade do ato de formalização da parceria".[280]

Em 2020, a Lei 14.026 atualizou o marco legal do saneamento básico, incluindo um dispositivo com as cláusulas essenciais que deverão constar nos contratos relativos à prestação dos serviços públicos de saneamento básico. Entre essas cláusulas, estão as "metas de expansão dos serviços, de redução de perdas na distribuição de água tratada, de qualidade na prestação dos serviços, de eficiência e de uso racional da água, da energia e de outros recursos naturais" e a "repartição de riscos entre as partes, incluindo os referentes a caso fortuito, força maior, fato do príncipe e álea econômica extraordinária" que devem ser observadas "sob pena de nulidade".[281]

Essas leis, possivelmente de forma pouco consciente, estigmatizaram a nulidade sem se atentar às consequências da medida. Por outro lado, a Súmula 473 viria a se tornar incompatível com outra parte da legislação brasileira. Em 1990, a Lei da Ação Civil Pública tornou válido o compromisso de ajustamento da conduta de interessados às exigências legais aplicáveis.[282] Em 1999, a Lei Federal de Processo Administrativo determinou que a administração convalidasse seus atos ao invés de os anular, quando os vícios identificados fossem sanáveis.[283] No mesmo ano, a Lei 9.868/1999, que dispõe sobre o processo e o julgamento da ação direta de inconstitucionalidade e da ação declaratória de constitucionalidade perante o STF, previu que "em vista razões de segurança

---

[280] Art. 31, §1º, da Lei 13.019/2014: "Nas hipóteses dos arts. 30 e 31 desta Lei, a ausência de realização de chamamento público será justificada pelo administrador público (...) §1º Sob pena de nulidade do ato de formalização de parceria prevista nesta Lei, o extrato da justificativa previsto no caput deverá ser publicado, na mesma data em que for efetivado, no sítio oficial da administração pública na internet e, eventualmente, a critério do administrador público, também no meio oficial de publicidade da administração pública".

[281] Art. 10-A incluído pela Lei 14.026/2020: "Os contratos relativos à prestação dos serviços públicos de saneamento básico deverão conter, expressamente, sob pena de nulidade, as cláusulas essenciais previstas no art. 23 da Lei nº 8.987, de 13 de fevereiro de 1995, além das seguintes disposições (...)".

[282] Art. 5º, §6º, da Lei da Ação Civil Pública: "Os órgãos públicos legitimados poderão tomar dos interessados compromisso de ajustamento de sua conduta às exigências legais, mediante cominações, que terá eficácia de título executivo extrajudicial".

[283] Art. 55 da Lei de Processo Administrativo Federal: "Em decisão na qual se evidencie não acarretarem lesão ao interesse público nem prejuízo a terceiros, os atos que apresentarem defeitos sanáveis poderão ser convalidados pela própria administração".

jurídica ou de excepcional interesse social", o STF poderia restringir os efeitos da declaração e preservar atos praticados à luz da legislação inconstitucional.[284]

Essas leis, somando-se à Lei 8.666/1993 mencionada acima, parecem ter sugerido algum tipo de modulação da reação frente aos diferentes tipos de vícios dos atos administrativos. Dentro dessa concepção, invalidar também envolve um esforço de regularização, conservando situações normais, justas ou consolidadas. Essas ideias, ainda que previstas de forma esparsa no ordenamento jurídico, podem ser encaradas como as bases modernizantes que viriam a ser confirmadas pela nova LINDB.

O trabalho fez um exercício de simplificação sobre a matéria. É possível encontrar inúmeras classificações sobre a invalidação de atos administrativos na literatura, mas o objetivo desse trabalho não é abordar todas elas. O mais importante é reconhecer que nas décadas de 1940 a 1970, quando a literatura pregava uma visão mais veemente dos efeitos da invalidade e pouco se ocupava do tema da estabilização de atos e de seus efeitos, é possível cogitar que era mais difícil nos depararmos com situações já constituídas nas quais houvesse invalidação.

Possivelmente, e o que se assume apenas por hipótese, essa situação de maior estabilidade, apesar dos efeitos desconstitutivos previstos, se dê em virtude de uma postura judicial e controladora de não admitir o questionamento de atos e contratos públicos após começarem a produzir efeitos.

2 Possibilidade de convalidação do ato administrativo (1970-2010)

A partir do final dos anos 1970, acadêmicos da PUC-SP se dedicaram ao tema da invalidade com novos olhares, mais afastados da classificação dicotômica "ato nulo" e "ato anulável" que se destacou nas décadas anteriores. O foco adotado para distinguir as categorias de invalidade e suas consequências foi a convalidação, também chamada de ratificação ou saneamento do ato administrativo. A convalidação

---

[284] Art. 27 da Lei 9.868/1999: "Ao declarar a inconstitucionalidade de lei ou ato normativo, e tendo em vista razões de segurança jurídica ou de excepcional interesse social, poderá o Supremo Tribunal Federal, por maioria de dois terços de seus membros, restringir os efeitos daquela declaração ou decidir que ela só tenha eficácia a partir de seu trânsito em julgado ou de outro momento que venha a ser fixado".

passou a ser entendida como o ato administrativo que produz efeitos retroativamente, ou seja, como o ato concebido para incidir sobre situação passada, aquela objeto do ato viciado que se pretende sanar.[285] Antônio Carlos Cintra do Amaral foi o primeiro autor a tratar do tema, em *Extinção do ato administrativo* de 1978. Ele dividiu os atos administrativos viciados entre aqueles convalidáveis, em que há possibilidade de correção; e atos não convalidáveis, em que não há possibilidade de correção. Os atos convalidáveis abrangeriam aqueles que, produzidos fora da regra de competência, poderiam ser produzidos validamente, ou porque já o poderiam ter sido na ocasião ou porque mudou a regra de competência. Os atos não convalidáveis seriam os produzidos fora da regra de competência e não poderiam ser produzidos validamente, independentemente se poderiam ou não o ter sido na ocasião.[286]

Antônio Carlos Cintra do Amaral asseverou que essa distinção entre atos convalidáveis e atos não convalidáveis tem importância não apenas conceitual, mas pragmática. Os atos do primeiro tipo podem ser excluídos da possibilidade de anulação – ou seja, convalidados mediante novo ato (por exemplo, a confirmação pelo órgão competente convalida ato administrativo praticado por órgão sem competência) ou novo fato (por exemplo, o pedido formulado por funcionário público convalida a exoneração que lhe foi concedida sem a existência de pressuposto fático em lei).[287] O autor acrescentou que ato, após ser convalidado, se torna válido desde sua produção, exceto se a convalidação foi realizada por algum fato que não havia ocorrido no momento da sua edição.[288]

Bandeira de Mello acolheu o mesmo critério utilizado por Antônio Carlos Cintra do Amaral, mas resgatou a terminologia nulo e anulável: o ato anulável é o passível de convalidação e os atos nulos não podem ser convalidados.[289] O autor destacou que seria justamente a ideia de legalidade administrativa que levaria o ordenamento jurídico a reagir de diferentes maneiras ao ato ilegal, pois "não brigam com o

---

[285] Carlos Ari Sundfeld afirmou "em se tratando de convalescimento, a regra geral é de retroação. Efetivamente, com novo ato, busca-se justamente uma preservação dos efeitos que se verificam no passado como decorrência de ato inválido, mas que, em si, não são agressivos à ordem jurídica, porque poderiam filiar-se a ato válido (SUNDFELD, Carlos Ari. *Ato administrativo inválido*, 1990, p. 72).

[286] AMARAL, Antônio Carlos Cintra do. *Extinção do ato administrativo*, 1978, p. 63 e seguintes.

[287] *Idem*, p. 64.

[288] *Idem*, p. 65.

[289] BANDEIRA DE MELLO, Celso Antônio. *Curso de direito administrativo*, 2015, p. 471

princípio da legalidade, antes atendem-lhe o espírito, as soluções que se inspirem na tranquilização das relações que não comprometem insuprivelmente o interesse público, conquanto tenham sido produzidas de forma válida".[290]

Weida Zancaner, em *Da convalidação e da invalidação dos atos administrativos*, publicado originalmente em 1990, também tratou da possibilidade de convalidação como critério de classificação da invalidade administrativa. Entretanto, ao contrário de Cintra do Amaral e Bandeira de Mello, que haviam dividido os atos administrativos viciados em duas categorias principais, a autora propôs quatro delas: atos absolutamente sanáveis, atos absolutamente insanáveis, atos relativamente sanáveis e atos relativamente insanáveis.[291]

Os atos absolutamente sanáveis apresentam pequenas irregularidades, mas que não afetam a essência do ato e não prejudicam os direitos do administrado. Podem ser convalidados sempre, sem questionamentos. Os atos relativamente sanáveis podem ser sanados, mas somente após uma análise mais aprofundada e caso não haja impugnação por parte do interessado. Em ambos os casos, o tempo também pode estabilizar esses atos.[292]

Os atos relativamente insanáveis são os que não podem ser convalidados pela administração. A princípio, haveria o dever de invalidação, mas tais atos podem ser estabilizados pelo decurso tempo, sendo que o prazo será menor quando for ampliativo de direitos e houver boa-fé do administrado. Por fim, os atos absolutamente insanáveis são aqueles que deveriam sempre ser invalidados, pois tem como objeto uma conduta criminosa, radicalmente repelida pelo Direito. Nesses casos o ato administrativo jamais seria estabilizado, seja pelo decurso do tempo, seja pela boa-fé dos administrados.[293]

Carlos Ari Sundfeld, em *Ato administrativo inválido* de 1990, analisou os posicionamentos de Antônio Carlos Cintra do Amaral e Celso Antônio Bandeira de Mello mencionados acima e chegou a conclusão diversa. A seu ver, a possibilidade de convalidação seria um critério de diferenciação dos atos administrativos inválidos, mas não o único.

---

[290] *Idem*, p. 483-484.
[291] ZANCANER, Weida. *Da convalidação e da invalidação dos atos administrativos*, 1993, p. 110-118.
[292] *Ibidem*.
[293] *Ibidem*.

Outros critérios, aprofundados pelo autor ao longo do livro, seriam a legitimidade para provocar a invalidação, a prescrição e a possibilidade de conhecimento do ofício do juiz.[294]

A convalidação foi incorporada nas leis gerais de processo administrativo no final da década de 1990. A Lei Federal de Processo Administrativo (Lei 9.784/1999) estabeleceu que a medida poderá ser aplicada em relação a ato com defeito sanável e que não acarrete prejuízo a terceiros. A Lei Paulista de Processo Administrativo (Lei 10.177/1998) adicionou que a convalidação ocorrerá sempre de forma motivada e nos casos em que a invalidade decorrer de vício de competência ou de ordem formal.[295]

A jurisprudência do Superior Tribunal de Justiça (STJ) também consagrou expressamente a convalidação como uma barreira à invalidação dos atos administrativos. Por exemplo, no MS 407, o tribunal entendeu que a regra da Súmula 473 deveria ser entendida com algum temperamento: "no atual estado do direito brasileiro, a administração pode declarar a nulidade de seus próprios atos, desde que, além de ilegais, eles tenham causado lesão ao Estado, sejam eles insuscetíveis de convalidação e não tenham servido de fundamento a ato posterior praticado em outro plano de competência".[296]

3 Proteção da segurança jurídica e da confiança do particular (1980-2010)

A partir dos anos 1980, a literatura administrativista começaria a abandonar a classificação binária dos atos nulos e anuláveis, bem como a ideia de nulidade absoluta, em prol do princípio da segurança jurídica e da proteção à confiança do particular. Essa fase do movimento se difere

---

[294] SUNDFELD, Carlos Ari. *Ato administrativo inválido*, 1990, p. 48-49.
[295] Art. 55 da Lei Federal de Processo Administrativo: "Em decisão na qual se evidencie não acarretarem lesão ao interesse público nem prejuízo a terceiros, os atos que apresentarem defeitos sanáveis poderão ser convalidados pela própria administração".
Art. 11 da Lei de Processo Administrativo Paulista: "A administração poderá convalidar seus atos inválidos, quando a invalidade decorrer de vício de competência ou de ordem formal, desde que: I - na hipótese de vício de competência, a convalidação seja feita pela autoridade titulada para a prática do ato, e não se trate de competência indelegável; II - na hipótese de vício formal, este possa ser suprido de modo eficaz. §1.º - Não será admitida a convalidação quando dela resultar prejuízo à administração ou a terceiros ou quando se tratar de ato impugnado. §2.º - A convalidação será sempre formalizada por ato motivado".
[296] STJ. MS 407, relator ministro Gomes de Barros.

da fase da valorização da convalidação, ocorrida no final dos anos 1970 e tratada anteriormente. Enquanto a convalidação surgiu como uma alternativa à anulação, esses princípios passariam a incidir como uma espécie de preclusão à anulação do ato administrativo.

Almiro do Couto e Silva foi bastante influente na disseminação dessas ideias. Ele publicou textos, em 1987 e 2004, nos quais defendeu que o princípio da legalidade não poderia ser utilizado para invalidar atos administrativos sem a observância do princípio da segurança jurídica.

Em *Princípios da legalidade da administração pública e da segurança jurídica no Estado de Direito contemporâneo*, de 1987, Couto e Silva observou que a literatura e a jurisprudência internacional foram aos poucos assimilando as noções de proteção da boa-fé e proteção da confiança legítima, as quais corresponderiam à mesma ideia de segurança jurídica cristalizada no princípio da irretroatividade das leis.[297]

Couto e Silva apresentou o confronto entre a anulação e a segurança jurídica na Alemanha, na França, em Portugal e nos Estados Unidos, afirmando que, no Brasil, a literatura não debateria sobre o tratamento a ser dado a situações irregulares, oriundas de atos administrativos inválidos, mas que são toleradas pela administração por considerável lapso de tempo. O autor aponta que Seabra Fagundes teria sido o primeiro autor a perceber esse problema, ao diferenciar os casos e as consequências da invalidade dos atos jurídicos no direito privado e no direito público e ponderar sobre a necessidade de preservação dos efeitos do ato viciado em determinadas situações.[298]

Couto e Silva também destacou o trabalho de José Frederico Marques no jornal *O Estado de São Paulo* de 1964, referenciado por Miguel Reale em *Revogação e anulamento do ato administrativo* de 1968. Reale sustentou que o exercício do poder anulatório da administração estaria sujeito a um prazo, razoável, como exigência implícita do devido processo legal. Comentando a posição de José Frederico Marques, disse que "haverá infração desse ditame fundamental toda a vez que, na prática do ato administrativo, for preterido algum dos momentos essenciais a sua ocorrência; foram destruídas, sem motivo plausível, situações de fato, cuja continuidade seja economicamente aconselhável,

---

[297] COUTO E SILVA, Almiro do. *Os princípios da legalidade da Administração Pública e da segurança jurídica do Estado de Direito contemporâneo*, 1987, p. 24.
[298] *Idem*, p. 25 e seguintes.

ou se a decisão não corresponder ao complexo de notas distintas da realidade social tipicamente configurada em lei".[299]

José Frederico Marques e Miguel Reale discordaram quanto ao prazo máximo de anulação do ato administrativo. O primeiro adaptou à realidade brasileira a solução que o Conselho de Estado francês deu ao caso *Cachet* e defendeu que prazo concedido ao poder público para anular seus atos deveria ser idêntico ao fixado em lei para a impetração do mandado de segurança: 120 dias. Miguel Reale criticou a adoção de um prazo rígido, julgando mais prudente verificar, concretamente, em cada caso, se o tempo transcorrido seria ou não apto a impedir a anulação.[300]

Couto e Silva concluiu que o dever administrativo de anular atos inválidos, em função do princípio da legalidade, se converteria em dever de não anular nas hipóteses em que o interesse público indicasse a necessidade de preservar a segurança jurídica, como no transcurso de uma camada razoável de tempo. Dentro desse contexto, o autor resumiu que seu primeiro texto não teve outro objetivo "senão o de, modestamente, contribuir para que a injustiça não continue a ser feita em nome da legalidade".[301]

Em 2004, Couto e Silva publicou novo texto, intitulado *O princípio da segurança jurídica (proteção à confiança) no direito público brasileiro (...)*, no qual buscou analisar o status do princípio da segurança no direito administrativo contemporâneo. Defendeu que a segurança jurídica se desmembraria em uma dimensão objetiva e subjetiva. A objetiva levaria à impossibilidade de retroatividade da lei, tendo em vista os limites do ato jurídico perfeito, da coisa julgada e do direito adquirido. Já a dimensão subjetiva, chamada de princípio da proteção à confiança, levaria à proteção da legítima expectativa dos administrados em relação à validade do ato administrativo.[302]

O autor afirmou que "os atos do poder público gozam da aparência e da presunção de legitimidade, fatores que, no arco da história, em diferentes situações, têm justificado (...) sua conservação no mundo

---

[299] *Idem*, p. 30.
[300] *Ibidem*.
[301] COUTO E SILVA, Almiro do. *Os princípios da legalidade da Administração Pública e da segurança jurídica do Estado de Direito contemporâneo*, 1987, p. 33.
[302] COUTO E SILVA, Almiro do. *O princípio da segurança jurídica (proteção à confiança) no direito público brasileiro e o direito da administração pública de anular seus próprios atos administrativos: o prazo decadencial do art. 54 da lei do processo administrativo da União (Lei nº 9.784/99)*, 2004, p. 271-316.

jurídico, mesmo quando aqueles atos se apresentem eivados de graves vícios. (...) Na verdade, o que o direito protege não é a "aparência de legitimidade" daqueles atos, mas a confiança gerada nas pessoas em virtude ou por força da presunção de legalidade e da "aparência de legitimidade" que têm os atos do poder público".[303]

Couto e Silva conferiu repertório para aperfeiçoar o entendimento jurídico do STF consubstanciado na Súmula 473 de 1969, segundo a qual o vício de legalidade do ato implicaria sempre a necessidade de seu desfazimento e a extinção de seus efeitos.

Em 1977, o STF havia assimilado a ideia segundo a qual a anulação de ato viciado poderia ser flexibilizada. O caso envolveu o ingresso em carreira pública e posterior exercício profissional: pessoas que não preenchiam os requisitos de admissão se inscreveram em concurso, foram aprovadas e exerceram os cargos por período considerável. Mesmo constatando vício grave, o STF estabilizou os atos de nomeação.[304]

O fator preponderante dessa decisão, contudo, parece ter sido o transcurso do tempo e não exatamente a preservação do ato em face da proteção da boa-fé dos particulares.[305] Essa situação se modificaria e o STF viria, em diversas situações futuras, a efetivamente reconhecer o status constitucional do princípio da segurança jurídica e o usar como fundamento para a preservação de efeitos de atos inválidos.

Couto e Silva apontou, em seu texto de 2004, três precedentes nesse sentido. Esses casos, todos de relatoria do ministro Gilmar Mendes (MC 2.900/RS, MS 24268/MG e MS 22.357/DF), abriram caminho para que "daqui para a frente, se consolide (...) a ideia de que tanto a legalidade como a segurança jurídica são princípios constitucionais que, em face do caso concreto, deverão ser sopesados e ponderados, para definir qual deles fará com que a decisão realize a justiça material".[306]

---

[303] *Idem*, p. 275.

[304] "Ato administrativo. Seu tardio desfazimento, já criada situação de fato e de direito, que o tempo consolidou. Circunstância excepcional a aconselhar a inalterabilidade da situação decorrente do deferimento da liminar, daí a participação no concurso público, com aprovação, posse e exercício. Recurso extraordinário não conhecido" (STF. RE 85.179, Prima Turma, ministro relator Bilac Pinto, j. em 04/11/1977).

[305] Cf. ARRUDA CÂMARA, Jacintho. *Art. 24 da LINDB – Irretroatividade de nova orientação geral para anular deliberações administrativas*, 2018, p. 128.

[306] COUTO E SILVA, Almiro do. *O princípio da segurança jurídica (proteção à confiança) no direito público brasileiro e o direito da administração pública de anular os seus próprios atos administrativos: o prazo decadencial do art. 54 da lei do processo administrativo da União (Lei 9.784/99)*, 2004, p. 288.

No primeiro caso, o STF julgou situação de aluna da Faculdade de Direito da Universidade Federal de Pelotas que foi aprovada em concurso para ingresso no emprego público de técnico operacional na Empresa Brasileira de Correios e Telégrafos (ECT). A aluna, por conta de sua alteração de domicílio, pleiteou transferência para a Faculdade da Universidade Federal do Rio Grande do Sul. Indeferido o requerimento, ela impetrou mandado de segurança, que foi julgado procedente. O ministro Gilmar Mendes, que já havia tratado do princípio da proteção da confiança em sede doutrinária, se valeu das lições de Couto e Silva para preservar a situação da aluna.[307]

No segundo caso, o MS 22.357, considerado como o mais paradigmático entre os três,[308] o STF deu provimento a mandado de segurança interposto por conjunto de funcionários da Empresa Brasileira de Infraestrutura Aeroportuária (Infraero) contratados sem concurso público após a Constituição Federal de 1988. Embora o tribunal tenha reconhecido que, de acordo com a Constituição, empresas estatais deveriam contratar funcionários mediante concurso público, ele admitiu que a contratação sem concurso deveria ser preservada no caso.

Nos anos seguintes, o STF continuou a proferir decisões com fundamento no princípio de proteção da confiança. Na ACO 79, de 2012, por exemplo, o ministro Cezar Peluso afirmou que, assim como no direito alemão, francês, espanhol e italiano, o ordenamento jurídico brasileiro estaria reverenciando os princípios da segurança jurídica e da proteção da confiança. Em seus termos, "isto significa que situações de fato, quando perdurarem por largo tempo, sobretudo se oriunda de atos administrativos (...) devem ser estimadas com cautela quanto à regularidade e eficácia jurídicas".[309]

---

[307] Cf. MENDES, Gilmar. *Jurisdição constitucional*, 1996, p. 261.
[308] "Mandado de Segurança. 2. Acórdão do Tribunal de Contas da União. Prestação de contas da Empresa Brasileira de Infraestrutura Aeroportuária – INFRAERO. Emprego público. Regularização de admissões. 3. Contratações realizadas em conformidade com a legislação vigente à época. Admissões realizadas por processo seletivo sem concurso público, validadas por decisão administrativa e acórdão anterior do TCU. 4. Transcurso de mais de dez anos desde a concessão da liminar no mandado de segurança. 5. Obrigatoriedade da observância do princípio da segurança jurídica enquanto subprincípio do Estado de Direito. Necessidade de estabilidade das situações criadas administrativamente. 6. Princípio da confiança como elemento do princípio da segurança jurídica. Presença de um componente de ética jurídica e de sua aplicação nas relações jurídicas do direito público" (STF. MS 22.357-0, Tribunal Pleno, ministro relator Ayres Britto, j. em 27/05/2004). Ampliar em: ARRUDA CÂMARA, Jacintho. *Art. 24 da LINDB – Irretroatividade de nova orientação geral para anular deliberações administrativas*, 2018, p. 128.
[309] "(...) 1. Terras devolutas pertencentes ao Estado de São Paulo por força da Constituição da República de 1891 e concedidas a particulares mediante ação discriminatória. 2. Anulação

As lições de Couto e Silva se tornaram referência obrigatória em teses, dissertações e monografias que trataram da segurança jurídica e da proteção à confiança. Esse é caso das obras de Patrícia Ferreira Baptista, em *Segurança jurídica e proteção da confiança legítima no direito administrativo* de 2005; Rafael Maffini, em *Princípio da proteção substancial da confiança no direito administrativo brasileiro* de 2006; Valter Shuenquener de Araújo, em *O princípio da proteção da confiança: uma nova forma de tutela do cidadão diante do Estado* de 2009; e José Augusto Simonetti, em *O princípio da proteção da confiança no direito administrativo brasileiro* de 2017.

Esses autores aproximaram as ideias desenvolvidas por Couto e Silva de outros contextos decisórios envolvendo a administração. Patrícia Ferreira Baptista, em *Segurança jurídica e proteção da confiança legítima no direito administrativo*, por exemplo, jogou luz para a aplicação do princípio no campo referente à produção normativa da administração. A autora defendeu que os princípios da segurança jurídica e da proteção à confiança legítima imporiam condições ao exercício desse poder se a edição de um regulamento ferir legítimas expectativas de direito ou atingir situações em curso ainda não definitivamente constituídas.[310]

Patrícia Ferreira Baptista especificou que os efeitos da incidência desses princípios podem ser quatro, escolhidos caso a caso, levando em conta "a menor medida de sacrifício" para a administração e para o particular. São eles: a obrigatoriedade de previsão de medidas transitórias justas, adequadas e proporcionais, a qual viria a ser incorporada no art. 23 da nova LINDB; o dever de respeitar o prazo de vigência fixado na norma; o dever de outorgar uma indenização compensatória; e de forma excepcional, a exclusão do administrado da incidência das novas regras.[311]

---

de títulos pretendida pela União com fundamento em direito de propriedade supostamente preexistente. Reconhecimento do caráter reivindicatório da ação anulatória. 3. Domínio da área, pela União, com sua correta individuação de forma apta a demonstrar se tratar dos imóveis descritos na inicial, antes da entrada em vigor da Constituição da República de 1891, não comprovado nos autos. 4. À incerteza da propriedade preexistente, soma-se a excepcional consequência consistente no expressivo tempo decorrido desde a concessão dos títulos de domínio – mais de cinco décadas –, com o desenvolvimento urbano da região, hoje repleta de residências, justificando-se, em respeito à segurança jurídica, a manutenção dos atos jurídicos que se buscam anular. Situação, mutatis mutandis, já resguardada por esta Suprema Corte em hipótese igualmente excepcional" (STF. ACO 79, Tribunal Pleno, ministro relator Cezar Peluso, j. em 15/03/2012).

[310] BAPTISTA, Patrícia Ferreira. *Segurança jurídica e proteção da confiança legítima no direito administrativo*, 2005, p. 248.

[311] *Ibidem*.

No direito positivo, o princípio da proteção da confiança ganhou maior notoriedade com a edição da Lei Federal de Processo Administrativo (Lei 9.784/1999), em razão do prazo decadencial de cinco anos para que a administração possa anulá-los, salvo se comprovada má-fé.[312]

4 Alterações na LINDB

As soluções que parametrizam a invalidação e a manutenção do ato administrativo abrangem os arts. 20, parágrafo único, 21 e 24 da nova LINDB. Esses dispositivos buscam reforçar o amplo movimento de superação da ideia de nulidade absoluta, trocando o velho cânone da desconstituição automática e geral, prospectiva e retroativa dos atos viciados e seus efeitos, por soluções mais abertas e pragmáticas.

No início do movimento, entre as décadas de 1940 e 1970, a maior parte dos autores utilizava de um enfoque binário para classificar os atos inválidos em dois grandes grupos: os atos nulos e os atos anuláveis. Entretanto, esse enfoque se mostrou insuficiente para explicar a necessidade de estabilização de algumas relações jurídicas, de modo que alguns autores recorreram à ideia de preservação do interesse público como um critério externo que poderia ser utilizado pela administração para que ela, em determinados casos, não exercitasse o dever de invalidar atos com vícios de legalidade.

Em primeiro lugar, o art. 20, parágrafo único, estabelece que a autoridade de controle, constatando a ilegalidade, terá de decidir sobre "a necessidade e adequação da (...) invalidação (...), inclusive em face das possíveis alternativas". Isso significa que invalidar não é reação necessária e única diante de vícios de legalidade, mesmo graves, em atos, contratos, ajustes, processos ou normas administrativas. O dispositivo reflete a ideia de que vícios de legalidade nem sempre autorizarão invalidações.

O controlador pode constatar que nenhuma invalidação é mais necessária, mesmo a situação tendo nascido inválida. Essa desnecessidade ocorrerá, por exemplo, quando os efeitos do ato já tiverem se esgotado, não houver má-fé e não tiver havido prejuízo material para as partes e terceiros. O controlador, nesses casos, não apenas manterá

---

[312] Art. 54 da Lei de Processo Administrativo Federal: "O direito da Administração de anular os atos administrativos de que decorram efeitos favoráveis para os destinatários decai em cinco anos, contados da data em que foram praticados, salvo comprovada má-fé".

intocada a situação jurídica, como se absterá de medidas alternativas. Mas ele pode, em outra hipótese, se limitar a uma medida alternativa, se for essa a solução mais adequada para a crise de legalidade; aí se absterá de impor invalidação, de qualquer grau.

Em segundo lugar, o art. 21, *caput* e parágrafo único, dispõe que se controlador concluir que o caso exige uma invalidação, terá de, a seguir, resolver sobre o seu grau, isto é, sobre as consequências que dela advirão. Caberá a ele decidir, por um lado, quais efeitos, passados ou futuros, serão preservados, e em que extensão, bem como a partir de quando deixarão de ser produzidos os efeitos a serem atingidos pela invalidação. Por outro lado, caberá ao controlador decidir sobre outras medidas pertinentes de regularização.

O dispositivo reconhece que toda invalidação de atos, contratos, ajustes, normas e processos é criativa ou constitutiva: isto é, cria um arranjo jurídico novo para, tanto quanto possível, fazer a normalização dos acidentes de legalidade. Se estiver em causa situação que tenha gerado efeitos, a invalidação não será apenas declaratória, tampouco produzirá desconstituição geral automática.

Tanto o art. 20, parágrafo único, como o art. 21, *caput* e parágrafo único, representam reformas para declaração formal: a incorporação, em lei geral, de ideias que já eram discutidas na literatura, mas não estavam contempladas na legislação. Em ambos os casos, a LINDB reconheceu o papel complexo da autoridade de controle na invalidação de atos, contratos, normas ou ajustes administrativos. Diante de uma ilegalidade, essa autoridade não apenas invalidará o ato e declarará o resultado automático da medida; ela deve proceder com um pensamento mais deliberado, considerando os diferentes direitos, interesses e circunstâncias do caso concreto. A norma colocou as implicações da invalidação para o tomador de decisão.

Em terceiro e último lugar, o art. 24 reconhece força normativa às interpretações adotadas no passado, em caráter geral, pelos poderes públicos e, por isso, considera válidos todos os atos que tenham sido editados com base nessas interpretações, ainda que elas venham a ser alteradas posteriormente.[313] Em outros termos, a validade de atos do passado não pode ser aferida confrontando-os diretamente com a norma geral abstrata, devendo, isto sim, vir do seu confronto com a

---

[313] Sobre o art. 24 da Nova LINDB: ARRUDA CÂMARA, Jacintho. *Art. 24 da LINDB – Irretroatividade de nova orientação geral para anular deliberações administrativas*, 2018.

interpretação de caráter geral que, a respeito dessa norma, era adotada à época de sua edição.

A LINDB reconhece que interpretações gerais têm valor de normas gerais, de modo que interpretação nova não pode retroagir para invalidar situação formada na vigência de interpretação geral anterior, de sentido diverso. O dispositivo se conecta com o entendimento da literatura especializada. Em *Interpretações administrativas aderem à lei*, de 2012, Carlos Ari Sundfeld, Rodrigo Pagani e Guilherme Jardim Jurksaitis construíram uma retrospectiva da literatura para argumentar que o reconhecimento das práticas e costumes como fontes do direito administrativo seria tradicional.[314]

O art. 24, ao impedir que seja decretada invalidação de ato produzido com base em "orientação geral" vigente à época de produção do ato, inclui nessa categoria as interpretações e especificações "contidas em atos públicos de caráter geral ou em jurisprudência judicial ou administrativa majoritária" e, ainda, aquelas "adotadas por prática administrativa reiterada e de amplo conhecimento público".

Conforme será detalhado adiante, essa ideia havia sido contemplada pela Lei Federal de Processo Administrativo, cujo art. 2º, parágrafo único, XIII, implicitamente considerou como válidos os atos produzidos no passado com base em interpretação alterada posteriormente, já que proibiu a aplicação retroativa de nova interpretação.[315] Com base nisso, o art. 24 representa uma reforma para realce normativo: a incorporação, em lei geral, de ideias que já estavam presentes em normas esparsas do ordenamento jurídico, focadas em temas ou destinatários mais específicos.

---

[314] SUNDFELD, Carlos Ari; SOUZA, Rodrigo Pagani de; JURKSAITIS, Guilherme Jardim. *Interpretações administrativas aderem à lei?*, 2012.

[315] Art. 2º, parágrafo único, XIII, da Lei Federal de Processo Administrativo: "Nos processos administrativos serão observados, entre outros, os critérios de: (...) interpretação da norma administrativa da forma que melhor garanta o atendimento do fim público a que se dirige, vedada aplicação retroativa de nova interpretação".

CAPÍTULO 3

MOVIMENTO DE CRIAÇÃO DAS AGÊNCIAS REGULADORAS

O movimento de criação das agências reguladoras teve início durante o governo de Fernando Henrique Cardoso (FHC), como parte de um esforço mais amplo para reformar o Estado brasileiro e sair da crise fiscal. Esse processo contou com a participação de políticos, economistas e juristas e levou à privatização de empresas estatais e à desestatização de serviços públicos. O movimento ocorreu primeiro na legislação e depois na literatura, com o aprofundamento dos requisitos para a edição de atos administrativos com conteúdo normativo (os regulamentos) que influiriam nos mercados recém-desestatizados.

Luiz Carlos Bresser-Pereira, ministro do governo FHC, sintetizou a reforma do Estado brasileiro da seguinte maneira: "[ela] envolve quatro problemas (...): (a) um problema econômico-político – a delimitação do tamanho do Estado; (b) um outro também econômico-político, mas que merece tratamento especial – a redefinição do papel regulador do Estado; (c) um econômico-administrativo – a recuperação da governança ou capacidade financeira e administrativa de implementar as decisões políticas tomadas pelo governo; e (d) um político – o aumento da governabilidade ou capacidade política do governo de intermediar interesses, ganhar legitimidade, e governar".[316]

No plano normativo, a Lei 9.491/1997 instituiu o Programa Nacional de Desestatização (PND) e mudou a forma como o Estado atua na economia. Antes do PND, a administração executava serviços

---

[316] BRESSER-PEREIRA, Luiz Carlos. *A reforma do Estado dos anos 90: lógica e mecanismos de controle*, 1998.

públicos internamente, com o controle sendo realizado dentro da própria estrutura administrativa. Depois dele, as atividades foram transferidas para o setor privado e o papel do Estado mudou para regular e exercer o controle sobre as empresas privadas que passaram a prestar serviços públicos.[317]

As agências reguladoras foram criadas com o objetivo de regular, fiscalizar e controlar a execução desses serviços recém-desestatizados, como nos setores de telecomunicações, energia, petróleo e transportes. Sua criação ocorreu sob os influxos da globalização e da pressão internacional em torno de conjunto de medidas que se convencionou chamar de Consenso de Washington,[318] de modo que o Brasil foi influenciado sobretudo pela experiência dos Estados Unidos.[319]

O modelo norte-americano, contudo, foi importado com ressalvas: enquanto nos Estados Unidos as agências foram defendidas como uma expressão da orientação política do Estado mais interventor, no Brasil elas refletiram o desejo de despolitizar a ação governamental, com base em discurso baseado na técnica. Elas foram criadas para assegurar a continuidade da intervenção do Estado, apesar da descontinuidade dos governos e das instabilidades políticas.[320]

A diferença entre os processos históricos brasileiro e americano foi identificada com clareza por Regina Silvia Pacheco, para quem, nos Estados Unidos, o debate em torno da criação de agências reguladoras "travou-se sobre mais ou menos Estado, enquanto no Brasil a criação das agências reguladoras independentes remete ao debate sobre mais ou menos governo (ou mais ou menos política)".[321]

---

[317] Art. 1º, I, da Lei 9.491/1997: "O Programa Nacional de Desestatização – PND tem como objetivos fundamentais: (...) reordenar a posição estratégica do Estado na economia, transferindo à iniciativa privada atividades indevidamente exploradas pelo setor público".

[318] Ampliar em: DUBASH, Navroz K.; MORGAN, Brownen. *Undereestanding the rise of the regulatory state of the South*, 2012, p. 261-281.

[319] Joaquim Barbosa Gomes apontou que a tendência de criação das agências reguladoras é universal. Em seus termos, "em realidade, o que o direito comparado nos ensina é que o figurino institucional das agências reguladoras está longe de constituir uma especificidade do direito norte-americano. Certo, teve ali o seu berço. Mas trata-se muito mais de uma evolução natural do Estado, da inelutável exigência de sua intervenção de maneira especializada e eficaz em setores-chave da vida econômica, em suma, uma decorrência natural do novo Estado de tipo intervencionista que se substituiu ao Estado abstencionista oitocentista" (GOMES, Joaquim Barbosa. *Agências reguladoras: a "metamorfose" do Estado e da democracia (uma reflexão de direito constitucional e comparado)*, 2005, p. 55.

[320] PACHECO, Regina Silvia. *Regulação no Brasil: desenho das agências e formas de controle*, 2006, p. 523-543.

[321] *Idem*, p. 525.

A reforma do Estado brasileiro trouxe mudanças significativas para os quadrantes do direito administrativo. Embora os resultados não tenham sido tão amplos quanto o planejado inicialmente, houve uma descentralização da atividade econômica e uma alteração no equilíbrio entre os poderes. Como resultado, houve uma transferência relevante da capacidade normativa do Legislativo para o Executivo,[322] o que contribuiu com a origem do conceito de "Estado regulador"[323] e a formatação da noção de "regulação administrativa" tal como conhecida atualmente.[324]

1 Do poder de polícia à regulação administrativa (XV-XXI)

O termo *regulação* advém da expressão *regulation*, utilizada no direito americano para designar, em sentido amplo, a intervenção do Estado na esfera de liberdade dos indivíduos. O termo inclui não somente atos normativos produzidos por órgãos do Executivo, mas também as próprias leis elaboradas pelo Legislativo. Trata-se do conjunto regulatório da *common law* para a disciplina das relações sociais dentro de uma comunidade política, circunstância que tornaria a regulação, em algum nível, inevitável para qualquer governo.[325]

Até meados da década de 1990, o conceito de "regulação administrativa" não era muito utilizado no âmbito da dogmática jurídica brasileira, seja em textos legislativos, seja na literatura ou na jurisprudência. Contudo, com a reforma do Estado, essa expressão começou a ganhar mais destaque. A literatura voltou os olhos para o passado e passou a reconhecer, no poder de polícia da administração,

---

[322] Cf. MEDAUAR, Odete. *O direito administrativo em evolução*, 2003, p. 146.

[323] Sobre a noção de "Estado regulador", ampliar em: MAJONE, Giandomenico. *Do Estado positivo ao Estado regulador: causas e consequências da mudança no modo de governança*, 2006, p. 53-54.

[324] Sobre a noção de regulação administrativa, ampliar em: ARAGÃO, Alexandre Santos de. *Agências reguladoras e a evolução do direito administrativo econômico*, 2002, p. 37.

[325] Nesse sentido, ver argumento de Stephen Breyer, Richard Stewart, Cass Sustein e Adrian Vermeule: "*No government can avoid 'regulation.' The common law is emphatically a regulatory system. It depends on the creation an enforcement, by law, of a set of rights, notably those creating private property and freedom of contract. When understood as a regulatory system, the common law system is often praise; it is also often reviled. Sometimes, the common law system is thought to promote both liberty and economic efficiency; sometimes, it is thought to do neither, and to be undemocratic as well, simply because it is overseen by courts rather than by more accountable officials*" (BREYER, Stephen G.; STEWART, Richard B.; SUNSTEIN, Cass R.; VERMEULE, Adrian. *Administrative law and regulatory policy*, 2006, p. 4).

uma espécie de ancestral da regulação. Eliezer Pereira Martins, em *Polícia administrativa econômica*, por exemplo, se referiu às agências como "um plexo personalizado de poderes de polícia, organicamente instrumentalizado para um setor específico do exercício das liberdades ou gozo da propriedade".[326]

Gustavo Binenbojm, em *Poder de polícia, ordenação, regulação – transformações político-jurídicas, econômicas e institucionais do direito administrativo ordenador*, concordou no sentido de que os dois conceitos possuem uma grande zona de interseção, na qual a regulação se vale do instrumental da polícia administrativa para realizar seus fins. Contudo, a seu ver, eles remanescem como campos distintos e inconfundíveis; isto é, apesar das semelhanças, não lhe parece haver identidade total entre as duas noções, como se o poder de polícia houvesse se metamorfoseado e vertido na regulação.[327]

O poder de polícia da administração é um conceito jurídico bastante fluído e que serviu para diversas funções ao longo do tempo. De forma simplificada, os primórdios do conceito remetem ao Antigo Regime, momento em que era utilizado para justificar as prerrogativas juridicamente ilimitadas do soberano.[328] Após o advento do Estado de Direito, o poder de polícia teria incorporado os ganhos da afirmação do direito administrativo, incluindo sobretudo a noção de legalidade administrativa.[329]

A literatura aponta que a extensão do poder de polícia variou conforme o modelo de atuação do Estado. No Estado Liberal, esse poder teria alcance limitado e era voltado fundamentalmente a uma polícia de segurança. Já no Estado Social, o poder de polícia teria sido ampliado e passado a limitar o exercício dos direitos individuais em benefício do interesse público de forma mais ampla, qualquer que fosse sua natureza.[330]

---

[326] MARTINS, Eliezer Pereira. *Polícia administrativa econômica*, 2006, p. 363-364.

[327] Para um balanço mais aprofundado da transformação dogmática do poder de polícia, ver: BINENBOJM, Gustavo. *Poder de polícia, ordenação, regulação – transformações político-jurídicas, econômicas e institucionais do direito administrativo ordenador*, 2016. Para uma síntese das discussões em torno da terminologia e da subsistência conceitual do poder de polícia, MENDONÇA, José Vicente Santos. *Direito constitucional econômico: a intervenção do Estado na economia à luz da razão pública e do pragmatismo*, 2014, p. 307-315.

[328] Cf. CAETANO, Marcelo. *Manual de direito administrativo*, 1980, p. 1147.

[329] Ampliar em: TÁCITO, Caio. *O poder de polícia e seus limites*, 1952; MEDAUAR, Odete. *Poder de polícia*, 1995, p. 91; MEIRELLES, Hely Lopes. *O poder de polícia, o desenvolvimento e a segurança nacional*, 1976, p. 5.

[330] DI PIETRO, Maria Sylvia Zanella. *Discricionariedade administrativa na Constituição de 1988*, 1991, p. 17.

O poder de polícia também teria se desenvolvido com o processo de urbanização. O surgimento das cidades e a multiplicação das atividades humanas e econômicas teria vindo acompanhado do reforço da ação da autoridade pública, por meio de normas de comando e controle.[331] No Brasil, essa atuação com viés organizacional se traduziu na garantia dos "três S": saúde, segurança e sossego. O STF definiu que o poder de polícia conferido às autoridades municipais incluía, por exemplo, a vigilância pela "saúde" e "sossego" dos cidadãos,[332] a competência para a regulação de horário de funcionamento de farmácias e drogarias, e a imposição de multa para compelir as farmácias e drogarias ao cumprimento de normas e garantia à "segurança".[333]

Não obstante às variações mencionadas, a expressão poder de polícia acabou se consolidando na literatura como representativa da função administrativa, bastante ampla, de limitação de direitos e liberdades. Há autores que inclusive questionaram se essa seria a terminologia mais adequada para tanto, com críticas que perpassam por aspectos históricos (origem autoritária, ligada ao Estado absolutista), aspectos semânticos (risco inerente à expressão, que remete a poderes implícitos) e aspectos institucionais ou funcionais (ausência de características próprias que pudessem aglutinar as funções policiais sob uma única rubrica).[334]

Do ponto de vista mais substancial, até a reforma do Estado brasileiro, a possibilidade de a administração modelar atividades privadas tendia a ser vista como de caráter circunstancial e secundário.

---

[331] Ampliar em: MEDAUAR, Odete. *Poder de polícia*, 1995, p. 91.
[332] "PODER DE POLÍCIA CONFERIDO AS AUTORIDADES MUNICIPAIS; NELE SE INCLUI A VIGILANCIA PELA SAÚDE E SOSSEGO DOS MUNICÍPIOS; RECONHECIDA A INCONVENIENCIA EM QUE CERTO ESTABELECIMENTO FABRIL CONTINUE COM A LOCALIZAÇÃO ANTERIOR, PODE A AUTORIDADE NEGAR-LHE LICENCA QUE ALI CONTINUE A FUNCIONAR' (STF. RE 22.907, Segunda Turma, ministro convocado Afrânio Costa, j. em 19/11/1953).
[333] "AGRAVO REGIMENTAL. RECURSO EXTRAORDINÁRIO. HORÁRIO DE FUNCIONAMENTO DE FARMÁCIAS E DROGARIAS. COMPETÊNCIA LEGISLATIVA MUNICIPAL. INTERESSE LOCAL. DEFICIÊNCIA NA FUNDAMENTAÇÃO DO AGRAVO REGIMENTAL. ÓBICE DA SÚMULA 284 DO SUPREMO TRIBUNAL FEDERAL. É firme, no Supremo Tribunal Federal, o entendimento de que a competência para a regulação de horário de funcionamento de farmácias e drogarias é do município, em face do interesse local. A matéria impugnada no agravo regimental não se voltou à questão relativa ao mérito da causa, mas tão-somente cuidou de questões infraconstitucionais. Deficiência da fundamentação. Aplicação da Súmula 284 do Supremo Tribunal Federal. Agravo regimental a que se nega provimento" (STF. RE 408373 AgR, Segunda Turma, ministro relator Joaquim Barbosa, j. em 23/05/2006).
[334] Para uma síntese das discussões em torno da terminologia e da subsistência conceitual do poder de polícia, MENDONÇA, José Vicente Santos. *Direito constitucional econômico: a intervenção do Estado na economia à luz da razão pública e do pragmatismo*, 2014, p. 307-315.

A compreensão estava ligada ao binômio "poder de polícia – serviço público": se algo é atividade econômica privada, se sujeita ao poder de polícia estatal; se é serviço público, a sujeição seria outra: ao poder estatal concedente.[335]

De um lado, os poderes do Estado sobre os serviços públicos eram vistos como totais, admitindo-se amplas interferências públicas sobre suas prestadoras, mesmo se empresas privadas, e a exploração em monopólio por entidades estatais. Sob outra perspectiva, ecoando nesse aspecto uma visão mais liberal sobre a presença do Estado na economia, o poder de polícia estatal sobre as atividades e propriedades privadas era descrito pela literatura como muito limitado.

Bandeira de Mello defendeu a polícia administrativa corresponderia à ação administrativa de efetuar os condicionamentos previstos em lei para o exercício da liberdade e da propriedade dos administrados, a fim de compatibilizá-las com o bem-estar social. O poder de polícia teria caráter preventivo dos potenciais danos (por meio de autorizações e licenças) que as atividades dos particulares podem causar, incluindo também atos fiscalizatórios (como inspeções, vistorias e exames) e repressivos (incluindo multas, embargos, apreensões e interdição de atividades).[336]

Opondo-se retrospectivamente a essa abordagem, Marçal Justen Filho defendeu que o fenômeno da regulação precede o final da década de 1990, porque o "Estado de Bem-Estar Social" exerceria funções regulatórias relevantes, ainda que em parte a título de intervenção.[337] Fernando Dias Menezes de Almeida também argumentou que a regulação é conceito antigo, embora estivesse de fora das peças fundamentais da edificação do direito administrativo.[338]

O passar do tempo revelou o quão imprópria era essa cisão das atividades estatais pelo binômio "poder de polícia" – "serviço público". Segundo Egon Bockmann Moreira, a partir dos anos 1990, a interferência pública em atividades econômicas e serviços públicos passou a assumir função antes estrutural do que circunstancial.[339] O relacionamento do Estado com a economia começou a ter características mais democráticas,

---

[335] Ampliar em: SUNDFELD, Carlos Ari. *Direito público e regulação no Brasil*, 2014, p. 97-128.
[336] BANDEIRA DE MELLO, Celso Antonio. *Apontamentos sobre o poder de polícia*, 1969; e *Serviço público e poder de polícia: concessão e delegação*, 1997.
[337] JUSTEN FILHO, Marçal. *O direito das agências reguladoras independentes*, 2002, p. 19.
[338] ALMEIDA, Fernando Dias Menezes de. *Teoria da regulação*, 2006, p. 120.
[339] Cf. MOREIRA, Egon Bockmann. *Qual é o futuro do direito da regulação no Brasil?*, 2014, p. 107-109.

estimuladoras, cooperativas e substitutivas. A lógica do "ou-ou" passou a conviver com a do "e-e": Estado e iniciativa privada.[340]

Dentro desse contexto, a regulação passou a envolver um arsenal amplo de estratégias de interferência no comportamento dos agentes econômicos para alcançar seus objetivos. Gustavo Binenbojm argumentou que, aos mecanismos próprios do poder de polícia combinaram-se medidas de fomento econômico e social, participações societárias minoritárias em empresas privadas, consórcios empresariais público-privados, ou mesmo a atuação direta de empresas estatais, orientados para a consecução de fins regulatórios.[341]

2 Entidades do sistema financeiro e do mercado de capitais (1960-1970)

Conforme exposto anteriormente, do ponto de vista teórico, a atividade regulatória exercida pelas agências reguladoras se relaciona com o temário do poder de polícia da administração, discutido há longa data no direito administrativo brasileiro. Do ponto de vista normativo, também é possível cogitar que as agências reguladoras possuam antecedentes, esses relacionados às autarquias. Como demonstra Alberto Venâncio Filho, a intervenção estatal por meio de autarquias se iniciara ainda em 1918, quando ocorreu a criação do Comissariado de Alimentação Pública, mediante o Decreto 13.069.

Posteriormente, vários órgãos administrativos com poderes normativos foram criados, principalmente relacionados a produtos agrícolas. Por exemplo, o Instituto de Defesa Permanente do Café, de 1922, substituído pelo Conselho Nacional do Café, pelo Departamento Nacional do Café e pelo Instituto Brasileiro do Café, em 1952, e o Instituto do Açúcar e do Álcool, de 1933.[342] Com relação aos setores de infraestrutura, nos quais hoje se verifica a presença das agências reguladoras, anteriormente existiam órgãos como o Conselho Nacional do Petróleo instituído em 1938, o Conselho Nacional de Águas e Energia Elétrica de 1939, o Departamento Nacional de Estradas de Ferro de 1961, e o Conselho Nacional de Telecomunicações de 1962.[343]

---

[340] *Ibidem.*
[341] BINENBOJM, Gustavo. *Poder de polícia, ordenação, regulação – transformações político-jurídicas, econômicas e institucionais do direito administrativo ordenador*, 2016, p. 76.
[342] FILHO, Alberto Venâncio. *Intervenção do estado no domínio econômico o direito público econômico no Brasil*, 1998.
[343] *Ibidem.*

A intervenção estatal exercida por esses órgãos era tradicionalmente feita mediante estipulação de preços ou quotas de produção, ao passo que aquela a ser executada pelas agências reguladoras viria a ser bem diferente, em razão de uma sociedade mais complexa que exigiu métodos mais sofisticados.[344] Esse cenário expressa, na visão de Alberto Venâncio Filho, um fenômeno de "reautarquização das autarquias", que, a partir da criação das agências reguladoras, estariam retomando o seu espírito de autonomia e independência frente ao Poder Executivo.[345]

Nas décadas de 1960 e 1970, o legislador brasileiro já começava a demonstrar maior preocupação com a organização de autarquias mais modernas, especializadas e técnicas para ordenar mercados privados. A Lei 4.595/1964, que criou o Bacen e o Conselho Monetário Nacional (CMN) e a Lei 6.385/1976, que instituiu a Comissão de Valores Mobiliários (CVM), alargaram as competências normativas atribuídas à administração.

A Lei 4.595/1964 conferiu ao CMN o poder de formular a política nacional de crédito e da moeda[346] e de regular o valor interno da moeda,[347] a constituição, funcionamento e fiscalização das instituições financeiras,[348] a política cambial,[349] as taxas de juros,[350] os empréstimos a

---

[344] Essa intervenção sofreu diversos questionamentos, como no HC 30.355 de 1948, no qual o STF analisou e declarou a constitucionalidade dos poderes da Comissão Central de Preços. "Delegações legislativas - Proibição constitucional - Comissão de preços - Fixação de preços das utilidades - Não é inconstitucional" (STF. HC 30.355, ministro relator Castro Nunes, j. em 21/07/1948).

[345] FILHO, Alberto Venâncio. *Intervenção do estado no domínio econômico o direito público econômico no Brasil*, 1998.

[346] Art. 2º da Lei 4.595/1964: "Fica extinto o Conselho da atual Superintendência da Moeda e do Crédito, e criado em substituição, o Conselho Monetário Nacional, com a finalidade de formular a política da moeda e do crédito como previsto nesta lei, objetivando o progresso econômico e social do País".

[347] Art. 3º, I, da Lei 4.595/1964: "A política do Conselho Monetário Nacional objetivará: (...) Adaptar o volume dos meios de pagamento às reais necessidades da economia nacional e seu processo de desenvolvimento (Revogado Pela Lei Complementar nº 179, de 2021)".

[348] Art. 4º, VIII, da Lei 4.595/1964: "Compete ao Conselho Monetário Nacional, segundo diretrizes estabelecidas pelo Presidente da República: (...) Regular a constituição, funcionamento e fiscalização dos que exercerem atividades subordinadas a esta lei, bem como a aplicação das penalidades previstas".

[349] Art. 4º, V e XXXI, da Lei 4.595/1964: "Compete ao Conselho Monetário Nacional, segundo diretrizes estabelecidas pelo Presidente da República: (...) Fixar as diretrizes e normas da política cambial, inclusive quanto a compra e venda de ouro e quaisquer operações em Direitos Especiais de Saque e em moeda estrangeira (...) Baixar normas que regulem as operações de câmbio, inclusive swaps, fixando limites, taxas, prazos e outras condições".

[350] Art. 4º, IX, da Lei 4.595/1964: "(...) Limitar, sempre que necessário, as taxas de juros, descontos comissões e qualquer outra forma de remuneração de operações e serviços

serem efetuados pelas instituições financeiras,[351] os depósitos a prazo[352] e a fixação das normas gerais de contabilidade.[353]

O CNM, em termos de estrutura, foi criado como parte integrante do Ministério da Fazenda. O conselho inicialmente era dirigido por um órgão colegiado, composto pelo Ministro da Fazenda, presidente do Banco do Brasil, presidente do Banco Nacional de Desenvolvimento Econômico e Social (BNDES) e por sete membros com notórios conhecimentos em assuntos econômicos e financeiros, nomeados pelo Presidente da República após aprovação do Senado Federal.

O Bacen, por sua vez, foi criado pela Lei 4.595/1964 como a autarquia incumbida da execução da política monetária traçada pelo CMN. O banco foi concebido com diversas competências regulatórias, como a normatização das condições para o exercício de cargos de administração das instituições financeiras privadas[354] e o estabelecimento de normas acerca dos serviços de compensação de cheques.[355] As decisões do Bacen foram condicionadas pelo poder normativo do CMN, por sua vez, também "dependente" da vontade política do chefe do Poder Executivo.[356]

Esse fato trouxe uma dificuldade para a literatura: a de afirmar que o Bacen se tratava de uma autoridade administrativa independente em termos semelhantes ao que viriam ser as agências reguladoras. Nos termos de Conrado Hubner Mendes, à luz das regras vigentes na década de 1960, "o Banco Central não parece ser nada mais do que uma ramificação especializada do Ministério da Fazenda, mas que está inteiramente condicionada por políticas econômicas traçadas pelo Conselho Monetário Nacional".[357]

A CVM, por sua vez, foi criada pela Lei 6.385/1976 para implementar a política de funcionamento e organização do mercado

---

bancários ou financeiros, inclusive os prestados pelo Banco Central da República do Brasil, assegurando taxas favorecidas aos financiamentos que se destinem a promover (...)".

[351] Art. 4º, X, da Lei 4.595/1964: "(...) Determinar a percentagem máxima dos recursos que as instituições financeiras poderão emprestar a um mesmo cliente ou grupo de empresas".

[352] Art. 4º, XXXII, da Lei 4.595/1964.

[353] Art. 4º, XIII, da Lei 4.595/1964.

[354] Art. 10, X, da Lei 4.595/1964.

[355] Art. 11, VII, da Lei 4.595/1964.

[356] Art. 9 da Lei 4.595/1964.

[357] MENDES, Conrado Hubner. *Reforma do Estado e agências reguladoras: estabelecendo os parâmetros de discussão*, 2000, p. 127.

de valores mobiliários traçada pelo CMN.[358] A comissão era inicialmente dirigida por um presidente e quatro diretores, nomeados pelo Presidente entre pessoas com conhecimentos técnicos em mercado de capitais, sendo por ele "demissíveis ad nutum". Se o órgão tomasse medidas que se desviassem da orientação da política governamental, esse poderia demitir seus administradores.[359]

A visão do legislador sobre as autarquias do sistema financeiro e do mercado de capitais foi mais simples ou embrionária. Embora ele tenha tentado criar entidades mais modernas, com a capacidade de regular o mercado, naquela época não foram instituídos requisitos mais rigorosos, como os processos administrativos e suas exigências para a realização das atividades regulatórias, tampouco foi concedida autonomia reforçada a essas entidades.

A regulação exercida pelas entidades do sistema financeiro e do mercado de capitais é acusada de ter recebido pouca atenção na literatura administrativista, ao contrário de outros setores em que houve quebra do monopólio estatal, como telecomunicações, petróleo e energia. Nessas áreas, os trabalhos de administrativistas se multiplicaram. Bruno Meyerof Salama, em *Como interpretar as normas emitidas pelo BACEN e CVM? Uma resposta a partir da evolução do modelo de Estado brasileiro*, aponta algumas razões que explicariam esse cenário.[360]

Entre outras razões, o autor apontou que quando as bases para a regulação bancária foram criadas, os administrativistas ainda imersos no desafio de construir um direito sobre o Estado. A temática do direito administrativo girava em torno do funcionamento de empresas estatais, procedimentos de concurso e licitação e atos e contratos administrativos. Aos administrativistas da época, um direito sobre as instituições financeiras, mesmo que oriundo de órgãos da administração, não lhes parecia assunto seu.[361]

Essa quadro geral mudaria na década de 1990, quando os administrativistas se deram conta de que o direito administrativo abrangeria também o direito produzido por órgãos da administração

---

[358] Para ampliar: OLIVIEIRA, Fernando A. Albino. *Poder regulamentar da Comissão de Valores Mobiliários*, mimeo, p. 84.
[359] Para ampliar: MENDES, Conrado Hubner. *Reforma do Estado e agências reguladoras: estabelecendo os parâmetros de discussão*, 2000, p. 127.
[360] SALAMA, Bruno Meyerof. *Como interpretar as normas emitidas pelo BACEN e CVM? Uma resposta a partir da evolução do modelo de Estado brasileiro*, working paper, p. 9.
[361] *Idem*, p. 11.

que regulariam setores da economia. Bruno Meyerof Salama aponta que seria natural que os autores, ao se depararem com o poder normativo das agências reguladoras, se voltassem para as autarquias mais antigas que já possuíam e exerciam funções normativas e realizassem algum esforço de comparação. Contudo, na sua visão, isso não teria sido feito, talvez porque esse exercício revelaria o atraso da teorização brasileira sobre legalidade, que havia quase ignorado durante três décadas a competência normativa de entidades como o Bacen.[362]

Embora de forma mais pontual, houve autores que fizeram essa comparação, inclusive de forma a verificar se as autarquias do sistema financeiro e do mercado de capitais poderiam ser consideradas como agências reguladoras.[363] De um lado, Egon Bockmann Moreira, em *Agências administrativas, poder regulamentar e o sistema financeiro nacional* de 1999, se posicionou de forma contrária à essa questão. Para ele, CNM, Bacen e CVM são autoridades reguladoras que detém poder regulamentar autônomo substancialmente diverso daqueles detidos pelas agências reguladoras.[364]

Egon Bockmann Moreira acrescentou que as leis que criaram o CNM, Bacen e CVM visaram a operacionalizar as diretrizes do governo federal e conferir agilidade à sua atuação no que diz respeito à matéria específica a elas outorgada. Porém, elas não buscaram o verdadeiro conceito contemporâneo de "agências reguladoras". Caso a equiparação entre essas organizações fosse feita, o autor entende que o próprio conceito de "agência" cai por terra, pois não seria em nada inovador e especial. O esforço legislativo desenvolvido nos últimos anos, incluindo a amplitude das competências das autarquias e os procedimentos para realização das atividades regulatórias, se tornaria um trabalho desnecessário e em vão, pois bastaria eventual "nome de batismo" ou exercício de determinada atividade administrativa.[365]

Por outro lado, outros autores, como Patrícia Ferreira Baptista, Alexandre Santos Aragão e Conrado Hubner Mendes, manifestaram-se favoravelmente à compreensão das entidades do sistema financeiro e

---

[362] *Idem*, p. 12.
[363] Ver, por exemplo: TÁCITO, Caio. *Comissão de Valores Mobiliários*, 1997; BANDEIRA DE MELLO, Celso Antônio. *O poder regulamentar da Comissão de Valores Mobiliários*, 1997; ATALIBA, Geraldo. *Delegação normativa (limites às competências do CNM e BACEN)*, 1991; DA ROSA, Maria Eduarda Fleck. *O poder normativo da Comissão de Valores Mobiliários*, 2012.
[364] MOREIRA, Egon Bockmann. *Agências administrativas, poder regulamentar e o sistema financeiro nacional*, 1999, p. 86.
[365] *Idem*, p. 72.

do mercado de capitais como agências reguladoras.[366] Patrícia Ferreira Baptista, em *Transformações do direito administrativo*, por exemplo, se coloca entre aquelas que pensam que as agências "representaram dentre nós uma novidade menor do que o se acreditou no primeiro momento". A autora fundamentou que o Bacen e a CVM já possuíam características bastante próximas às das agências reguladoras, como autonomia administrativa em relação ao poder central, especialização técnica, capacidade normativa, fiscalizadora e sancionatória sobre uma determinada área e poder decisório colegiado.[367]

Patrícia Ferreira Baptista acredita que a grande mudança na implantação do Estado regulador no Brasil não tenha sido o aparecimento das agências, mas a percepção da própria existência da função regulatória e dos seus contornos. Tanto é que, a seu ver, até mesmo Bacen e CVM experimentaram alterações importantes no exercício de suas atribuições nesse período, em especial um maior aprofundamento da sua autonomia decisória em relação ao Poder Executivo e o aperfeiçoamento de sua capacitação institucional para o exercício das atribuições que lhe são acometidas.[368]

Com base no exposto, ainda que autores divirjam quanto ao verdadeiro grau de novidade das agências reguladoras, fato é que elas surgiram como uma evolução do modelo institucional autárquico existente no Brasil, delineado de forma mais embrionária no direito positivo nas décadas de 1960 e 1970.

3 Imposições para o processo decisório das agências (1990-2000)

Em 1995, no plano normativo, as Emendas Constitucionais 8 e 9 instituíram a criação de órgãos reguladores dos setores de telecomunicações e petróleo: a ANATEL e a Agência Nacional do Petróleo (ANP).[369] Dois anos depois, a LGT, uma lei-quadro,[370] foi editada e

---

[366] BAPTISTA, Patrícia Ferreira. *Transformações do direito administrativo*, 2016, p. 205; ARAGÃO, Alexandre Santos. *Agências reguladoras e a evolução do direito administrativo econômico*, 2006, p. 45; MENDES, Conrado Hubner. *Reforma do Estado e agências reguladoras*, 2000, p 128-130.

[367] BAPTISTA, Patrícia Ferreira. *Transformações do direito administrativo*, 2016, p. 205.

[368] *Ibidem*.

[369] Emenda Constitucional 8/1995: "Art.1º O inciso XI e a alínea "a" do inciso XII do art. 21 da Constituição Federal passam a vigorar com a seguinte redação: "Art. 21. Compete à União: XI - explorar, diretamente ou mediante autorização, concessão ou permissão, os

concebeu a estrutura organizacional básica da ANATEL e processos administrativos para a regulação.

A elaboração do projeto da LGT ficou a cargo de uma consultoria externa, composta por Carlos Ari Sundfeld, Márcio Cammarosano, Rosoléa Miranda Folgosi e Jacintho Arruda Câmara, contratada em junho de 1996 pelo ministro das comunicações, Sérgio Motta, para reformar as telecomunicações no Brasil sem os vícios de quem já se encontrava no setor.[371]

O grupo ficou responsável por escrever uma lei para privatizar a TELEBRÁS e viabilizar uma regulação dos serviços que garantisse competição, universalização, investimentos e qualidade. O projeto de lei foi negociado com autoridades do governo em novembro de 1996, incluindo Gilmar Ferreira Mendes, Eduardo Jorge Caldas Pereira e Geraldo Quintão, e tramitou pelo Congresso Nacional no primeiro semestre de 1997. Em julho do mesmo ano, a LGT foi promulgada.

A LGT foi uma lei liberalizante e privatizadora, a qual simbolizou a passagem do "Estado prestador de serviços" para o "Estado regulador". A ANATEL se tornou competente por adotar medidas para o desenvolvimento das telecomunicações, de modo que suas atribuições incluem a expedição de normas quanto à outorga, à prestação e à fruição de serviços, o acompanhamento e a definição das revisões tarifárias, bem como a fiscalização de atividades.[372]

---

serviços de telecomunicações, nos termos da lei, que disporá sobre a organização dos serviços, a criação de um órgão regulador e outros aspectos institucionais; XII – (...) a) explorar, diretamente ou mediante autorização, concessão ou permissão: a) os serviços de radiodifusão sonora e de sons e imagens (...)".

[370] Lei-quadro (*loi-cadre*) é uma expressão e técnica legislativa do direito francês para se referir a leis que trazem normas de conteúdo genérico, orientações voltadas a um projeto de reforma. Nessa estratégia, o legislador deixa ao administrador a decisão sobre quais medidas complementares devem ser tomadas nas situações concretas, dentro dos limites ou molduras criadas pelas leis (FAVOREU, Louis; GAIA, Patrick; GHEVONTIAN, Richard; MESTRE, Jean-Louis; PFERSMANN, Otto; ROUX, André; SCOFFONI, Guy. *Droit constitutionnel*, 2015, p. 817-818; RIVERO, Jean. *Direito administrativo*, p. 66).

[371] Cf. SUNDFELD, Carlos Ari. *Meu depoimento e avaliação sobre a Lei Geral de Telecomunicações*, 2007.

[372] Art. 19 da LGT: "À Agência compete adotar as medidas necessárias para o atendimento do interesse público e para o desenvolvimento das telecomunicações brasileiras, atuando com independência, imparcialidade, legalidade, impessoalidade e publicidade, e especialmente: I - implementar, em sua esfera de atribuições, a política nacional de telecomunicações; II - representar o Brasil nos organismos internacionais de telecomunicações, sob a coordenação do Poder Executivo; III - elaborar e propor ao Presidente da República, por intermédio do Ministro de Estado das Comunicações, a adoção das medidas a que se referem os incisos I a IV do artigo anterior, submetendo previamente a consulta pública as relativas aos incisos I a III; IV - expedir normas quanto à outorga, prestação e fruição

A lei atribuiu condicionantes para a ANATEL exercer tais atividades: uma vez que o Estado optou por intervir na ordem econômica como regulador, teve de criar e operacionalizar os instrumentos para a regulação ocorrer de forma segura. Essa preocupação se desdobrou em evoluções substanciais em relação às leis dos anos 1960 e 1970 que haviam criado Bacen, CNM e CVM.

A primeira evolução diz respeito ao incremento da independência da entidade regulatória. Se as organizações criadas nos anos 1960 não tinham autonomia reforçada, a ANATEL foi concebida numa posição de destacada independência em relação ao Executivo.[373] A agência ficou caracterizada pela independência administrativa, autonomia financeira, ausência de subordinação hierárquica, mandato fixo e estabilidade de seus dirigentes.[374]

A segunda inovação consiste na exigência de processos administrativos para o exercício das competências regulatórias, bem como a obediência aos princípios da legalidade, celeridade, impessoalidade, devido processo legal, publicidade e moralidade. A LGT valorizou o processo administrativo em todas as atividades da ANATEL, o que não havia sido feito nas leis anteriores.[375-376]

---

dos serviços de telecomunicações no regime público; V - editar atos de outorga e extinção de direito de exploração do serviço no regime público; VI - celebrar e gerenciar contratos de concessão e fiscalizar a prestação do serviço no regime público, aplicando sanções e realizando intervenções; VII - controlar, acompanhar e proceder à revisão de tarifas dos serviços prestados no regime público, podendo fixá-las nas condições previstas nesta Lei, bem como homologar reajustes; VIII - administrar o espectro de radiofrequências e o uso de órbitas, expedindo as respectivas normas; IX - editar atos de outorga e extinção do direito de uso de radiofrequência e de órbita, fiscalizando e aplicando sanções; X - expedir normas sobre prestação de serviços de telecomunicações no regime privado (...)".

[373] Sobre o grau de independência da ANATEL: MARQUES NETO, Floriano Azevedo de; FERNANDES, Luís Justiniano de Arantes. *As agências reguladoras no direito positivo brasileiro*, 2006, p. 315.

[374] Art. 8º §2º, da LGT: "A natureza de autarquia especial conferida à Agência é caracterizada por independência administrativa, ausência de subordinação hierárquica, mandato fixo e estabilidade de seus dirigentes e autonomia financeira". Além disso, a independência da ANATEL em relação a outros órgãos é afirmada em outros excertos da lei, como o art. 9º, o qual dispõe que a agência atuará como "autoridade administrativa independente". Ver também art. 19, XXV, o qual dispõe que cabe à ANATEL decidir em último grau sobre as matérias de sua competência.

[375] Art. 38 da LGT: "A atividade da Agência será juridicamente condicionada pelos princípios da legalidade, celeridade, finalidade, razoabilidade, proporcionalidade, impessoalidade, igualdade, devido processo legal, publicidade e moralidade". Além desse dispositivo, a regra geral de elaboração de processo pela ANATEL pode ser observada no art. 19, XXII, da LGT, que reconhece a competência da agência para "resolver quanto à celebração, alteração ou extinção de seus contratos, bem como quanto à nomeação, exoneração e

A terceira inovação se refere ao dever a ANATEL motivar todos os seus atos, apresentando as razões que serviram de base para suas decisões.[377] O nível de publicidade dos atos da agência também foi aumentado, embora administração como um todo já estivesse sujeita ao princípio da publicidade previsto na Constituição Federal de 1988.[378] Por exemplo, a LGT estabeleceu as obrigações de a ANATEL manter disponível informações de interesse geral,[379] realizar sessões públicas para decidir conflitos[380] e estabelecer conselho consultivo[381] e ouvidoria.[382]

A quarta evolução da LGT consiste na previsão de instrumentos de participação popular em processos decisórios públicos. O diploma impôs o dever, o qual viria a ser revogado pela Lei 13.848/2019 (Lei Geral das Agências Reguladoras Federais), de a ANATEL realizar consulta pública prévia para a edição de ato normativo, garantindo a

---

demissão de servidores, realizando os procedimentos necessários, na forma em que dispuser o regulamento".

[376] A valorização do processo administrativo fica clara na Exposição de Motivos elaborada pelo Ministério das Comunicações. Segundo o documento, o projeto da LGT traçaria as linhas mestras que devem orientar a atuação da Agência, comprometida com as modernas exigências de uma administração que se quer livre do esclerosamento burocrático de que se ressente a administração. Por isso, a lei imporia uma atuação inspirada no modelo que se costuma designar como "gerencial", com traços característicos que, sem prejuízo da necessária formalização de atos e procedimentos, do indispensável processo, não permitam o formalismo desproposicionado, comprometedor da agilidade e da eficiência do órgão regulador (cf. Exposição de Motivos 21/MC do Ministério das Comunicações).

[377] Art. 40 da LGT: "Os atos da Agência deverão ser sempre acompanhados da exposição formal dos motivos que os justifiquem".

[378] Art. 37 da CF: "A administração pública direta e indireta de qualquer dos Poderes da União, dos Estados, do Distrito Federal e dos Municípios obedecerá aos princípios de legalidade, impessoalidade, moralidade, publicidade e eficiência (...)".

[379] Art. 39, caput, da LGT: "Ressalvados os documentos e os autos cuja divulgação possa violar a segurança do País, segredo protegido ou a intimidade de alguém, todos os demais permanecerão abertos à consulta do público, sem formalidades, na Biblioteca".

[380] Art. 21, §2º, da LGT: "As sessões do Conselho Diretor serão registradas em atas, que ficarão arquivadas na Biblioteca, disponíveis para conhecimento geral (...) As sessões deliberativas do Conselho Diretor que se destinem a resolver pendências entre agentes econômicos e entre estes e consumidores e usuários de bens e serviços de telecomunicações serão públicas, permitida a sua gravação por meios eletrônicos e assegurado aos interessados o direito de delas obter transcrições".

[381] Art. 33 a 37 da LGT.

[382] Art. 45 da LGT, revogado pela Lei 13.848/2019: "O Ouvidor será nomeado pelo Presidente da República para mandato de dois anos, admitida uma recondução. Parágrafo único. O Ouvidor terá acesso a todos os assuntos e contará com o apoio administrativo de que necessitar, competindo-lhe produzir, semestralmente ou quando oportuno, apreciações críticas sobre a atuação da Agência, encaminhando-as ao Conselho Diretor, ao Conselho Consultivo, ao Ministério das Comunicações, a outros órgãos do Poder Executivo e ao Congresso Nacional, fazendo publicá-las para conhecimento geral".

participação dos cidadãos e dos regulados, com opiniões e perspectivas daqueles que sofrerão algum tipo de impacto.[383]

O direito à participação dos agentes regulados em normas regulatórias não representou uma peculiaridade da legislação brasileira. Nos Estados Unidos, o *Administrative Procedural Act* (APA), de 1946, previa a obrigatoriedade de um procedimento participativo prévio à edição das *legislative rules* (leis que vinculam obrigações), *interpretative rules* (leis que veiculam interpretações) e *general statement of policy* and *procedural rules* (leis procedimentais).[384] Além desse precedente, o "princípio da participação administrativa" já se encontrava expressamente consagrado nas constituições espanhola,[385] portuguesa[386] e italiana[387] e, de forma mais ampla, no tratado que estabeleceu uma Constituição para a União Europeia.[388]

A LGT delineou tipo original de ente da administração, cuja estrutura e modelo de funcionamento seriam reproduzidos nas leis setoriais que constituíram agências reguladoras. Em âmbito federal,

---

[383] Art. 42 da LGT, revogado em 2019: "As minutas de atos normativos serão submetidas à consulta pública, formalizada por publicação no Diário Oficial da União, devendo as críticas e sugestões merecer exame e permanecer à disposição do público na Biblioteca".

[384] Ampliar em: SOUZA, Rodrigo Pagani de. *Participação pública nos processos decisórios das agências reguladoras: reflexões sobre o direito brasileiro a partir da experiência norte-americana*, 2002.

[385] Art. 9º.2 da Constituição Espanhola: "*Corresponde a los poderes públicos promover las condiciones para que la libertad y la igualdad del individuo y de los grupos en que se integra sean reales y efectivas; remover los obstáculos que impidan o dificulten su plenitud y facilitar la participación de todos los ciudadanos en la vida política, económica, cultural y social*"; art. 105: "*La ley regulará: a) La audiencia de los ciudadanos, directamente o a través de las organizaciones y asociaciones reconocidas por la ley, en el procedimiento de elaboración de las disposiciones administrativas que les afecten. b) El acceso de los ciudadanos a los archivos y registros administrativos, salvo en lo que afecte a la seguridad y defensa del Estado, la averiguación de los delitos y la intimidad de las personas. c) El procedimiento a través del cual deben producirse los actos administrativos, garantizando, cuando proceda, la audiencia del interesado*".

[386] Art. 267, I, da Constituição Portuguesa: "A administração Pública será estruturada de modo a evitar a burocratização, a aproximar os serviços das populações e a assegurar a participação dos interessados na sua gestão efectiva, designadamente por intermédio de associações públicas, organizações de moradores e outras formas de representação democrática".

[387] Art. 3º da Constituição Italiana: "*È compito della Repubblica rimuovere gli ostacoli di ordine economico e sociale, che, limitando di fatto la libertà e l'eguaglianza dei cittadini, impediscono il pieno sviluppo della persona umana e l'effettiva partecipazione di tutti i lavoratori all'organizzazione politica, economica e sociale del Paese*".

[388] Art. I-47 do tratado que estabeleceu uma Constituição para a União Europeia: "*Princípio da democracia participativa* 1. As instituições, recorrendo aos meios adequados, dão aos cidadãos e às associações representativas a possibilidade de expressarem e partilharem publicamente os seus pontos de vista sobre todos os domínios de acção da União. 2. As instituições estabelecem um diálogo aberto, transparente e regular com as associações representativas e com a sociedade civil (...)".

foram criadas a Agência Nacional de Energia Elétrica (ANEEL) (Lei 9.427/1996), a ANP (Lei 9.478/1997), a Agência Nacional de Vigilância Sanitária (ANVISA) (Lei 9.782/1999), a Agência Nacional de Transportes Terrestres (ANTT) (Lei 10.233/2001), a Agência Nacional de Transportes Aquaviários (ANTAQ) (Lei 10.233/2001) e a Agência Nacional de Aviação Civil (ANAC) (Lei 11.182/2005).

Nos estados, agências multissetoriais foram constituídas, incluindo a Agência Estadual de Regulação dos Serviços Públicos Delegados do Rio Grande do Sul (AGERGS) (Lei Estadual 10.931/1997) e a Agência Reguladora de Serviços Públicos Delegados de Transporte do Estado de São Paulo (ARTESP) (Lei Estadual Complementar 914/2002).

Nos municípios, foram poucas as agências reguladoras criadas, como a Agência Municipal de Regulação dos Serviços Públicos Delegados de Cachoeiro do Itapemirim (AGERSA) (Lei 4.798/1999), a Agência de Regulação de Serviços Públicos Delegados do Município de Campo Grande (ARCG) (Lei 4423/2006), a Agência Reguladora de Limpeza Urbana de Fortaleza (ARLIMP) (Lei 8.621/2002) e a Agência Reguladora de Serviços de Saneamento Básico do Município de Natal (ARSBAN) (Lei 5.346/2001).

As agências reguladoras foram estruturadas conforme sua lei de criação, seu decreto regulamentador e suas normas internas, como resoluções e portarias. O quadro normativo aplicável a essas entidades gira em torno de pontos comuns, dentre os quais se destaca a previsão de instrumentos de participação popular previamente à edição de atos normativos. Os graus de extensão e detalhamento dessa participação variam.[389]

A Lei 9.427/1996 criou a ANEEL e estabeleceu que o processo decisório que implicasse a afetação de direitos dos agentes econômicos ou dos consumidores, mediante iniciativa de projeto de lei ou por via administrativa, seria precedido de audiência pública.[390] O Decreto

---

[389] Sobre a diferença entre a consulta e a audiência pública, José Santos Carvalho Filho expõe que, de um lado, na consulta pública, a administração deseja compulsar a opinião pública através da manifestação firmada através de peças formais a serem juntadas no processo administrativo. De outro lado, a audiência pública é consubstanciada através de debates orais em sessão previamente designada para determinado fim (CARVALHO FILHO, José Santos. *Processo administrativo federal*, 2001, p. 186).

[390] Art. 4º, §3º, da Lei 9.427/1996: "O processo decisório que implicar afetação de direitos dos agentes econômicos do setor elétrico ou dos consumidores, mediante iniciativa de projeto de lei ou, quando possível, por via administrativa, será precedido de audiência pública convocada pela ANEEL".

Presidencial 2.335/1997, que regulamenta a atuação da ANEEL, adicionou que as audiências públicas deveriam recolher subsídio e informações úteis ao processo decisório, propiciar aos agentes e consumidores a possibilidade de encaminhamento de seus pleitos, opiniões e sugestões e identificar, de forma mais ampla possível, todos os aspectos relevantes à matéria objeto da audiência pública, bem como dar publicidade à ação reguladora.[391] A Portaria do Ministério das Minas e Energia 349/1997 frisou que o processo decisório da agência que implicar afetação de direitos dos agentes econômicos do setor elétrico ou dos consumidores seria precedido de audiência pública,[392] os quais foram tratados com maior grau de detalhamento pela Resolução 233/1998.

A Lei 9.782/1999 criou a ANVISA para normatizar, controlar e fiscalizar produtos, substâncias e serviços de interesse para a saúde. A participação popular em seus processos é guiada pela Portaria 593/2000, a qual fixou que a decisão que implicar alteração de direitos sociais do setor de saúde ou consumidores, decorrentes de ato administrativo ou de anteprojeto a ser proposto pela agência, poderia ser precedida de audiência pública.[393]

A Lei 10.233/2001 criou a ANTT e a ANTAQ e estabeleceu que as iniciativas de projetos de lei, alterações de normas administrativas e decisões da diretoria para resolução de pendências de serviços de transporte seriam precedidas de audiência pública. Em sentido semelhante, o Decreto 3.327/2000 regulamentou a lei de criação da ANS (Lei 9.961/2000) e estabeleceu a obrigatoriedade de a entidade realizar audiências públicas prévias à formulação de anteprojetos de lei.

Comparando essas previsões normativas, é possível observar que a ANATEL foi regida por deveres mais precisos: todas as minutas de

---

[391] Art. 21 do Decreto Presidencial 2.335/1997:

[392] Art. 28 do Regimento Interno da ANEEL (Portaria do Ministério das Minas e Energia 349/1997): "O processo decisório que implicar efetiva afetação de direitos dos agentes econômicos do setor elétrico ou dos consumidores, decorrentes de ato administrativo da Agência ou de anteprojeto de lei proposto pela ANEEL, será precedido de audiência pública, observados os objetivos e disposições estabelecidos no art. 21 do Decreto nº 2.335, de 1997. Parágrafo único. A Diretoria da ANEEL publicará ato próprio, definindo os procedimentos relacionados à convocação e realização de audiência pública".

[393] Art. 2º do Lei 9.782/1999: "Compete à União no âmbito do Sistema Nacional de Vigilância Sanitária: I - definir a política nacional de vigilância sanitária; II - definir o Sistema Nacional de Vigilância Sanitária; III - normatizar, controlar e fiscalizar produtos, substâncias e serviços de interesse para a saúde; IV - exercer a vigilância sanitária de portos, aeroportos e fronteiras, podendo essa atribuição ser supletivamente exercida pelos Estados, pelo Distrito Federal e pelos Municípios (...)".

atos normativos deveriam ser submetidas à consulta pública; não havia exceção, tampouco decisões discricionárias. As demais normas variaram entre mais ou rígidas. A legislação aplicável à ANEEL, ao mesmo tempo que tornou cogente a realização das consultas ou audiências (a carga verbal impositiva é clara: os processos de elaboração normativa "serão precedidos"), valeu-se de termos imprecisos e fluidos para a instalação do dever ("efetiva afetação de direitos dos agentes econômicos do setor elétrico ou dos consumidores"). As normas da ANVISA foram mais ao extremo: valeram-se de termos imprecisos ("efetiva alteração de direitos sociais do setor de saúde ou consumidores") e de outorga discricionária da competência ("poderá ser precedido de audiência pública").

A implementação dos instrumentos de participação na legislação não encontrou resistência explícita. A Constituição de 1988 trazia margem à concepção de mecanismos de participação popular no curso de deliberações da administração que não tenham por objetivo a edição de atos normativos de caráter individual e concreto. Constam, no texto constitucional, disposições que autorizam a interpretação segundo a qual a participação social também será incentivada naqueles procedimentos voltados à elaboração de atos administrativos normativos de natureza geral e abstrata.[394]

A partir da criação das agências reguladoras, a literatura se ocupou em desenvolver teorias que permitissem acomodar o regime especial conferido por lei a essas entidades com os princípios da legalidade, da separação de poderes e com o imperativo democrático.

---

[394] Segundo Letícia Lins de Alencar, o parágrafo único do art. 1º da Constituição Federal, por exemplo, que prevê que "todo o poder emana do povo, que o exerce por meio de representantes eleitos ou diretamente", sendo, a seu ver, a participação popular no contexto da produção de atos administrativos normativos uma forma de exercício direto da democracia. Além disso, a autora também defende que serve de fundamento para a participação popular nos processos decisórios das agências o art. 5º, LV, que vem sendo interpretado de forma ampla, a fim de estender a garantia do contraditório e da ampla defesa também nos processos voltados à elaboração de atos administrativos normativos gerais e abstratos. Ainda, com a aprovação da EC 19/1998, foi inserida uma nova redação, no §3º do art. 37, que acabou por prever, expressamente, a necessidade de regulamentação, por lei, das "formas de participação do usuário na administração pública direta e indireta", o que se pode dizer que foi feito, ao menos de forma esparsa, a partir da edição das leis de regência das agências reguladoras. Por fim, a autora aponta que inúmeros tratados internacionais de direitos humanos, boa parte deles já assinados e ratificados pelo Brasil, preveem o direito à participação do cidadão na condução dos assuntos públicos (ALENCAR, Letícia Lins de. *Participação popular na elaboração de atos normativos por agências reguladoras federais: uma análise da experiência acumulada nos últimos 20 anos*, 2017, p. 217-243).

A evolução do debate transcorreu, de um lado, com o amadurecimento da própria ideia de legalidade administrativa, reformulada para comportar arranjos mais flexíveis, menos formais e centrados na lei. De outro, preocupações democráticas foram respondidas com o fortalecimento de mecanismos de participação e transparência do processo decisório das agências.

Inicialmente, o movimento normativo de criação das agências reguladoras normas gerou reação negativa de juristas. José Afonso da Silva defendeu, em *Comentários à Constituição* de 2005, a inconstitucionalidade da autonomia dessas entidades. A seu ver, "a legislação (...) vem conferindo-lhes uma autonomia de gerenciamento que ultrapassa os limites da descentralização autárquica, o que tem dado sinais de tomada de decisões contrastantes com diretrizes do próprio Poder Executivo, incluindo uma normatividade que vai para além das balizas constitucionais".[395]

Celso Antônio Bandeira de Mello, em seu *Curso de direito administrativo*, defendeu que "este perigo das delegações disfarçadas é muito presente no Brasil. (...) Considera-se que há delegação disfarçada e inconstitucional efetuada fora do procedimento regular, toda vez que a lei remete ao Executivo a criação das regras que configuram o direito ou que geram a obrigação, o dever ou a restrição à liberdade. Isto sucede quando fica deferido ao regulamento definir por si mesmo as condições ou requisitos necessários ao nascimento do direito material ou ao nascimento da obrigação, dever ou restrição".[396]

Além de considerar as agências reguladoras inconstitucionais, Bandeira de Mello questionou a extensão de mandatos de seus dirigentes para além de um mesmo período governamental. Segundo o autor, a essência da República estaria na temporariedade dos mandatos e na possibilidade de a sociedade escolher governantes com orientações diversas dos governos precedentes. Nas suas palavras, o modelo desenhado para as agências reguladoras no Brasil era uma "fraude contra o próprio povo".[397]

Maria Sylvia Zanella Di Pietro, por sua vez, embora contestasse a existência das agências reguladoras, adotou posição menos dura sobre o assunto. Para ela, as agências reguladoras deveriam encontrar

---

[395] SILVA, José Afonso da. *Comentário contextual à Constituição*, 2005, p. 726.
[396] BANDEIRA DE MELLO, Celso Antônio. *Curso de direito administrativo*, 1998, p. 200-201.
[397] *Idem*, p. 153-154.

respaldo normativo expresso na Constituição Federal. Por isso, apenas a ANATEL e a ANP poderiam contar com a autonomia e a independência atribuídas às agências reguladoras. As demais deveriam respeitar os mandamentos de todos os poderes da República, com ampla possibilidade de revisão dos atos administrativos editados.[398]

Outros autores defenderam a existência das agências reguladoras no Brasil como uma decorrência dos novos tempos.[399] Carlos Ari Sundfeld, em *Reforma do Estado e agências reguladoras: estabelecendo os parâmetros de discussão* de 2000, ponderou que o Legislativo continuou a fazer o que sempre fez: edita leis, frequentemente com alto grau de abstração e generalidade. Só que, segundo os novos padrões da sociedade, agora essas normas não bastariam, sendo preciso normas mais diretas para tratar das especificidades, realizar o planejamento dos setores e viabilizar a intervenção do Estado em garantia do cumprimento de

---

[398] Maria Sylvia Zanella di Pietro afirmou que "A primeira indagação diz respeito aos fundamentos jurídico-constitucionais para a delegação de função normativa às agências. As duas únicas agências que estão previstas na Constituição são a ANATEL e a ANP, com a referência à expressão órgão regulador contida nos artigos 21, XI, e 177, §2o, III. As demais não têm previsão constitucional, o que significa que a delegação está sendo feita pela lei instituidora da agência. Por isso mesmo, a função normativa que exercem não pode, sob pena de inconstitucionalidade, ser maior do que a exercida por qualquer outro órgão administrativo ou entidade da Administração Indireta. Elas nem podem regular matéria não disciplinada em lei, porque os regulamentos autônomos não têm fundamento constitucional no direito brasileiro, nem podem regulamentar leis, porque essa competência é privativa do Chefe do Poder Executivo e, se pudesse ser delegada, essa delegação teria que ser feita pela autoridade que detém o poder regulamentar e não pelo legislador "(DI PIETRO, Maria Sylvia Zanella. *Curso de direito administrativo*, 2011, p. 612).

[399] Conforme sistematizado por Eduardo Jordão, é possível enumerar diversos trabalhos sobre as agências reguladoras desde a década de 1990 até os dias atuais. Confiram-se, por todos: CONFORTO, Glória. *Descentralização e regulação da gestão de serviços públicos*, 1998; AZEVEDO, Eurico de Andrade. *Agências reguladoras*, 1998; SOUTO, Marcos Juruena Villela. *Agências reguladoras*, 1999; SUNDFELD, Carlos Ari. *Introdução às agências reguladoras*, 2000; MOREIRA NETO, Diogo de Figueiredo. *Agências reguladoras*, 2000; PEREZ, Marcos Augusto. *As agências reguladoras no direito brasileiro*, 2000; TÁCITO, Caio. *Agências reguladoras da Administração*, 2000; MORAES, Alexandre de. *Agências reguladoras*, 2001; ARAGÃO, Alexandre Santos de. *O poder normativo das agências reguladoras*, 2001; ARAGÃO, Alexandre Santos de. *Agências reguladoras e a evolução do direito administrativo econômico*, 2002; JUSTEN FILHO, Marçal. *O Direito das agências reguladoras independentes*, 2002; BARROSO, Luís Roberto. *Agências reguladoras*, 2002; MARRARA, Thiago. *A legalidade na relação entre ministérios e agências reguladoras*, 2004; WALD, Arnoldo. *A autonomia das agências reguladoras*, 2004; MARQUES NETO, Floriano de Azevedo. *Agências reguladoras independentes: fundamentos e seu regime jurídico*, 2005; MATTOS, Paulo Todescan Lessa. *O novo estado regulador no brasil: eficiência e legitimidade*, 2006; GUERRA, Sérgio. *Agências Reguladoras: da organização administrativa piramidal à governança em rede*, 2012 (JORDÃO, Eduardo; CABRAL, Renato Toledo; BRUMATI, Luiza. *O STF e o controle das leis sobre o regime jurídico das agências reguladoras federais*, 2020).

valores, como a proteção do meio ambiente e do consumidor, a expansão das telecomunicações nacionais e controle sobre o poder econômico.[400]

O debate sobre questões atinentes às agências reguladoras foi e ainda é extenso, ultrapassando o escopo do trabalho. O importante é ter em mente que a adoção de uma visão mais tradicional sobre o tema implica assumir que os regulamentos editados pelas agências reguladoras não conteriam inovações jurídicas, reservadas às leis, de modo que eles poderiam ser editados sem procedimento específico e contraditório. Por outro lado, ao se acolher uma perspectiva mais realista, os regulamentos passam a ser entendidos fonte de criação de direitos e obrigações, de modo que deveriam seguir um processo mínimo em sua edição.

A segunda visão acabou prevalecendo e autores passaram a defender a existência de requisitos de validade dos regulamentos, relacionados à participação dos interessados em seu processo de elaboração, sobretudo por meio das consultas públicas e das audiências públicas, e ao dever de motivação qualificada.

O primeiro requisito de validade dos regulamentos, relacionado à participação popular nos processos de edição de regulamentos, buscou trazer maior legitimidade ao processo decisório das agências reguladoras e uma maior eficácia aos atos normativos produzidos por elas. Considerando que eles contariam com o consenso dos interessados quanto ao conteúdo do ato normativo, essa medida poderia evitar questionamentos posteriores quanto ao seu mérito.[401]

Rosoléa Miranda Folgosi, em *A participação social na regulação: as audiências e as consultas públicas: vinculação* de 2004, foi uma das primeiras a comentar a consulta pública. A autora apontou que o diálogo viabilizado pela consulta pública deveria se dar a partir da ampla publicidade aos elementos que serão levados em conta na elaboração do ato estatal, como minutas do ato, planilhas, explicações, quantitativos e depoimentos de técnicos.[402]

Marcos Augusto Perez, em *A administração Pública democrática* de 2009, conceituou os mecanismos de participação, as consultas e as audiências públicas, como "instrumentos legalmente previstos que

---

[400] SUNDFELD, Carlos Ari. *Reforma do Estado e agências reguladoras: estabelecendo os parâmetros de discussão*, 2000, p. 120-121.
[401] PEREZ, Marcos Augusto. *A administração pública democrática*, 2009, p. 219.
[402] FOLGOSI, Rosoléa Miranda. *A participação social na regulação: as audiências e as consultas públicas: vinculação*, 2004, p. 31.

possibilitam aos administrados, diretamente, ou através de representantes escolhidos especificamente para este fim, tomar parte na deliberação, na execução ou no controle das atividades desenvolvidas pela administração Pública com o objetivo de tornar mais eficiente a atuação administrativa".[403]

O segundo requisito de validade dos regulamentos desenvolvido na literatura se refere à necessidade de motivação. Carlos Ari Sundfeld e Jacintho Arruda Câmara foram um dos primeiros a enfrentar o assunto em *O dever de motivação na edição de atos administrativos pela administração Pública* de 2011. Os autores, a partir da análise da experiência concreta da ANATEL, defenderam a obrigação da administração de motivar seus atos normativos, a exemplo do que deve fazer em relação a suas decisões individuais e concretas.[404]

Carlos Ari Sundfeld e Jacintho Arruda Câmara argumentaram que o dever de motivação nesses casos derivaria dos princípios do devido processo legal, do contraditório e da ampla defesa. Para garantir a motivação de forma adequada, a administração deveria não apenas enunciar os dispositivos legais que indicam sua competência para regular determinada matéria, como também explicar as razões de mérito que a levaram a adotar aquelas decisões. Sem isso, os administrados que fossem atingidos por atos dessa natureza estariam impossibilitados de defenderem de modo eficiente os seus interesses.[405]

Rafael Hamze Issa, em *O controle judicial dos atos normativos das agências reguladoras* de 2015, reforçou o dever da administração motivar seus atos normativos, especificando que a motivação deveria contemplar todos os aspectos técnicos, jurídicos e fáticos que foram levantados no procedimento administrativo. O autor disse que a motivação deve ser certa e determinada para o caso concreto, sem que se possa se valer de conceitos amplos e vagos, tais como "interesse público" e "saúde pública" como única ou uma das principais razoes de decidir.[406]

Com o passar dos anos, novas preocupações foram tomando lugar de destaque na literatura sobre o tema das agências reguladoras, as quais ultrapassam o escopo do trabalho. Dentre elas, a de saber o quão eficiente seria esse modelo e se as agências de fato contribuíram

---

[403] Idem, p. 101.
[404] SUNDFELD, Carlos Ari; ARRUDA CÂMARA, Jacintho. *O dever de motivação na edição de atos administrativos pela administração Pública*, 2011, p. 59-61.
[405] Idem, p. 63.
[406] ISSA, Rafael Hamze. *O controle judicial dos atos normativos das agências reguladoras*, 2015, p. 142.

para o melhor funcionamento dos setores que regulam (em outras palavras, preocupações com a qualidade regulatória).[407]

4 Alterações na LINDB

Os arts. 23 e 29 da nova LINDB se relacionam com o movimento normativo de criação das agências reguladoras no sentido de influir com maior profundidade no exercício de competências normativas pela administração, seja para reforçar a realização de processos administrativos, seja para direcionar seu conteúdo (como ao exigir regimes de transição em certos casos de mudança de orientações gerais).

O modelo institucional de regulação por agências no Brasil tem paulatinamente amadurecido e seu marco legal tem passado por constantes aprimoramentos. A compreensão jurídica ultrapassou as discussões iniciais quanto à constitucionalidade do seu regime especial e à possibilidade de delegação de amplos poderes normativos a essas entidades. Do ponto de vista prático, as agências passaram a produzir mais normas do que o próprio Congresso Nacional.[408] Mas a expectativa de que essas entidades fortaleceriam mecanismos democráticos de participação e garantiriam a segurança jurídica dos processos decisórios sugeria oportunidades de amadurecimento, as quais a nova LINDB buscou suprir.

Em primeiro lugar, o art. 23 da LINDB autoriza a criação de um regime de decisão por autoridade pública, ao prever que "a decisão administrativa, controladora ou judicial que estabelecer interpretação ou orientação nova sobre norma de conteúdo indeterminado, impondo novo dever ou novo condicionamento de direito, deverá prever regime de transição". Conforme exposto no primeiro capítulo, o dispositivo representa uma reforma para inclusão de novidade ferramental à disposição dos administradores e controladores públicos.

Em segundo lugar, o art. 29 prevê que "em qualquer órgão ou Poder, a edição de atos normativos por autoridade administrativa, salvo os de mera organização interna, poderá ser precedida de consulta pública para manifestação de interessados, preferencialmente por

---

[407] Ver, como exemplo dessas preocupações: VALENTE, Patricia Pessôa. *Análise de impacto regulatório: uma ferramenta à disposição do Estado*, 2013, p. 149-150.
[408] JORDÃO, Eduardo; RIBEIRO, Leandro Molhano; SALINAS, Natasha Schmitt Caccia; SAMPAIO, Patrícia Regina Pinheiro. *A produção legislativa do Congresso Nacional sobre agências reguladoras*, 2019, p.75-107.

meio eletrônico, a qual será considerada na decisão". O dispositivo representa uma reforma para realce normativo: a inclusão, em lei geral, de obrigação que já constava em leis esparsas do ordenamento jurídico, com âmbitos de atuação e destinatários mais específicos.

Conforme exposto anteriormente, os procedimentos de escuta ativa da sociedade já eram previstos como requisito de validade de parte dos atos normativos. A consulta pública foi prevista nas leis que constituíram agências reguladoras, ampliada nas leis gerais de processo administrativo, incluindo a Lei Federal de Processo Administrativo (Lei 9.784/1999)[409] e a Lei Paulista de Processo Administrativo (Lei 10.177/1998).[410]

Mais recentemente, a consulta pública foi aproximada dos projetos de infraestrutura na Lei de Parcerias Público-Privadas (Lei 11.079/2004)[411] e na Lei 13.334/2016, que criou o Programa de Parcerias de Investimentos (PPI), destinado à ampliação e fortalecimento da interação entre o Estado e a iniciativa privada por meio da celebração de contratos de parceria para a execução de empreendimentos públicos de infraestrutura e de outras medidas de desestatização. Essa lei tornou obrigatória a realização de consulta pública para a edição de regulamentos.[412]

---

[409] Art. 31 da Lei Federal de Processo Administrativo: "Quando a matéria do processo envolver assunto de interesse geral, o órgão competente poderá, mediante despacho motivado, abrir período de consulta pública para manifestação de terceiros, antes da decisão do pedido, se não houver prejuízo para a parte interessada".

[410] Art. 28 da Lei Paulista de Processo Administrativo: "Quando a matéria do processo envolver assunto de interesse geral, o órgão competente poderá, mediante despacho motivado, autorizar consulta pública para manifestação de terceiros, antes da decisão do pedido, se não houver prejuízo para a parte interessada. §1.º - A abertura da consulta pública será objeto de divulgação pelos meios oficiais, a fim de que os autos possam ser examinados pelos interessados, fixando-se prazo para oferecimento de alegações escritas. §2.º - O comparecimento à consulta pública não confere, por si, a condição de interessado no processo, mas constitui o direito de obter da Administração resposta fundamentada".

[411] Art. 10, VI, da Lei de Parcerias Público-Privadas: "Art. 10. A contratação de parceria público-privada será precedida de licitação na modalidade concorrência ou diálogo competitivo, estando a abertura do processo licitatório condicionada a: (...) submissão da minuta de edital e de contrato à consulta pública, mediante publicação na imprensa oficial, em jornais de grande circulação e por meio eletrônico, que deverá informar a justificativa para a contratação, a identificação do objeto, o prazo de duração do contrato, seu valor estimado, fixando-se prazo mínimo de 30 (trinta) dias para recebimento de sugestões, cujo termo dar-se-á pelo menos 7 (sete) dias antes da data prevista para a publicação do edital".

[412] Art. 6º, I, da Lei 13.334/2016: "Os órgãos, entidades e autoridades da administração pública da União com competências relacionadas aos empreendimentos do PPI formularão programas próprios visando à adoção, na regulação administrativa, independentemente de exigência legal, das práticas avançadas recomendadas pelas melhores experiências

Embora a nova LINDB preveja que a administração "poderá" realizar consulta pública, estaríamos diante de um "poder-dever". Vera Monteiro, em *Art. 29 da LINDB – Regime jurídico da consulta pública* de 2018, analisou o dispositivo e as alterações que ele sofreu durante o processo legislativo, e argumentou que apenas faria sentido haver uma exceção para a regra geral do *caput* se houvesse um dever, de modo que a ressalva feita aos atos "de mera organização interna" na norma fortalece o dever de realização de consulta pública prévia. Além disso, a LINDB trouxe uma única regra de transição, prevista no seu art. 2º, segundo a qual a vigência do art. 29 só se dará após decorridos 6 meses de sua publicação, realizada em 25 de abril de 2018.[413]

Para Vera Monteiro, a falta de consulta pública ou a realização de consulta pública vazia de sentido afeta a validade da norma, por implicar em ausência de motivação. Sem isso, o controle fica prejudicado.[414] No mesmo sentido, para Alexandre Santos de Aragão, a não observância da participação é causa invalidadora do ato administrativo normativo expedido. Consequentemente, pode levar ao desfazimento da norma pelo exercício do controle judicial.[415]

Por fim, embora não esteja inserido no escopo da pesquisa, o art. 26, *caput*, da nova LINDB também possui relação com o movimento de criação das agências reguladoras. O dispositivo contém autorização geral para a celebração de compromissos administrativos, dispondo que eles podem ser utilizados para eliminar irregularidade, incerteza jurídica ou situação contenciosa na aplicação do direito público.

O movimento vinha impondo mais sofisticação no exercício da função administrativa e ativando a demanda por eficiência na fiscalização e sancionamento. Isso incentivou que as agências recepcionassem a consensualidade e editassem regulamentos a respeito. Os instrumentos consensuais acabaram adquirindo funcionalidades variadas, incluindo o condicionamento da prática de atos à sua celebração, a cessação da atividade de fiscalização mediante celebração de Termo

---

nacionais e internacionais, inclusive: (...) edição de planos, regulamentos e atos que formalizem e tornem estáveis as políticas de Estado fixadas pelo Poder Executivo para cada setor regulado, de forma a tornar segura sua execução no âmbito da regulação administrativa, observadas as competências da legislação específica, e mediante consulta pública prévia".

[413] MONTEIRO, Vera. *Art. 29 da LINDB – Regime jurídico da consulta pública*, 2018, p. 225-242.
[414] MONTEIRO, Vera. *Art. 29 da LINDB – Regime jurídico da consulta pública*, 2018, p. 237.
[415] ARAGÃO, Alexandre Santos de. *A legitimação democrática das agências reguladoras*, 2006, p. 15.

de Ajustamento de Conduta (TAC) e acordos substitutivos de sanção, os quais se tornaram relativamente comuns. Naturalmente, por conta da dispersão regulamentar, foram surgindo disparidades quanto a aspectos substanciais, formais e de nomenclatura.[416]

A contribuição da nova LINDB foi a tentativa de, seguindo as tendências do campo teórico e as experiências setoriais, estabelecer disciplina mínima e comum a respeito, independentemente do setor econômico regulado. Quanto ao conteúdo, seu §1º, I e III, exige que o compromisso busque solução jurídica proporcional, equânime, eficiente e compatível com os interesses gerais e proíbe que ele confira desoneração permanente de dever ou de condicionamento de direito reconhecidos por orientação geral. Essas regras tentam reforçar o dever de proporcionalidade nos atos administrativos e evitar benefícios individuais à margem da prática geral.

Ao vedar a desoneração permanente de dever ou condicionamento de direito reconhecidos por orientação geral, a LINDB garante que os compromissos celebrados não possam afetar a eficácia prospectiva das normas gerais. Para o art. 26, os compromissos se destinam ao ajuste de situações passadas, não à construção de regimes individuais alternativos à margem dos regimes gerais. Ainda quanto ao conteúdo do compromisso, o §1º, IV, do dispositivo exige cláusulas mínimas com as obrigações das partes, prazo para seu cumprimento e sanções para os casos de descumprimento, cláusulas essas que são naturais a instrumentos da espécie.

Quanto aos aspectos procedimentais, o dispositivo impôs a necessidade de a autoridade administrativa ouvir previamente o órgão jurídico e, quando for o caso, realizar consulta pública. A primeira exigência (oitiva do órgão jurídico) segue o exemplo de outras leis gerais que impuseram controle jurídico interno prévio para decisões administrativas sensíveis.[417]

A segunda (consulta pública) se conecta com dispositivos das leis gerais de processo administrativo e atos normativos das agências reguladoras que disciplinaram os processos administrativos normativos,

---

[416] PALMA, Juliana Bonacorsi de. *Atuação administrativa consensual: estudo dos acordos substitutivos no processo administrativo sancionador*, 2010, p. 188.
[417] Art. 38, VI, da Lei 8.666/1993: "O procedimento da licitação será iniciado com a abertura de processo administrativo, devidamente autuado, protocolado e numerado, contendo a autorização respectiva, a indicação sucinta de seu objeto e do recurso próprio para a despesa, e ao qual serão juntados oportunamente: (...) VI - pareceres técnicos ou jurídicos emitidos sobre a licitação, dispensa ou inexigibilidade".

bem como construções da literatura a respeito da participação da sociedade nas decisões públicas. O dispositivo, inspirando-se em regras mais rígidas sobre publicidade no direito administrativo, prevê, por fim, que o acordo só produzirá efeitos a partir de sua publicação oficial.[418]

---

[418] A Lei 8.666/1993, por exemplo, prevê a necessidade de publicação como condição de eficácia tanto de decisões de contratação direta, como de contratos administrativos (arts. 26 e 61, §1º).

CAPÍTULO 4

MOVIMENTO DE EDIÇÃO DAS LEIS GERAIS DE PROCESSO ADMINISTRATIVO

1 Do ato ao processo administrativo (1990-2010)

Conforme exposto anteriormente, durante muitas décadas, o ato administrativo constituiu um dos elementos fundamentais da elaboração teórica do direito administrativo brasileiro. Publicistas buscavam, por meio da teoria dos atos administrativos, conhecer seus vários aspectos, de modo a catalogar e disciplinar os vários modos com que o Estado agia, sempre ressaltando o seu caráter unilateral.

A literatura tradicional concentrava-se nos elementos que compõem um ato administrativo com o objetivo de permitir a identificação de possíveis falhas nesses atos, as quais seriam avaliadas pelo Poder Judiciário. No entanto, com o tempo, ficou claro que essa abordagem não era suficiente. Analisar o ato isoladamente não permitia verificar se ele atendia outras exigências que regem a ação do Estado, como a proteção aos interesses dos particulares que se relacionam com a administração.

O processo administrativo ou o procedimento administrativo passou a ser objeto de maior atenção: ele foi visto como um instrumento que permite avaliar a aderência da atuação do Estado a essas outras exigências que regem a atuação estatal. O controle da administração passa a ser mais amplo, recaindo não apenas sobre o resultado final da ação administrativa, mas também sobre o caminho percorrido para construir esse resultado. O descumprimento de uma etapa processual pode ser considerado como indício de abuso, o que é mais fácil de ser controlado do que o mérito da ação administrativa, por exemplo.[419]

Esse movimento na literatura foi posteriormente chamado de "do ato ao processo administrativo" e tem os autores internacionais como seus precursores.[420] Na literatura de diversos países, autores levantaram argumentos que justificam a mudança de enfoque no direito administrativo, como a mudança do Estado prestador de serviços para o Estado regulador,[421] a necessidade de proteger valores jurídicos fundamentais do Estado de Direito[422] e a análise da atuação estatal como um fenômeno mais dinâmico.[423]

Vasco Manuel Pascoal Dias Pereira da Silva sintetizou essa mudança de foco da literatura internacional no livro *Em busca do acto administrativo perdido* de 1996. Nos termos do autor, "o procedimento, segundo a doutrina clássica, ou não era considerado de todo, ou era considerado apenas para explicar a decisão final da administração, enquanto simples instrumento ao serviço do acto administrativo e não de uma forma autônoma. Diferentemente, agora (...) o procedimento deve passar a ser visto como a alternativa dogmática ao acto administrativo".[424]

No Brasil, o processo administrativo parece ter se tornado objeto de interesse da literatura menos em razão de uma aderência

---

[419] Para ampliar a análise sobre as vantagens que o controle judicial da administração passa a ter por meio do processo administrativo, ver: JORDÃO, Eduardo; ROSE-ACKERMAN, Susan. *Judicial review of executive policymaking in advanced democracies: beyond rights review*, 2014, p. 1-72. Nas palavras dos autores: "*administrative process may help the judges themselves to understand what the government or agency has done. In particular, the courts require that rules or adjudications be accompanied with reasons so that they can judge if the underlying policy is in accord with the legislative text. They act as guardians of the will of the legislature. Second, they monitor the administrative process not to help them decide cases but to ensure that the policymaker is accountable to the public. Here, accountability flows directly to the citizenry rather than indirectly through the legislature to the voters. To the extent that the courts recognize a role for such a direct connection between citizens, on the one hand, and government ministries and independent agencies, on the other, judicial review can emphasize both public participation and reason-giving*" (p. 69).

[420] Entre os trabalhos nacionais que se referem à expressão "do ato ao processo administrativo", ver: MEDAUAR, Odete. *administração Pública: do ato ao processo*, 2009; PEREZ, Marcos Augusto. *O controle jurisdicional da discricionariedade administrativa: métodos para uma jurisdição ampla das decisões administrativas*, 2018, p. 205; PALMA, Juliana Bonacorsi de. *Atividade normativa da administração pública: estudo do processo administrativo normativo*, 2014, p. 193.

[421] Cf. SILVA, Vasco Pereira da. *Em busca do acto administrativo perdido*, 2003, p. 201.

[422] Cf. AUBY, Jean-Bernard. *Droit compare de la procédure administrative*, 2016, p. 4.

[423] *Idem*, p. 332-334.

[424] SILVA, Vasco Manuel Pascoal Dias Pereira da. *Em busca do acto administrativo perdido*, 1996, p. 302-303).

ao movimento teórico internacional, e mais em virtude de alterações normativas que inseriram o processo no ordenamento jurídico. A Constituição Federal de 1988 se referiu a ele pela primeira vez, garantindo aos litigantes, em processo judicial ou administrativo, o contraditório e ampla defesa.[425] No final da década de 1990, as leis gerais de processo administrativo foram editadas.

Nas décadas anteriores, em especial entre 1940 e 1970, administrativistas faziam referência ao processo administrativo de forma lateral em suas obras. Por exemplo, Seabra Fagundes incluiu as irregularidades procedimentais como meros exemplos de solenidades ou formalidades desatendidas.[426] Brandão Cavalcanti defendeu o processo como meio de instrução das questões afetas à administração.[427] Hely Lopes Meirelles citou o procedimento como um dos fatores que concorreriam para a formação e validade do ato administrativo, mas descreveu com mais detalhe apenas o processo administrativo disciplinar.[428] Bandeira de Mello citou o procedimento entre os pressupostos de validade do ato.[429]

Em outros ramos do Direito, o processo administrativo já havia recebido mais atenção do ponto de vista teórico. Entre processualistas, Antônio Carlos de Araújo Cintra, Ada Pellegrini Grinover e Cândido Dinamarco, em *Teoria geral do processo* de 1974, defenderam a existência de semelhanças significativas entre os processos judicial e administrativo. Eles teriam funções equivalentes e se organizariam segundo princípios comuns, como os de legalidade, imparcialidade, igualdade, publicidade e motivação.[430] Alberto Xavier, devido a preocupações com o direito tributário, refletiu sobre o processo administrativo em

---

[425] Art. 5º, LIV, da Constituição Federal de 1988: "Ninguém será privado da liberdade ou de seus bens sem o devido processo legal". Art. 5º, LV: "(...) aos litigantes, em processo judicial ou administrativo, e aos acusados em geral são assegurados o contraditório e ampla defesa, com os meios e recursos a ela inerentes".

[426] FAGUNDES, Miguel Seabra. *Controle dos atos administrativos pelo Poder Judiciário*, 1957, p. 64.

[427] CAVALCANTI, Themístocles Brandão. *Processo administrativo - requisição pelo Poder Legislativo - sigilo sobre atos administrativos - separação e independência dos poderes*, 1949.

[428] MEIRELLES, Hely Lopes. *Direito administrativo brasileiro*, 1964, p. 161.

[429] BANDEIRA DE MELLO, Celso Antonio. *Elementos de direito administrativo*, 1980, p. 71.

[430] CINTRA, Antônio Carlos de Araújo; GRINOVER, Ada Pellegrini; DINAMARCO, Cândido Rangel. *Teoria geral do processo*, 1974. Ver também: DINAMARCO, Cândido Rangel. *A instrumentalidade do processo*, 1992, p. 65-66; GRINOVER, Ada Pellegrini. *Novas tendências do direito processual*, 2016, p. 13-30 e, mais recentemente, GRINOVER, Ada Pellegrini. *Ensaio sobre a processualidade*, 2016., p. 13-30.

Do procedimento administrativo de 1976, concluindo que ele seria o modo comum de formação da vontade estatal.[431]

No direito administrativo, Carlos Ari Sundfeld é apontado como o primeiro autor que tratou do tema de forma mais substancial.[432] Em *A importância do procedimento administrativo* de 1987, utilizou as ideias de Antônio Carlos de Araújo Cintra, Ada Pellegrini Grinover, Cândido Dinamarco e Alberto Xavier para defender a existência de um espaço entre a lei e o ato administrativo. O ato administrativo não surgiria em um "passe de mágica", mas seria produto de um procedimento através do qual a possibilidade ou a exigência suposta na lei em abstrato passam para o plano da concretização.[433]

Carlos Ari Sundfeld acrescentou que o processo administrativo cumpriria a ampla função, dentro do direito administrativo, de assegurar a eficiência estatal contra o próprio agente público. Em outras palavras, ele garantiria que a vontade funcional, expressa no ato administrativo, não fosse empolgada pela vontade do agente, de modo a manifestar uma vontade mais equilibrada, esclarecida, racional e imparcial.[434]

Em sentido semelhante, em 1990, Odete Medauar publicou a tese *A processualidade no direito administrativo*, na qual defendeu que o processo administrativo corresponderia a um modelo de gestação da decisão administrativa voltado à racionalidade, à eficiência e à transparência de decisões. Com base nisso, a formação do ato resultaria não mais da vontade pessoal, subjetiva, da autoridade, mas de um contraditório entre a administração e administrado.[435]

Após a edição das leis gerais de processo administrativo, a literatura a respeito do tema foi encorpada no direito administrativo. À vista dessa circunstância, a produção nacional tende a ter um enfoque mais "legislativo" sobre o processo em comparação com a agenda internacional ou com as produções de outras áreas do Direito.

---

[431] XAVIER, Alberto. *Do procedimento administrativo*, 1976, p. 26.
[432] Cf. BANDEIRA DE MELLO, Celso Antônio. *Curso de direito administrativo*, 2015, p. 329.
[433] SUNDFELD, Carlos Ari. *A importância do procedimento administrativo*, 1987, p. 65.
[434] *Idem*, p. 68.
[435] MEDAUAR, Odete. *A processualidade no direito administrativo*, 1993, p. 61 e 64. A autora também foi responsável pela coordenação de obra coletiva denominada *Processo administrativo – aspectos atuais*, 1998, com estudos sobre processos específicos, como licitação, patentes, educacional, disciplinar, concorrencial, tombamento e licenciamento ambiental.

A maior parte dos autores se concentrou na interpretação das normas de direito positivo e na comparação com a legislação de outros países que, conforme será exposto, também editaram leis processuais gerais.

Em 1999, Egon Bockmann Moreira publicou *Processo administrativo: princípios constitucionais e a Lei 9.784/99* com o objetivo de delinear a conformação jurídica do processo no direito positivo brasileiro.[436] Em 2000, Carlos Ari Sundfeld e Guillermo Andrés organizaram a obra coletiva *As leis de processo administrativo*, com artigos com objetivos variados, que vão desde relacionar as leis brasileiras com as latino-americanas, até avaliar como a teoria do ato administrativo parece ter refletido na legislação processual brasileira.[437] Em 2003, Lúcia Valle Figueiredo produziu sistematização sobre o assunto em seu *Curso de direito administrativo*, dedicando um de seus capítulos para o processo administrativo.[438]

Anos depois, em 2014, Juliana Bonacorsi de Palma publicou a tese de doutorado *Atividade normativa da administração Pública: estudo do processo administrativo normativo*, na qual analisou o movimento de processualização da atividade normativa da administração. A autora defendeu que o processo consiste em requisito de validade dos regulamentos editados pelo poder público no exercício da competência normativa, na medida em que se reconhece no regime de direito administrativo o dever de a administração realizar processo para edição de seus atos normativos. A tese se contrapôs ao cenário tradicional de edição de regulamentos, desprovido de processo administrativo e sem contar com a participação administrativa.[439]

À vista da literatura existente, há quem reconheça o fato de que o processo administrativo deixou de ser um coadjuvante e se tornou um dos eixos centrais da ação administrativa.[440] Por outro lado, há apontamentos no sentido de que a literatura continuou a se dedicar de forma desproporcional ao ato em detrimento do processo. Sérgio Ferraz e Adilson Abreu Dallari afirmaram, em *Processo administrativo*

---

[436] MOREIRA, Egon Bockmann. *Processo administrativo: princípios constitucionais e a Lei 9.784/99*, 1999.

[437] SUNDFELD, Carlos Ari. MUNOZ, Guillermo Andrés. *As leis de processo administrativo*, 2000.

[438] FIGUEIREDO, Lúcia Valle. *Curso de direito administrativo*, 2000, p. 402-429, capítulo sobre Procedimento e processo administrativo.

[439] PALMA, Juliana Bonacorsi de. *Atividade normativa da administração Pública: estudo do processo administrativo normativo*, 2014.

[440] MOREIRA, Egon Bockmann. *Processo administrativo. Princípios constitucionais e a Lei 9.784/1999*, 2010, p. 71.

de 2007, que essa disparidade reforça o viés autoritário do direito administrativo e exclui o administrado da tomada de decisão estatal, tratando o próprio processo como se dependesse somente da condução e da decisão unilateral da administração".[441-442]

Para além do desenvolvimento de ideias em livros e artigos, a academia viria a ter papel relevante no desenvolvimento normativo do processo administrativo no Brasil. A edição de leis gerais de processo administrativo foi marcada pelo seu engajamento: entre outros envolvidos, Carlos Ari Sundfeld esteve à frente da edição da Lei de Processo Paulista e Odete Medauar da Lei Federal.[443]

2 Leis gerais de processo administrativo (1990)

Até o final da década de 1990, não havia no Brasil lei geral sobre processo administrativo. Existia apenas a Constituição Federal de 1988, a qual previu, pela primeira vez, o princípio do devido processo legal na esfera administrativa (art. 5º, LIV e LV) e normas esparsas relativas a um ou outro processo, como o processo disciplinar para demissão de funcionários públicos, mas sem uma linha condutora no tratamento de questões comuns a todos os órgãos e entes administrativos.[444]

O incremento da edição de leis sobre processo administrativo em outros países tornou ainda mais visível essa lacuna na legislação brasileira. Datam daquele período, por exemplo, a edição ou a reforma das leis da Argentina (1972), da Alemanha (1976), da Venezuela (1982), da Itália (1990), de Portugal (1991) e da Espanha (1992). Essas leis, dedicadas a enunciar as normas básicas do modo de agir da administração, podem ser consideradas a carta de identidade da administração ou o núcleo do ordenamento jurídico administrativo.[445]

No Brasil, em razão da inexistência de normas gerais de processo, era comum que os agentes públicos desconhecessem como proceder

---

[441] FERRAZ, Sérgio; DALLARI, Adilson Abreu. *Processo administrativo*, 2007, p. 21.

[442] Além dos trabalhos citados no texto, ver: MEDAUAR, Odete; SCHIRATO, Vitor (coord.). *Atuais rumos do processo administrativo*, 2010; MARRARA, Thiago. *Princípios do processo administrativo*, 2020, p. 85-116; FERRAZ, Sérgio; DALLARI, Adilson Abreu. *Processo administrativo*, 2012; NOHARA, Irene Patrícia; MORAES FILHO, Marco Antônio Praxedes de. *Processo administrativo – temas polêmicos da Lei 9.784/99*, 2011.

[443] Ver, por exemplo: MEDAUAR, Odete. *A processualidade no direito administrativo*, 1999; SUNDFELD, Carlos Ari. *Processo e procedimento administrativo no Brasil*, 2001, p. 17.

[444] Ampliar em: SUNDFELD, Carlos Ari. *Processo e procedimento administrativo no Brasil*, 2000, p. 22-23.

[445] Cf. MODESTO, Paulo. *A nova lei do processo administrativo*, 2000.

ante solicitações e recursos de particulares. O agente se omitia de decidir, recusava liminarmente o pedido ou editava ato sem fundamentação mínima. A administração sofria um prejuízo direto, pois o particular recorria ao Judiciário e ela arcava com os ônus próprios das demandas judiciais e perdia credibilidade ante o aparelho da Justiça. Não eram comuns, por outro lado, a utilização de institutos como a convalidação e realização de consultas e audiências públicas.[446]

Paulo Modesto, um dos autores do anteprojeto da lei federal, afirmou que a administração costumava a caminhar sem prazos, ao sabor dos humores dos agentes públicos, que dilatavam os procedimentos segundo suas conveniências, sem atenção ao cidadão e à coisa pública, diante da ausência de marcos legais gerais objetivos que permitissem caracterizar esse comportamento como abusivo. Os procedimentos existentes eram geralmente estabelecidos para finalidades específicas, conhecidos de poucos, atendendo sobretudo às necessidades de documentação da burocracia.[447]

As leis gerais de processo administrativo no Brasil foram editadas devido a razões de natureza especulativa e de certa forma complementares. A primeira hipótese sugere que o seu surgimento foi influenciado pelo contexto democrático no país. Com a redemocratização em 1985, houve uma mudança na teoria e na prática do direito administrativo, com o abandono da ênfase nas prerrogativas públicas em favor de uma abordagem voltada à proteção dos direitos do indivíduo perante o Estado.

Juliana Bonacorsi de Palma, em *Atividade normativa da administração Pública: estudo do processo administrativo normativo*, analisou o cenário que precedeu a edição das leis gerais e argumentou que elas teriam surgido justamente como forma de legitimar a ação estatal democrática. Leis pregressas que trataram da organização e do funcionamento administrativos poderiam ter tratado do assunto e não o fizeram, como é o Decreto-Lei 200/1967, editado durante a Ditadura Militar, que dedicou capítulo ao processo licitatório, mas não ao processo administrativo de forma mais ampla.[448]

A segunda hipótese cogita que a comparação entre as recém-criadas agências reguladoras brasileiras e as norte-americanas teria

---

[446] Ibidem.
[447] Ibidem.
[448] Cf. PALMA, Juliana Bonacorsi de. *Atividade normativa da administração Pública: estudo do processo administrativo normativo*, 2014, p. 189.

permitido a identificação de um *déficit*. Conforme exposto anteriormente, no Brasil não havia lei geral para disciplinar amplamente o exercício das atividades decisórias administrativas, incluindo a edição de regulamentos, nos moldes do APA, o qual estabelece os termos gerais do *rulemaking* norte-americano. Como resposta à esse *déficit*, e à semelhança do que se havia observado nos Estados Unidos, o surgimento das agências teria contribuído para a edição das leis gerais de processo.[449]

A legislação brasileira, contudo, apresenta diferenças em relação à norte-americana. Por exemplo, ela não diferenciou os atos administrativos conforme as suas finalidades. Essas diferenças são apresentadas pela literatura, que costuma apresentar classificações estruturais, pelos tipos de ato, como simples e complexos, de império e de gestão, ou pelas suas espécies, como licença, aprovação, autorização. No direito norte-americano, o APA classificou os atos administrativos de modo funcional, como atos de adjudicação (*adjudication*) ou atos normativos (*rulemaking*), estabelecendo parâmetros de governança e de controle específicos para cada tipo.

A terceira hipótese indica que atores da linha de frente do processo de reforma do Estado no final dos anos 1990 sentiram a necessidade de deixar claro que a "administração por resultados" almejada não deveria substituir a "administração por processos", mas apenas diminuir a ênfase em processos legais detalhados. É o que se extrai do relato do ministro da administração Federal e Reforma do Estado Luiz Carlos Bresser-Pereira, segundo o qual esse objetivo teria o impulsionado a constituir de comissão de juristas para disciplinar o processo administrativo federal.[450]

Os primeiros passos da codificação do processo administrativo foram dados com a Lei do Estado de Sergipe (Lei Complementar 33/1996), a Lei Paulista de Processo Administrativo (Lei 10.177/1998) e com a Lei Federal de Processo Administrativo (Lei 9.784/1999), seguidas por outras leis estaduais e municipais que praticamente reproduziram o conteúdo da norma federal.[451] Essas leis regulam o exercício das

---

[449] *Idem*, p. 203 e seguintes.
[450] BRESSER-PEREIRA, Luiz Carlos. *Os primeiros passos da reforma gerencial do Estado de 1995*, 2008, p. 152-153.
[451] Cf. PALMA, Juliana Bonacorsi de. *Atividade normativa da administração Pública: estudo do processo administrativo normativo*, 2014, p. 184. A autora faz algumas ressalvas à afirmação de que parte das leis estaduais e municipais seguiram integralmente a lógica da Lei Federal. Por exemplo, ela aponta que a Lei de Processo Administrativo do Maranhão (Lei 8.959/2009) possui diferenças, como a disciplina mais detalhada do ato administrativo, com ênfase ao ato administrativo normativo.

competências administrativas decisórias nas suas respectivas esferas federativas, excluídos apenas os atos e os procedimentos com tratamento legislativo especial.

A Lei de Processo Administrativo de Sergipe instituiu o chamado Código de Organização e de Procedimento da administração Pública do Estado de Sergipe. A norma, de amplo escopo, estabeleceu não apenas regras de cunho processual, mas também outras sobre a estruturação da administração, do Ministério Público e dos tribunais de contas. Ela previu "técnicas de gestão", incluindo ferramentas de planejamento, coordenação e articulação, supervisão, descentralização e desconcentração e controle na administração.[452]

A Lei Paulista de Processo Administrativo teve seu histórico legislativo protagonizado por Carlos Ari Sundfeld, redator do anteprojeto de lei. Em 1990, o Secretário de Justiça, Rubens Aprobatto Machado, e o Procurador-Geral do Estado, Sérgio João França, constituíram comissão de juristas, composta por Carlos Ari Sundfeld, Clóvis Beznos e Ruy Homem de Mello Lacerda, para estudar a implementação do art. 113 da Constituição Estadual, segundo o qual lei deve fixar prazos para a prática de atos administrativos e estabelecer recursos adequados à sua revisão. [453]

O anteprojeto de lei foi encaminhado ao Governador Mário Covas em 1990 e submetido à consulta pública. Ficou adormecido por vários anos até que o governador encaminhou ao Legislativo. Na Assembleia Legislativa, transformou-se no Projeto de Lei 191/1998 e, em dezembro de 1998, a Lei Paulista de Processo Administrativo foi finalmente sancionada.[454]

A Lei Federal de Processo Administrativo decorre de trabalho de comissão de juristas instituída pelo Ministério da Justiça em 1995,[455] composta por Caio Tácito, Odete Medauar, redatora do anteprojeto de lei, Diogo de Figueireido Moreira Neto, Inocêncio Mártires Coelho, Maria Sylvia Zanella Di Pietro, Almiro do Couto e Silva, José Carlos

---

[452] Art. 22 da Lei de Processo Administrativo de Sergipe: "As ações da administração Pública Estadual, visando alcançar os objetivos fundamentais estabelecidos no artigo 2º deste Código, observarão as seguintes técnicas de gestão: I – planejamento; II – coordenação e articulação; III – supervisão; IV –descentralização e desconcentração; V – controle".
[453] Cf. SUNDFELD, Carlos Ari. *Processo e procedimento administrativo no Brasil*, 2000, p. 18.
[454] *Ibidem*.
[455] Cf. Portaria 1.404/1995 do Ministério da Justiça e Portaria Conjunta 47/1996 do Ministério da Justiça e do Ministério de administração e Reforma do Estado.

Barbosa Moreira, Adilson Abreu Dallari, José Joaquim Calmon de Passos, Paulo Modesto e Cármen Lúcia Antunes Rocha.[456-457]

O anteprojeto de lei foi submetido ao Ministro da Justiça e encaminhado à Câmara dos Deputados, onde se transformou no PL 2.464/1996. A exposição de motivos da proposta afirma que ela marcaria, pela primeira vez no Brasil, o reconhecimento de que uma reforma administrativa ampla, para ser efetiva, não poderia se limitar ao "reajarranjo" dos entes que compõem a estrutura do Estado. Ela também deveria cuidar do modo de atuação desses entes e do seu relacionamento com administrados.[458]

A Lei Paulista de Processo Administrativo e a Lei de Processo Administrativo Federal optaram por um modelo normativo relativamente minimalista. Deixaram espaço para que regras mais concretas fossem sendo construídas por legislação ou regulamentação específica, ou mesmo pela jurisprudência constitucional em razão do status constitucional do processo administrativo.[459] O objetivo principal foi o de obter uniformidade de comportamento no interior da máquina estatal. Seu grande impacto foi impor um regime universal a certos problemas ou questões jurídico-administrativas que se repetiam nos vários órgãos e entidades da administração.

Possivelmente devido à participação de acadêmicos em seus processos de elaboração, as leis gerais de processo administrativo refletiram parte das construções sobre os atos administrativos desenvolvidas nas décadas anteriores. Carlos Ari Sundfeld, em *Processo e procedimento administrativo no Brasil* de 1999, observou que a temática do regime jurídico das decisões públicas – ou dos atos administrativos – ganhou, naquele momento, maior densidade normativa sob as óticas substantiva e adjetiva.[460]

As questões substantivas das decisões dizem respeito ao seu conteúdo (o que o ato pode ou não dispor), o motivo (os fatos que justificam tal ou qual conteúdo), a finalidade (quais objetivos podem ou devem ser buscados com a decisão) e a fonte normativa (quais as

---

[456] Cf. MEDAUAR, Odete. *A processualidade no direito administrativo*, p. 199 e seguintes.
[457] Para uma análise das tentativas de codificação do processo administrativo anteriores às leis gerais de processo administrativo, ver: PALMA, Juliana Bonacorsi de. *Atividade normativa da administração Pública: estudo do processo administrativo normativo*, 2014, p. 167 e seguintes.
[458] Cf. Mensagem 1.002/1996 do Ministro da Justiça.
[459] SUNDFELD, Carlos Ari. *Direito administrativo para céticos*, 2014, p. 294.
[460] Cf. SUNDFELD, Carlos Ari. *Processo e procedimento administrativo no Brasil*, 1999, p. 29.

normas que devem ser consideradas na determinação do conteúdo, do motivo e da finalidade; os limites da liberdade do autor do ato frente a esse conjunto normativo). As questões adjetivas, por sua vez, dizem respeito a como se decide: quem, quando decide, quais providências prévias devem ou podem ser tomadas, quem pode ou deve interferir e como se dará a impugnação ou revisão das decisões.[461]

A teoria dos atos administrativos permeia o texto das leis gerais de processo administrativo de forma clara. O primeiro exemplo se refere à decomposição do ato em elementos ou requisitos. A Lei Paulista de Processo Administrativo foi expressa ao enunciar os elementos que devem orientar, sob pena de invalidade, a produção do ato: a competência, a forma, o objeto, o motivo, a finalidade, a motivação e a causa.[462] A Lei Federal de Processo Administrativo não delimitou os casos de invalidade de forma sistematizada, mas a partir de outros preceitos legais, é possível identificar os mesmos pressupostos que decorrem da legislação paulista.[463]

Em relação à competência do agente produtor do ato, a Lei Federal de Processo Administrativo estabeleceu que a competência deve ser exercida somente pelas pessoas às quais ela foi atribuída como responsável.[464] Já a Lei Paulista de Processo Administrativo dispôs que o ato administrativo é inválido nos casos de incompetência da pessoa jurídica, órgão ou agente que a emane.[465]

Em relação à forma do ato, a Lei Paulista de Processo Administrativo estabeleceu que o ato será precedido do procedimento adequado,

---

[461] Idem, p. 29.
[462] Art. 8º da Lei Paulista de Processo Administrativo: "São inválidos os atos administrativos que desatendam os pressupostos legais e regulamentares de sua edição, ou os princípios da administração, especialmente nos casos de: I - incompetência da pessoa jurídica, órgão ou agente de que emane; II - omissão de formalidades ou procedimentos essenciais; III - impropriedade do objeto; IV - inexistência ou impropriedade do motivo de fato ou de direito; V - desvio de poder; VI - falta ou insuficiência de motivação".
[463] Cf. NETO, Benedicto Porto. *Pressupostos do ato administrativo*, 2000, p 113; SOARES, Lucéia Martins. *Vícios do ato administrativo e sua invalidação*, 2000, p. 149.
[464] Tanto a Lei Paulista de Processo Administrativo quanto a Lei Federal admitem a delegação e a avocação (arts. 12 e 15 da Lei Federal e art. 19 da Lei Paulista). A delegação é a transferência de competência de que pertence originalmente ao delegante. A avocação do ato de a gente chama para si a competência de seu subordinado. Ampliar em: NETO, Benedicto Porto. *Pressupostos do ato administrativo*, 2000, p 113.
[465] Art. 8º, I, da Lei Paulista de Processo Administrativo: "São inválidos os atos administrativos que desatendam os pressupostos legais e regulamentares de sua edição, ou os princípios da administração, especialmente nos casos de: I - incompetência da pessoa jurídica, órgão ou agente de que emane".

segundo o regramento por ela conferido,[466] com uma série de formalidades, como o dever de os regulamentos administrativos serem editados por decreto, com base em lei e com exposição de motivos que demonstre o fundamento legal da sua edição, a finalidade das medidas adotadas e a extensão dos seus efeitos.[467] A Lei Federal de Processo Administrativo também disciplinou as formalidades que devem preceder a edição do ato administrativo federal, seguindo linha parecida.[468]

A finalidade do ato administrativo também foi contemplada, pois as leis gerais de processo conferiram competências à administração para que ela alcançasse certos resultados. A Lei Federal de Processo Administrativo estabeleceu que a administração deve atuar em atendimento a fins de interesse geral e que a norma deve ser interpretada de forma que melhor garanta o atendimento do fim público a que se dirige.[469] Para a Lei Paulista de Processo Administrativo, a finalidade condiciona a interpretação e aplicação da lei.[470]

As leis gerais de processo administrativo também deram suporte às construções da literatura ao positivar a necessidade de motivação do

---

[466] BANDEIRA DE MELLO, Celso Antônio. *Curso de direito administrativo*, 2015, p. 351-352.

[467] Art. 15 da Lei Paulista de Processo Administrativo: "Os regulamentos serão editados por decreto, observadas as seguintes regras: I – nenhum regulamento poderá ser editado sem base em lei, nem prever infrações, sanções, deveres ou condicionamentos de direitos nela não estabelecidos (...) III – nenhum decreto regulamentar será editado sem exposição de motivos que demonstre o fundamento de sua edição, a finalidade das medidas adotadas e a extensão de seus efeitos (...)". Ver, além desse: art. 14 da mesma lei: "Os atos de conteúdo normativo e os de caráter geral serão enumerados em séries específicas, seguidamente, sem renovação anual".

[468] Ver, por exemplo, art. 22 da Lei Federal de Processo Administrativo: "Os atos do processo administrativo não dependem de forma determinada senão quando a lei expressamente a exigir. §1º Os atos do processo devem ser produzidos por escrito, em vernáculo, com a data e o local de sua realização e a assinatura da autoridade responsável. §2º Salvo imposição legal, o reconhecimento de firma somente será exigido quando houver dúvida de autenticidade. §3º A autenticação de documentos exigidos em cópia poderá ser feita pelo órgão administrativo. §4º O processo deverá ter suas páginas numeradas sequencialmente e rubricadas".

[469] Arts. 1º e 2º, XIII, da Lei Federal de Processo Administrativo: "Esta Lei estabelece normas básicas sobre o processo administrativo no âmbito da administração Federal direta e indireta, visando, em especial, à proteção dos direitos dos administrados e ao melhor cumprimento dos fins da administração" e "A administração Pública obedecerá, dentre outros, aos princípios da legalidade, finalidade, motivação, razoabilidade, proporcionalidade, moralidade, ampla defesa, contraditório, segurança jurídica, interesse público e eficiência (...) interpretação da norma administrativa da forma que melhor garanta o atendimento do fim público a que se dirige, vedada aplicação retroativa de nova interpretação".

[470] Art. 5º da Lei Paulista de Processo Administrativo: "A norma administrativa deve ser interpretada e aplicada da forma que melhor garanta a realização do fim público a que se dirige".

ato administrativo. Por exemplo, e conforme mencionado anteriormente, Antônio Carlos Cintra do Amaral havia indicado em sua monografia, *Motivo e motivação do ato administrativo*, a importância desses requisitos. O autor advertiu que a motivação deveria ser clara a congruente; se ela fosse obscura, ininteligível, contraditória, redundaria na incerteza e insegurança sobre o significado do ato administrativo.[471]

A verdade é que mesmo antes da edição das leis gerais de processo, a administração era obrigada a motivar seus atos por força da Constituição de 1988.[472] O que as leis gerais de processo fizeram foi dar contornos mais definidos para a motivação. A Lei Paulista de Processo Administrativo, por exemplo, estabeleceu que a motivação deve indicar as razões que justifiquem a edição do ato, em especial a regra de competência, os fundamentos de fato e de direito e a finalidade objetivada.[473]

As leis gerais de processo também previram regras relativas à invalidade administrativa. A Lei Paulista foi mais detalhista quanto aos vícios que levam à invalidação do ato administrativo, arrolando, sem ser exaustiva, as seguintes hipóteses: falta de competência da pessoa jurídica, órgão ou agente que praticou o ato; inobservância de procedimentos essenciais; improbidade do objeto; inexistência ou improbidade do motivo de fato ou de direito; desvio de poder; falta ou insuficiência de motivação.[474] Já a Lei Federal tratou do assunto de forma menos especificada: estabeleceu que a administração pode revogar seus atos inconvenientes ou inoportunos e deve anular os atos ilegais.[475]

---

[471] AMARAL, Antônio Carlos Cintra. *Motivo e motivação do ato administrativo*, 1979, p. 128.

[472] Art. 93, X, da Constituição Federal: "As decisões administrativas dos tribunais serão motivadas (...)". Para Benedicto Porto Neto, embora o dispositivo discipline a atuação do Poder Judiciário, ele se aplica aos demais poderes no exercício da função administrativa (NETO, Benedicto Porto. *Pressupostos do ato administrativo*, 2000, p. 124).

[473] Art. 9º da Lei Paulista de Processo Administrativo: "A motivação indicará as razões que justifiquem a edição do ato, especialmente a regra de competência, os fundamentos de fato e de direito e a finalidade objetivada".

[474] Art. 8º da Lei Paulista de Processo Administrativo: "São inválidos os atos administrativos que desatendam os pressupostos legais e regulamentares de sua edição, ou os princípios da administração, especialmente nos casos de: I - incompetência da pessoa jurídica, órgão ou agente de que emane; II - omissão de formalidades ou procedimentos essenciais; III - improbidade do objeto; IV - inexistência ou improbidade do motivo de fato ou de direito; V - desvio de poder; VI - falta ou insuficiência de motivação. Parágrafo único - Nos atos discricionários, será razão de invalidade a falta de correlação lógica entre o motivo e o conteúdo do ato, tendo em vista sua finalidade".

[475] Art. 53 da Lei Federal de Processo Administrativo: "A administração deve anular seus próprios atos, quando eivados de vício de legalidade, e pode revogá-los por motivo de conveniência ou oportunidade, respeitados os direitos adquiridos".

As leis gerais de processo administrativo consagraram a possibilidade de convalidação do ato viciado, na linha do que administrativistas passaram a defender no final dos anos 1970. Para a Lei Federal, a medida é cabível em relação ao ato cujo efeito seja sanável e que não lese o interesse público e nem cause prejuízo a terceiros.[476] Para a Lei Paulista, a convalidação poderá ocorrer nos casos de vício de competência ou de ordem formal, desde que na hipótese de vício de competência, a convalidação seja feita pela autoridade titulada para a prática do ato; na hipótese de vício formal, ele possa ser suprido de modo eficaz.[477]

A Lei Federal de Processo Administrativo vedou a aplicação retroativa de nova interpretação como diretriz para a atuação da administração. Nos termos da lei, os processos administrativos devem observar os critérios de interpretação de norma administrativa da forma que melhor garanta o atendimento do fim público a que se dirige, vedada aplicação retroativa de nova interpretação.[478] A interpretação de um texto normativo pela administração constitui norma e pode vir a ser revogada por nova interpretação. E essa nova norma (intepretação) apenas poderá ser aplicada pela administração a situações futuras, jamais retroagindo para apanhar situações anteriores à inovação.

Maria Sylvia Zanella Di Pietro comentou essa regra da seguinte forma: "como participante da Comissão de juristas que elaborou o anteprojeto de que resultou essa lei [Lei nº 9.784/99], permito-me afirmar que o objetivo da inclusão desse dispositivo foi o de vedar a aplicação retroativa de nova interpretação de lei no âmbito da administração Pública. Essa ideia ficou expressa no parágrafo único, inciso XIII, do artigo 2º, quando impõe, entre os critérios a serem observados, "interpretação

---

[476] Art. 55 da Lei Federal de Processo Administrativo: "Em decisão na qual se evidencie não acarretarem lesão ao interesse público nem prejuízo a terceiros, os atos que apresentarem defeitos sanáveis poderão ser convalidados pela própria administração".

[477] Art. 11 da Lei de Processo Administrativo Paulista: "A administração poderá convalidar seus atos inválidos, quando a invalidade decorrer de vício de competência ou de ordem formal, desde que: I - na hipótese de vício de competência, a convalidação seja feita pela autoridade titulada para a prática do ato, e não se trate de competência indelegável; II - na hipótese de vício formal, este possa ser suprido de modo eficaz. §1.º - Não será admitida a convalidação quando dela resultar prejuízo à administração ou a terceiros ou quando se tratar de ato impugnado. §2.º - A convalidação será sempre formalizada por ato motivado".

[478] Art. 2º, parágrafo único, XIII, da Lei Federal de Processo Administrativo: "Nos processos administrativos serão observados, entre outros, os critérios de (...) interpretação da norma administrativa da forma que melhor garanta o atendimento do fim público a que se dirige, vedada aplicação retroativa de nova interpretação".

da norma administrativa da forma que melhor garanta o atendimento do fim público a que se dirige, vedada aplicação retroativa".[479]

Por fim, as leis gerais de processo abordaram a importância da participação dos administrados na formação de decisões administrativas. Por exemplo, a Lei Federal de Processo Administrativo estabeleceu que na hipótese de a matéria do processo envolver assunto de interesse geral, o órgão pode abrir período de consulta pública para manifestação de terceiros.[480] A audiência pública e outros meios de participação também estão à disposição da autoridade[481] e todos os resultados devem ser apresentados com a indicação do procedimento adotado.[482]

Os elementos descritos acima também estão presentes na Lei de Processo Administrativo do Sergipe, a primeira das normas gerais de natureza processual editadas no país. Essa lei estabeleceu expressamente que os requisitos de validade do ato administrativo incluem a competência, a forma, o motivo, o objeto e a finalidade.[483] Previu que o tema da invalidade compreende a inexistência, a nulidade e a anulabilidade do ato administrativo.[484] Também consagrou a possibilidade

---

[479] DI PIETRO, Maria Sylvia Zanella. *Direito administrativo*, 2017, p. 156-86.

[480] Art. 31 da Lei Federal de Processo Administrativo: "Quando a matéria do processo envolver assunto de interesse geral, o órgão competente poderá, mediante despacho motivado, abrir período de consulta pública para manifestação de terceiros, antes da decisão do pedido, se não houver prejuízo para a parte interessada. §1o A abertura da consulta pública será objeto de divulgação pelos meios oficiais, a fim de que pessoas físicas ou jurídicas possam examinar os autos, fixando-se prazo para oferecimento de alegações escritas. §2o O comparecimento à consulta pública não confere, por si, a condição de interessado do processo, mas confere o direito de obter da administração resposta fundamentada, que poderá ser comum a todas as alegações substancialmente iguais".

[481] Arts. 32 e 33 da Lei Federal de Processo Administrativo: "Antes da tomada de decisão, a juízo da autoridade, diante da relevância da questão, poderá ser realizada audiência pública para debates sobre a matéria do processo" e "Os órgãos e entidades administrativas, em matéria relevante, poderão estabelecer outros meios de participação de administrados, diretamente ou por meio de organizações e associações legalmente reconhecidas".

[482] Art. 34 da Lei Federal de Processo Administrativo: "Os resultados da consulta e audiência pública e de outros meios de participação de administrados deverão ser apresentados com a indicação do procedimento adotado".

[483] Art. 58 da Lei de Processo Administrativo do Estado do Sergipe: "Para os fins deste Código, consideram-se requisitos de validade do ato administrativo a competência, a forma, o motivo, o objeto e a finalidade".

[484] Art. 74, *caput* e §1º da Lei de Processo Administrativo do Estado do Sergipe: "A invalidade do ato administrativo reger-se-á por este Código, aplicando-se-lhe supletivamente, no que couber, as normas sobre os defeitos dos atos jurídicos previstas no Código Civil. §1º A invalidade compreende a inexistência, a nulidade e a anulabilidade do ato administrativo, segundo o disposto especialmente nesta Subseção".

de retificação do ato com irregularidade que não prejudica segurança e certeza do seu objeto, com o fim a realizar ou com as garantias de direitos dos administrados.[485]

A Lei de Processo Administrativo do Sergipe, por sua vez, é representativa de uma miscelânea. Embora ela possua ideias mais alinhadas às leis processuais federal e paulista, como a possibilidade de convalidação do ato administrativo em nome do interesse público, ela possui outros ingredientes opostos à ideia de segurança jurídica. A norma dispõe que "os agentes administrativos, sempre que derem causa à invalidade do ato administrativo, deverão ser responsabilizados".[486]

A previsão contém regra em sentido oposto ao do art. 28 da LINDB, segundo o qual "o agente público responderá pessoalmente por suas decisões ou opiniões técnicas em caso de dolo ou erro grosseiro". A norma pretendeu reverter justamente o uso da responsabilização objetiva ou quase-objetiva de agentes públicos por simples falhas na aplicação das normas administrativas, como previsto na lei sergipana. A finalidade dessa reversão é superar a ideia de que a incorreta aplicação dessas normas, além de ser corrigida por meio de invalidação do ato resultante, deve necessariamente levar à responsabilização do gestor, por suposto ilícito funcional.[487]

As leis gerais de processo administrativo geraram impactos na jurisprudência no STF, em especial no que se refere à invalidação do ato administrativo. Rodrigo Pagani de Souza, em *A legalização da teoria dos atos administrativos: impactos no STF* de 2011, observou que a maior parte das citações à norma usam o art. 54 da Lei Federal de Processo Administrativo, que fixou o prazo de cinco anos para a administração anular seus próprios atos de que tenham decorrido efeitos favoráveis para os destinatários. O segundo dispositivo mais citado é o art. 2º, o

---

[485] Art. 74, §§4º e 5º da Lei de Processo Administrativo do Estado do Sergipe: "§4º Não se sujeitará à invalidade o ato administrativo meramente irregular, assim entendido o que, praticado em desconformidade à lei, em nada interfira com a segurança e certeza do seu objeto, com o fim a realizar ou com as garantias de direitos dos administrados.
§5º O ato referido no parágrafo anterior poderá ser, a todo tempo, corrigido de ofício ou por provocação do interessado, devendo o ato retificador ser produzido pela mesma forma e com a idêntica publicidade do ato retificado".

[486] Art. 74, §2º da Lei de Processo Administrativo do Estado do Sergipe: "Os agentes administrativos, sempre que derem causa à invalidade do ato administrativo, deverão ser responsabilizados disciplinarmente, sem prejuízo da responsabilidade civil e criminal que a espécie comportar".

[487] Ampliar em: SUNDFELD, Carlos Ari. *Direito administrativo: o novo olhar da LINDB*, 2022, capítulo sobre a LINDB e sanções do direito administrativo.

qual enumera os princípios jurídicos que devem ser observados pela administração.[488]

Rodrigo Pagani de Souza analisou os acórdãos do STF envolvendo a lei federal e concluiu que a teoria do ato administrativo continuou a ser invocada ao lado da "letra fria da lei", ou seja, os acórdãos citaram o diploma federal e matizaram a sua aplicação a partir de construções teóricas. Esse aspecto, segundo o autor, demonstraria que a legalização ou a positivação da teoria não teria tornado essa última desimportante.[489]

3 Alterações na LINDB

Apesar da relevância do movimento de edição das leis gerais para a parcial codificação do processo administrativo no Brasil, a tarefa ainda parecia em andamento para parcela da literatura especializada. Conforme exposto anteriormente, as leis de processo administrativo foram mesmo leis relativamente contidas, deixando espaço para outras regras importantes serem construídas por legislação ou regulamentação específicas, ou mesmo pela jurisprudência.[490]

Para alguns autores, como André Cyrino em *Delegações legislativas e poder regulamentar: política e direito na administração pública brasileira* de 2015, o legislador brasileiro teria explorado muito pouco o potencial do processo administrativo. Embora a edição da Lei Federal tenha positivado diversos aspectos da teoria dos atos administrativos, muito teria ficado por fazer. Por exemplo, se a lei instituiu o dever de motivação dos atos administrativos, propugnou-se que a lei passasse a fazer exigências de que tal exposição das razões administrativas seja precedida de Análise de Impacto Regulatório (AIR) quando aplicável.[491]

Se a Lei Federal criou a faculdade de que sejam feitas consultas ou audiências públicas, o legislador poderia considerar torná-las obrigatórias no âmbito regulamentar ou, pelo menos, estabelecer o dever explícito de justificação das razões pelas quais se optou pela não realização de consulta e audiência pública. Se a norma entendeu ser relevante limitar o prazo para que a administração anulasse seus

---

[488] SOUZA, Rodrigo Pagani de. *A legalização da teoria dos atos administrativos: impactos no STF*, 2011, p. 390 e seguintes.
[489] *Idem*, p. 399.
[490] SUNDFELD, Carlos Ari. *Direito administrativo para céticos*, 2014, p. 294.
[491] CYRINO, André Rodrigues. *Delegações legislativas e poder regulamentar: política e direito na administração pública brasileira*, 2015, p. 202.

próprios atos, poderia também considerar o estabelecimento de normas que obrigassem a administração a rever seus regulamentos e marcos regulatórios de tempos em tempos, ou mesmo que fixasse prazos de validade para algumas medidas mais restritivas.[492]

Enfim, segundo essa visão crítica, haveria um arsenal de ferramentas de aperfeiçoamento do processo administrativo que poderiam ser explorado pelo legislador. A nova LINDB parece surgir como uma tentativa de fazer parte dessas complementações, reforçando soluções ou suprindo lacunas. Ela claramente se articulou com as leis de processo administrativo anteriores: por meio de pautas gerais, todas elas buscaram incentivar alguma uniformidade de comportamento no interior da máquina pública por meio de um regime processual comum.

Quanto à forma, ela procurou seguir o modelo mais enxuto das leis de processo administrativo; suas regras são poucas e concisas. Quanto à abrangência, ela se dirige de modo explícito também aos controladores, não só aos agentes da administração, que haviam sido os destinatários mais diretos da legislação processual da década de 1990. Quanto ao conteúdo, as soluções da LINDB ligadas à matéria processual se desdobram em vários dispositivos.

O art. 20 trata de decisões públicas baseadas em normas indeterminadas, exigindo que o intérprete considere suas consequências práticas e produza uma motivação qualificada a respeito.[493] Conforme exposto anteriormente, a força normativa dos princípios havia sido aceita nas décadas anteriores e, com isso, estes passaram a ser utilizados com frequência na motivação de decisões públicas, só que em versão essencialmente beletrista.[494] Como reação aos excessos, parecia preciso impor um dever de concretude como condição para o seu uso na esfera pública – e o art. 20 o fez.[495]

O dispositivo representa um dever de motivação mais sofisticado em relação ao art. 50 da Lei Federal de Processo Administrativo. Segundo Floriano de Azevedo Marques Neto e Rafael Véras de Freitas, trata-se de um "devido processo legal decisório" mais interessado nos fatos do

---

[492] *Ibidem.*
[493] Sobre o art. 20 da Nova LINDB: JUSTEN FILHO, Marçal. *Art. 20 da LINDB – Dever de transparência, concretude e proporcionalidade nas decisões públicas*, 2018.
[494] SUNDFELD, Carlos Ari; SALAMA, Bruno Meyerhof. *Chegou a hora de mudar a velha lei de introdução*, 2015.
[495] Sobre o dever de concretude: AUBY, Jean-Bernard; JORDÃO, Eduardo. *Un principe inédit de droit public posé par la loi brésilienne sur les normes de 2018: le devoir de concrétude*, 2021.

que antes, por intermédio do qual os decisores terão de explicitar se a decisão que será proferida é a mais adequada, considerando as possíveis alternativas, e se as consequenciais de suas decisões são predicadoras de medidas compensadoras ou de um regime de transição.[496]

O art. 23 da nova LINDB prevê período de transição para as decisões que consagrarem interpretações ou orientações novas e, em consequência, estabelecerem novos deveres ou condicionamentos de direito, sem que se tenham alterado as normas de base. O dispositivo busca garantir um equilíbrio entre previsibilidade e mudança na interpretação jurídica, incorporando ideias sobre a modulação de efeitos que, para outros contextos já faziam parte do ordenamento jurídico, como é o caso do próprio Código de Processo Civil.

O art. 24 reconhece força normativa às interpretações adotadas no passado, em caráter geral, pelos poderes públicos e, por isso, considera válidos todos os atos que tenham sido editados com base nessas interpretações, ainda que elas venham a ser alteradas posteriormente. O dispositivo se conecta com entendimento da literatura especializada, segundo o qual a interpretação consolidada pela prática administrativa deve ser encarada como se fosse a própria lei, e amplia o art. 2º, parágrafo único, XIII, da Lei Federal de Processo Administrativo, que implicitamente considerou como válidos os atos produzidos no passado com base em interpretação alterada posteriormente.[497]

O art. 29 prevê consulta pública prévia à edição de regulamentos. Conforme exposto anteriormente, os instrumentos jurídicos para viabilizar a democracia participativa e incrementar a qualidade das políticas públicas e atividade normativa da administração pública não são recentes. A consulta pública vinha sendo consolidada em diversas normas do ordenamento jurídico, desde uma diretriz mais ampla na LFAP, proliferada nas leis que constituíram agências reguladoras, passando pelas preocupações pertinentes a projetos de infraestrutura na Lei de Parcerias Público-Privadas (Lei 11.079/2004).

O art. 30 da nova LINDB trata da necessidade de a administração eliminar incertezas normativas por meio de instrumentos como regulamentos, súmulas administrativas e respostas a consulta, bem como

---

[496] Cf. MARQUES NETO, Floriano de Azevedo; FREITAS, Rafael Véras de. *Comentários à Lei 13.655 (Lei de Segurança Jurídica para a Inovação Pública*, 2018, p. 37).

[497] Art. 2º, parágrafo único, XIII, da Lei Federal de Processo Administrativo: "Nos processos administrativos serão observados, entre outros, os critérios de: (...) interpretação da norma administrativa da forma que melhor garanta o atendimento do fim público a que se dirige, vedada aplicação retroativa de nova interpretação".

de vincular-se juridicamente a eles. Conforme exposto anteriormente, o dispositivo impôs para as autoridades públicas o dever de criar segurança jurídica com eficácia prospectiva, dando mais amplitude à antiga ideia de que se deve seguir precedentes.[498]

---

[498] Sobre o art. 30 da Nova LINDB: MOREIRA, Egon Bockmann; PEREIRA, Paula. *Art. 30 da LINDB – O dever público de incrementar a segurança jurídica*, 2018.

CONSIDERAÇÕES FINAIS

1 Objetivo da pesquisa e caminho percorrido

O objetivo principal consistiu em investigar as relações entre as ideias incorporadas na LINDB e reformas ou teorias anteriores do direito administrativo brasileiro. Em outras palavras, a pesquisa foi impulsionada pela tentativa de verificar se e de que forma as soluções da lei se inspiram ou derivam de normas ou ideias que já circulavam na literatura ou em normas do ordenamento jurídico.

Buscou-se testar a premissa segundo a qual a nova LINDB não possui natureza disruptiva, mas apenas consolida ideias que faziam parte do direito administrativo brasileiro de uma forma ou outra. Embora essa ideia fosse defendida por administrativistas com diferentes visões sobre o direito, desde alguns mais pragmáticos até outros mais tradicionais, sentiu-se falta de um estudo voltado a investigar esses antecedentes de forma mais ampla, sem focar nesse ou naquele dispositivo legal específico. Busquei contribuir justamente nesse sentido.

Para tanto, o trabalho se concentrou em dois temas específicos tratados pela LINDB: o condicionamento do exercício da produção jurídica por gestores e controladores públicos e a superação da ideia de nulidade absoluta como regra geral no direito administrativo. O primeiro tema inclui dispositivos que regulamentam a decisão baseada em normas indeterminadas, o regime de transição adequado, a consulta pública prévia à edição de regulamentos administrativos e o dever de normatizar a aplicação de normas. O segundo tema se refere às disposições que afastam a ideia de que o reconhecimento de irregularidades em um ato administrativo resultaria na extinção completa de seus efeitos.

Para lidar com esses temas, o trabalho adotou a noção de movimentos do direito administrativo como ferramenta de análise e sistematização de ideias, identificando quatro deles: parametrização da validade do ato administrativo, parametrização da invalidação e da manutenção do ato administrativo, movimento de criação das agências reguladoras e, por fim, movimento de edição das leis gerais de processo administrativo.

As alterações na LINDB foram comparadas com os movimentos segundo três critérios: (i) reforma para adição de ferramentas: incorporação de ferramentas que não estavam previstas no direito positivo e na literatura; (ii) reforma para declaração formal: incorporação, em lei geral, de conceitos que já eram discutidos na literatura, mas não estavam contemplados na legislação; (iii) reforma para realce normativo: incorporação, em lei geral, de ideias que já estavam presentes em normas específicas do ordenamento jurídico.

2 Resultados obtidos

A pesquisa obteve resultados específicos e gerais. Os resultados específicos se referem às relações existentes entre os dispositivos da LINDB e os movimentos do direito administrativo de forma individualizada. Eles foram expostos ao longo dos capítulos e serão sintetizados a seguir.

O capítulo 1 tratou do movimento de parametrização da validade do ato administrativo. Publicistas dão atenção ao tema há muitas décadas, sobretudo a partir de 1940. Em sua primeira fase, autores como Seabra Fagundes e Brandão Cavalcanti elaboraram construções sobre os limites e as condições do controle incidente sobre os atos da administração.

Décadas depois, durante a Ditadura Militar, autores reforçaram esse caminho em esforço de teorização sobre os elementos ou pressupostos do ato administrativo. Celso Antonio Bandeira de Mello é reconhecido como a principal liderança intelectual desse período, fazendo vingar a noção de que os princípios gerais do Direito, como a proporcionalidade e a razoabilidade, deveriam ser utilizados como parâmetro para o controle judicial do ato administrativo.

A força dos princípios como parâmetro para o controle foi bem aceita na literatura e acolhida na jurisprudência e na legislação nos anos seguintes. A partir dos anos 2000, essa tendência foi observada pelos administrativistas com inclinação mais pragmática, que passaram a classificar sua utilização como excessiva e meramente beletrista. Como reação aos excessos, autores defenderam a imposição de um dever de concretude como condição para o seu uso ou um dever de considerar as consequências práticas das decisões fundadas em valores dessa natureza.

A nova LINDB deu impulso à direção que o movimento de parametrização da validade do ato administrativo vinha caminhando desde a sua origem: o da afirmação crescente de requisitos gerais, de forma e conteúdo, para limitar e condicionar a produção de atos, contratos, ajustes, normas e processos administrativos. E o fez a partir da positivação de ideias que embora não constassem expressamente no ordenamento jurídico, eram bem aceitas entre administrativistas com inclinação mais realista ou pragmática.

O capítulo 2 tratou do movimento de parametrização da invalidação e da manutenção do ato administrativo, também iniciado por publicistas a partir dos anos 1940. Durante suas primeiras décadas, não havia lei que sistematizasse os casos de invalidade e diferentes posições se desenvolveram na literatura, divergindo os autores quanto a uma perspectiva mais teórica ou abstrata, inspirada na teoria geral das normas, ou mais pragmática e concreta, preocupada com a realidade e os problemas práticos da administração e dos agentes que com ela se relacionam.

Até o início da década de 1980, embora com variações e mitigações, prevaleceu a classificação binária dos atos administrativo entre nulos e anuláveis. Os atos do primeiro tipo eram considerados sem efeitos, tanto para o passado como para o futuro, o que de certa forma revela pouca atenção à preservação das relações constituídas a partir dele. Mas nos anos seguintes, uma nova abordagem mais pragmática começou a surgir, com o aumento de estudos e decisões judiciais que defendiam a preservação dos efeitos de atos viciados por meios como a convalidação, decadência e prescrição.

A LINDB pretendeu reforçar esse amplo movimento de superação da ideia de nulidade absoluta que vinha marcando a história do direito administrativo. E o fez trocando o velho anacronismo da desconstituição automática e geral, prospectiva e retroativa dos atos viciados e seus efeitos, por solução mais aberta, pragmática e realista. A nova lei positivou conceitos amplamente reconhecidos pela literatura e jurisprudência administrativa, incorporando-os no ordenamento jurídico de maneira expressa.

No capítulo 3, a atenção foi voltada para o movimento de criação das agências reguladoras no final da década de 1990. As transformações no Estado brasileiro incentivaram o desenvolvimento da ideia de que a administração poderia receber da legislação competências para regular atividades econômicas, desde que realizadas por meio de processos administrativos e por organizações autônomas com caráter técnico (as agências reguladoras).

Nesse processo de institucionalização das agências reguladoras, os métodos jurídicos para a realização das ações regulatórias pela administração foram aprimorados, incluindo maior transparência e participação dos interessados, além de uma especialização técnico-jurídica mais acentuada das organizações administrativas. As regras para tanto parecem ter sido ditadas primeiro pela legislação e depois aprofundadas na literatura. Na legislação, a edição da LGT foi um dos principais marcos desse avanço, concebendo o modelo da ANATEL e servindo como inspiração para outras leis criadoras de agências reguladoras.

A LINDB deu impulso ao rumo que esse movimento já vinha apontando, no sentido de influir com mais profundidade no exercício de competências normativas pela administração, seja para reforçar a realização de processos administrativos, para garantir transparência e participação democrática, seja para direcionar seu conteúdo, como ao exigir regimes de transição em certos casos de mudança de orientações gerais. Quanto a esses aspectos, a lei foi projetada para consolidar e destacar ideias aceitas pela literatura e previstas em normas esparsas do ordenamento jurídico.

Conforme exposto anteriormente, a comparação entre as agências reguladoras brasileiras e as norte-americanas permitiu a identificação de um *déficit*: não havia, no Brasil, lei geral para disciplinar amplamente o exercício das atividades decisórias administrativas, inclusive por meio da edição de regulamentos administrativos, nos moldes do APA. Como resposta a esse *déficit*, o surgimento das agências reguladoras no Brasil teria contribuído para a edição das leis gerais de processo administrativo.

O capítulo 4 examinou o movimento de edição de leis gerais de processo administrativo, destacando a importância e os dispositivos da Lei Federal e da Lei Paulista. Ambas as leis estabeleceram regras abrangentes para a produção e o controle dos atos administrativos e incorporaram conceitos amplamente discutidos na literatura, como a convalidação. A evolução da legislação processual administrativa atingiu um novo patamar com a nova LINDB. Combinando-se aos avanços das leis gerais da década de 1990, a reforma procurou oferecer um enquadramento mais abrangente para o exercício das competências públicas criativas pelos gestores e controladores públicos.

A nova LINDB complementou as reformas processuais anteriores, fortalecendo soluções, preenchendo lacunas e propondo uma abordagem inovadora para a compreensão e aplicação do Direito, fundamentada na realidade prática da administração. Segundo essa perspectiva, em muitos casos, o ordenamento jurídico e a teoria administrativa não fornecem diretrizes claras para o operador agir: ele enfrenta obstáculos para atingir determinado fim, incluindo normas indeterminadas, valores abstratos, erros não intencionais, custos, externalidades negativas e quebra de confiança.

A norma reconhece essas situações como naturais, embora bastante complexas, e fornece diretrizes gerais para que elas possam ser enfrentadas da melhor maneira. Não por acaso, a lei transparece em sua redação essa perspectiva realista. Os dispositivos falam em "consequências práticas das decisões" (art. 20, *caput*), "necessidade e adequação das medidas" (art. 20, parágrafo único) e "alternativas de decisão" (art. 20, §1º).[499]

Com base nos resultados específicos obtidos, e passando para os resultados gerais, a pesquisa comprovou que os dispositivos incluídos nova LINDB não têm como objetivo revolucionar o ordenamento jurídico brasileiro, não vieram para causar modificações normativas disruptivas, mas apenas consolidar, em lei geral, ideias já presentes na literatura ou dispersas em normas do ordenamento jurídico.

A pesquisa também evidenciou que, apesar da renovação do direito administrativo brasileiro ter se iniciado há várias décadas, ela ganhou impulso a partir da década de 1990. Essa circunstância parece estar relacionada tanto às transformações políticas e sociais do país, como a redemocratização em 1985 e a desestatização de serviços públicos no final da década de 1990, quanto ao aumento da complexidade das atividades regulatórias e legislativas devido à crescente complexidade da organização estatal, às novas regulações e ao seu controle.

---

[499] Para ampliar a análise, ver artigo de Carlos Ari Sundfeld e José Guilherme Giacomuzzi, o qual sustenta que a reforma da LINDB pode ser compreendida pelo espírito de um aforismo de Oliver Holmes Jr., segundo a qual é necessário olhar ao mundo real, e não ao céu dos princípios, para decidir sobre questões administrativas (SUNDFELD, Carlos Ari; GIACOMUZZI, José Guilherme. *O espírito da Lei nº 13.655/2018: impulso realista para a segurança jurídica no Brasil*, 2018, p. 39-41).

Assim, a conclusão é a de que movimentos consistentes do direito administrativo vinham conduzindo à paulatina admissão de produção jurídica no campo administrativo e à superação da força da ideia de nulidade absoluta como princípio geral, mudanças essas de caráter incremental, mas que, no conjunto, tiveram impactos relevantes na regulação e no controle público. Essas reformas partiram de pequenas mudanças que paulatinamente se somaram em transformações mais intensas.

Essas transformações, por sua vez, foram confirmadas ou ampliadas pela nova LINDB. Embora a lei seja mais abrangente em relação às reformas anteriores tanto sob o ponto de vista de sujeitos regulados, como de temas disciplinados, ela pode ser encarada como mais uma das reformas incrementais que vêm marcando a história do direito administrativo brasileiro. Ela visa a dar mais um passo na superação de antigos paradigmas baseando-se na experiência e no conhecimento já existentes, sem alterar as fundações do regime vigente, tampouco dar grandes saltos.

Em razão de suas características, para o futuro, é possível que o impacto das disposições da LINDB seja mais o de estimular debates que visam à superação de antigos paradigmas do direito administrativo, e menos o de causar reflexos diretos na prática jurídico-administrativa. A implementação de mudanças normativas pode causar alguma preocupação quanto à efetividade de suas disposições, mas é importante não ceder aos impulsos e avaliar o impacto da lei fora de uma perspectiva de "sucesso" ou "fracasso" na resolução dos problemas que motivaram sua edição.

Embora seja possível discutir se a nova lei é tecnicamente capaz de alcançar certos objetivos, seria equivocado esperar uma mudança drástica no uso das competências decisórias da administração. A aplicação do direito administrativo é complexa e envolve vários atores, cada um com sua interpretação e compreensão dos dispositivos. Essa circunstância pode levar a sobreposições, divergências e disputas em suas ações e processos. É natural que o processo de incorporação dessa e outras reformas não sigam um padrão único, mas sejam influenciados por fatores distintos e resultados variados.

No caso aplicação de uma lei geral, voltada a guiar a interpretação, aplicação e criação do Direito, a tarefa se torna mais dinâmica. Os operadores, acadêmicos, legisladores, controladores e particulares que lidam com a administração participam direta e ativamente do seu processo de decantação. E talvez um dos principais componentes desse processo consista na repaginação do modo de compreender e operacionalizar o direito administrativo, reconhecendo as suas evoluções e a ampliação das suas funcionalidades.[500]

Tão importante quanto o tratamento jurídico conferido aos temas da produção jurídica e da invalidade administrativa estudados, é a mudança cultural em torno da sua aplicação. As orientações da LINDB abrem trilha para a paulatina construção, para cada campo da ação administrativa (contratações, regulação, entre outros), de critérios mais específicos para orientar a complexa conciliação entre a função de controlar desvios de legalidade e a necessidade jurídica de preservar situações.

A guinada dos valores que orientam a atividade público-decisória, de modo comprometido com a experiência, será essencial para o desenvolvimento de interpretações, métodos e técnicas racionais que reforcem o esforço de atualização empreendido nos últimos anos, por meio de construção de novas referências normativas e regulamentares e precedentes administrativos e judiciais.

3 Reflexões prospectivas

O processo de decantação da LINDB dá seus primeiros sinais nos cinco primeiros anos de vigência da lei, na literatura, na legislação e na jurisprudência.

Na literatura, esse processo é evidenciado pela expressiva quantidade de obras publicadas a respeito dos seus dispositivos. Em rápida verificação no Google Scholar, mecanismo virtual de pesquisa que organiza e lista textos completos ou metadados da literatura acadêmica em vários formatos de publicação, verifica-se que 1.580 publicações mencionaram os termos "Lei 13.655" e "nova LINDB" em 2018, 488 em 2019, 862 em 2021, 904 em 2022 e 30 até 20 de março de 2023.

É possível cogitar que a grande quantidade de obras é sintoma mais amplo do direito administrativo brasileiro contemporâneo e não está apenas relacionada à nova LINDB. Ela seria uma consequência

---

[500] O termo "decantação" foi inspirado em relatório de pesquisa do Observatório do TCU. O relatório compartilha a visão de que o efetivo impacto da LINDB para mudanças no controle de contas só poderá ser aferido com precisão mais adiante. A pesquisa, no entanto, contribui ao indicar tendências importantes no processo de decantação da lei na jurisprudência do TCU (GRUPO PÚBLICO. *Aplicação dos novos dispositivos da Lei de Introdução às Normas do Direito Brasileiro (LINDB) pelo Tribunal de Contas da União*, 2021, p. 76).

natural, por exemplo, do aumento de cursos de pós-graduação e da maior velocidade e interesse por alterações normativas nessa área. Para confirmar essa hipótese, seria conveniente realizar essa pesquisa para outros temas da contemporaneidade e traçar algum exercício comparativo com o quadro geral de publicações sobre a LINDB.

De qualquer maneira, para os propósitos desse trabalho, é interessante notar que grande parte das obras mencionando a nova LINDB gira em torno dos temas aqui tratados. Embora seus autores não necessariamente façam uma conexão expressa com as obras, normas e publicistas destacados na pesquisa, a nova LINDB pode ser investigada como uma possível canalizadora de debates sobre a produção jurídica e a invalidação administrativa nos dias atuais, mais pulverizados do que se observou no passado.[501]

A discussão de ideias da LINDB entre operadores do Direito pode ser aproximada do que Floriano de Azevedo Marques Neto e Rafael Véras de Freitas enxergaram como o segundo momento de incorporação da LINDB na cultura jurídica. Trata-se da "catequese da nova lei", marcada pela difusão dos seus preceitos, da sua potência e importância. Esse momento envolveria "muitos alertas, contribuições doutrinárias e provocações institucionais, vencendo inclusive as forças

---

[501] Por exemplo, quanto ao tema da invalidade administrativa, Rafael Hamze Issa refletiu sobre a manutenção e retirada do contrato administrativo ilegalmente constituído à luz da LINDB. Para o autor, as regras estabelecidas pela Lei 8.666/1993, vigente à época, sofreriam impactos importantes com a norma geral; da invalidade automática do contrato com vícios, o ordenamento jurídico teria passado a admitir a manutenção do contrato, com seus efeitos jurídicos, caso realizada a regularização proporcional e equânime estipulada pela autoridade pública competente (ISSA, Rafael Hamze. *Manutenção e retirada do contrato administrativo ilegalmente constituído: considerações à luz dos artigos 20 e 21 da LINDB*, 2019, p. 95-115).
Pouco depois, em 2022, Camila Paula de Barros Gomes se voltou especificamente para a Lei 14.133/2021, que veio para substituir a Lei 8.666/1993, e observou que a norma alterou o "modelo de nulidades" do direito administrativo. Para ela, a nova lei teria se inspirado nas proposições da LINDB e atualizado a tradicional visão segundo a qual os atos nulos não produzem direitos, abrindo uma série de oportunidades para o gestor público na tomada de decisão acerca da invalidação contratual. Essas normas caminhariam no sentido da construção de um novo regime de invalidação (GOMES, Camila Paula de Barros. *Nulidade contratual na nova lei de licitações*, 2022, p. 162-182).
Em sentido semelhante, Marilene Carneiro Mattos afirmou que a Lei 14.133/2021 já teria nascido "lindbizada", isto é, estaria aderente aos objetivos que nortearam as alterações da LINDB, no sentido de conferir maior segurança jurídica aos gestores e adotar uma visão consequencialista do controle. Para a autora, haveria outros casos recentes de "lindbização", como a Lei Geral das Agências Reguladoras e a Lei da Liberdade Econômica, ambas com dispositivos carregados de viés consequencialista (MATOS, Marilene Carneiro. *A "lindbização" das nulidades na nova lei de licitações e contratos*, 2022, p. 1-7).

que tentam esvaziar a importância da nova lei, esterilizando seu potencial transformador".[502]

O processo de decantação da nova LINDB é também evidenciado pela incorporação dos objetivos que nortearam a reforma na legislação e na jurisprudência brasileiras. Na legislação, a Lei Geral das Agências Reguladoras (Lei 13.848/2019), a Lei de Liberdade Econômica (Lei 13.873/2019), a nova Lei de Licitações e Contratos Administrativos (Lei 14.133/2021) e a proposta de modernização da legislação de processo administrativo e tributário (PL 2481/2022) são exemplos que evidenciam, em seus respectivos contextos de aplicação, o reforço de ideias presentes na nova LINDB.[503]

A Lei Geral das Agências Reguladoras (Lei 13.848/2019) reforçou o papel do art. 29 da LINDB no campo da regulação administrativa. Essa norma exige que todas as agências reguladoras federais realizem consulta pública antes de tomar qualquer decisão relacionada a projetos e propostas de mudanças nos atos normativos de interesse geral dos agentes econômicos, consumidores e usuários de serviços.[504-505]

A Lei Geral das Agências Reguladoras (Lei 13.848/2019) e a Lei de Liberdade Econômica (Lei 13.873/2019) também reforçaram a abordagem consequencialista da LINDB ao estabelecer as normas para a chamada Análise de Impacto Regulatório (AIR).[506] Essas análises

---

[502] MARQUES NETO, Floriano de Azevedo; FREITAS, Rafael Véras de. *Comentários à Lei 13.655 (Lei de Segurança Jurídica para a Inovação Pública*, 2018, p. 169.

[503] Marilene Carneiro Mattos, ao comentar as regras para nulidade de contratos administrativos estabelecidas pela nova Lei de Licitações e Contratos Administrativos, afirmou a norma que já nasce "lindbizada", a exemplo de outros diplomas normativos aprovados recentemente. Nesse sentido, a autora também aponta a Lei Geral das Agências Reguladoras e a Lei da Liberdade Econômica, ambas com dispositivos carregados de viés consequencialista (MATOS, Marilene Carneiro. *A "lindbização" das nulidades na nova Lei de Licitações e Contratos*, 2022).

[504] Art. 9º, *caput*, da Lei Geral das Agências Reguladoras: "Serão objeto de consulta pública, previamente à tomada de decisão pelo conselho diretor ou pela diretoria colegiada, as minutas e as propostas de alteração de atos normativos de interesse geral dos agentes econômicos, consumidores ou usuários dos serviços prestados".

[505] Alexandre Santos de Aragão argumentou que a Lei Geral das Agências Reguladoras reforça tanto o art. 29 da LINDB, como também o art. 20, no sentido de exigir uma análise consequencialista da administração prévia à edição de atos administrativos. Para o autor, esse aspecto estaria presente no dever de análise prévia da proporcionalidade da regulação, com a necessária participação dos administrados (ARAGÃO, Alexandre Santos de. *Considerações iniciais sobre a Lei das Agências Reguladoras*, 2020, p. 15).

[506] Art. 5º da Lei de Liberdade Econômica: "As propostas de edição e de alteração de atos normativos de interesse geral de agentes econômicos ou de usuários dos serviços prestados, editadas por órgão ou entidade da administração pública federal, incluídas as autarquias e as fundações públicas, serão precedidas da realização de análise de impacto regulatório, que conterá informações e dados sobre os possíveis efeitos do ato normativo

são procedimentos utilizados para avaliar previamente os possíveis impactos dos atos normativos da administração e para guiar a decisão de regulamentá-los ou não. Quando realizadas de forma adequada, elas contribuem para a racionalidade da regulação.[507-508]

A Lei Geral das Agências Reguladoras (Lei 13.848/2019) e a Lei de Liberdade Econômica (Lei 13.873/2019) demonstram, portanto, que continua havendo uma disposição do legislador para a modernização regulatória, iniciada nos anos 1990, ainda que sem a força da obrigatoriedade. Esse é um elemento positivo ao menos do ponto de vista simbólico.

A Lei 14.133/2021 (nova Lei de Licitações e Contratos Administrativos) trouxe uma promessa de modernizar o sistema de contratações públicas no Brasil. Apesar de algumas críticas quanto à falta de inovação na norma,[509] a lei estabeleceu o interesse público como um critério para a validade dos contratos administrativos. Se a anulação ou interrupção da execução de um contrato prejudicar o interesse público, a medida não deve ser tomada.[510] A lei adotou postura consequencialista, na esteira da nova LINDB.

A Lei 14.133/2021 estabeleceu parâmetros para avaliar a compatibilidade da anulação do contrato com o interesse público. Esses parâmetros incluem uma combinação de critérios políticos, econômicos

---

para verificar a razoabilidade do seu impacto econômico. Parágrafo único. disporá sobre a data de início da exigência de que trata o caput deste artigo e sobre o conteúdo, a metodologia da análise de impacto regulatório, os quesitos mínimos a serem objeto de exame, as hipóteses em que será obrigatória sua realização e as hipóteses em que poderá ser dispensada".

[507] Art. 6º da Lei Geral das Agências Reguladoras: "A adoção e as propostas de alteração de atos normativos de interesse geral dos agentes econômicos, consumidores ou usuários dos serviços prestados serão, nos termos de regulamento, precedidas da realização de Análise de Impacto Regulatório (AIR), que conterá informações e dados sobre os possíveis efeitos do ato normativo".

[508] Foi editado o Decreto 10.411/2020 regulamentando a execução das AIR na administração federal. Entre vários temas, trouxe possíveis métodos a serem adotados (art. 7º), informações que devem constar no produto final (art. 6º) e situações em que o procedimento é dispensável (art. 4º).

[509] Rafael Carvalho de Rezende argumentou que a nova Lei de Licitações e Contratos Administrativos engloba institutos previstos na Lei do Pregão (Lei 10.520/2002) e na Lei do Regime Diferenciado de Contratações (Lei 12.462/2011), bem como preserva grande parte dos institutos tradicionalmente previstos na Lei 8.666/1993, como as hipóteses de dispensa e de inexigibilidade de licitação (OLIVEIRA, Rafael Carvalho de Rezende. *A nova lei de licitações: um museu de novidades?*, 2021).

[510] Art. 146 da Lei de Licitações e Contratos Administrativos: "No ato de liquidação da despesa, os serviços de contabilidade comunicarão aos órgãos da administração tributária as características da despesa e os valores pagos, conforme o disposto no art. 63 da Lei nº 4.320, de 17 de março de 1964".

e sociais, desde o impacto econômico e financeiro decorrente do atraso na obtenção dos benefícios previstos no contrato, até os riscos sociais, ambientais e à segurança da população local decorrentes do atraso na obtenção destes benefícios. Além disso, é possível considerar a motivação social e ambiental do contrato, o custo da degradação ou da perda de etapas já executadas, os gastos necessários para preservar as instalações e serviços já realizados, o fechamento de postos de trabalho diretos e indiretos devido à interrupção, o custo de realizar uma nova licitação ou celebrar um novo contrato, bem como outros fatores considerados relevantes.[511]

Portanto, a Nova Lei de Licitações e Contratos Administrativos, na esteira da nova LINDB, positivou a possibilidade de decidir por não invalidar um ato ou contrato formalmente viciado, quando a declaração de invalidade, a partir de um juízo de ponderação, dentro dos limites legais, não atender ao equilíbrio de interesses envolvidos. A legalidade passa a ostentar um caráter notadamente funcional, ou seja, como produto de uma série de outras ferramentas voltadas a equilibrar os interesses envolvidos nas contratações públicas.

A proposta de modernização da legislação de processo administrativo e tributário (PL 2481/2022), apresentada pelo senador Rodrigo Pacheco, decorre de trabalho de comissão de juristas instalada em parceria com o STF, presidida pela ministra Regina Helena Costa, do STJ, e composta por Valter Shuenquener de Araújo, Gustavo Binenbojm, Patrícia Ferreira Baptista, Flávio Amaral Garcia, Alexandre Aroeira Salles, Maurício Zockun e Andre Jacques Luciano Uchoa Costa.

O escopo de trabalho da comissão foi definido a partir de alguns temas principais, dentre os quais "o pragmatismo jurídico como diretriz decorrente da Lei de Introdução às Normas do Direito brasileiro e necessária para a maior eficiência do processo administrativo" e "o reconhecimento de que uma visão contemporânea da teoria das nulidades no direito administrativo exige o diálogo com o administrado, bem como a priorização da correção de vícios por meio da convalidação e da preservação dos efeitos irreversíveis dos atos inválidos".

---

[511] Jacintho Arruda Câmara, ao comentar os dispositivos da nova Lei de Licitações e Contratos Administrativos, observou que o reconhecimento de que o interesse público não pode ser prejudicado pela invalidação de atos ou contratos administrativos não é novidade. O autor destacou exemplo difundido por Seabra Fagundes em *O controle dos atos administrativos pelo Poder Judiciário*, no qual, para proteção do interesse público, ato ilegal não fora invalidado. Tratava-se de licenciamento irregular de loteamento, preservado para não prejudicar famílias de baixa renda já assentadas (ARRUDA CÂMARA, Jacintho. *Invalidação de contratos públicos na nova lei: um exemplo de consequencialismo*, 2021).

O PL que estabelece que a autoridade pública, ao decidir sobre a necessidade de anulação, revogação ou de convalidação de atos, deverá observar expressamente as regras contidas na LINDB, bem como assegurar ao beneficiário do ato a oportunidade de se manifestar previamente. Na hipótese de decidir pela anulação, deve considerar os impactos econômicos, financeiros, sociais e ambientais decorrentes do atraso na fruição dos benefícios do objeto do ato. E por razões de segurança jurídica, poderá decidir que a revogação só produza efeitos em momento futuro.[512]

No início dos trabalhos da comissão, foram abertos procedimentos de consulta e audiência públicas para recebimento de sugestões. Uma das sugestões lançadas foi a de tornar nacional a lei de processo administrativo. A Lei Federal (Lei 9.784/1999), conforme anteriormente exposto, se destina apenas a entidades federais. Sua abrangência foi definida a partir do entendimento de que não haveria competência da União para disciplinar o processo administrativo de outros entes federativos. O tema seria inerente à competência de auto-organização de cada ente federativo, o que limitaria a competência do Congresso Nacional à esfera federal.

Foi defendida, porém, outra interpretação das competências legislativas da União na audiência pública. O processo administrativo seria parte do "direito processual", para o qual a União dispõe de competência legislativa privativa (art. 22, I, da Constituição Federal). Corrobora essa leitura a inclusão do processo administrativo na garantia fundamental ao devido processo legal (art. 5º, LV, da Constituição Federal). Se essa questão da competência legislativa for superada, restará ainda importante reflexão sobre a conveniência de se estender o mesmo processo administrativo a todas as estruturas administrativas do país.

Pode-se indagar, em especial, se as realidades díspares dos diversos entes seriam bem disciplinadas por um único diploma legal

---

[512] Art. 53 do PL: "Art. 53. A administração deve anular seus próprios atos, quando eivados de vício de legalidade, observado o disposto no art. 55, e pode revogá-los por motivo de conveniência ou oportunidade, respeitados os direitos adquiridos. §1º Ao decidir sobre a necessidade de anulação, revogação ou de convalidação de seus atos, a administração deverá observar as regras contidas no Decreto-Lei nº 4.657/42, bem como assegurar ao beneficiário do ato a oportunidade de se manifestar previamente. §2º Na anulação de licitações, concursos públicos ou de outros procedimentos em que haja mais de dez pessoas afetadas diretamente, a intimação prévia dos interessados poderá ser feita por meio de publicação no Diário Oficial ou no sítio da instituição em local visível e de fácil acesso. §3º Por razões de segurança jurídica, o administrador poderá decidir que a revogação só produza efeitos em momento futuro".

ou seria mais conveniente manter o sistema atual. Em resposta a esse questionamento, Jacintho Arruda Câmara refletiu que, se for mantido o padrão da lei atual, de cunho principiológico e minimalista, a nacionalização se mostra mais viável. A seu ver, não é difícil padronizar princípios gerais de processo, regras sobre invalidação, motivação, recurso, interesse processual etc.[513]

Para Jacintho Arruda Câmara, as inclusões da nova LINDB fornecem exemplo da dificuldade a ser superada. Na qualidade de lei nacional, ela passou a tratar de temas correlatos aos que podem ser tratados em lei de processo administrativo, como invalidação, aplicação de novas interpretações e motivação. Em ponto que fixava dever jurídico mais concreto – a publicação das contribuições e das análises realizadas em consulta pública de ato normativo – houve veto (§2º do art. 29 do PL).[514]

Na jurisprudência, há pesquisas recentes que mostram uma paulatina absorção dos comandos na LINDB em decisões do controle de contas e do Poder Judiciário. Talvez os resultados desse processo possam vir a corresponder ao que Floriano de Azevedo Marques Neto e Rafael Véras de Freitas caracterizam como o momento de "aplicação automática" da LINDB. Para os autores, será esse o tempo de se "voltar à prancheta" para verificar o que ficou por fazer e o que se mostrou excessivo, para talvez propor um novo ciclo normativo.[515]

Quanto ao controle de contas, pesquisa realizada pelo Observatório do TCU da FGV Direito SP em parceria com a sbdp diagnosticou que o TCU, embora bastante crítico no período de sanção do PL, possui decisões que ao suscitarem os novos dispositivos, procuraram, em observância ao objetivo geral da lei, trazer mais segurança jurídica à interpretação e à aplicação do direito público e mais equilíbrio à atuação dos órgãos de controle.[516]

Quanto à ponderação de consequências práticas de decisões baseadas em valores abstratos, a aplicação do art. 20 revelou casos em que ficou evidente a preocupação do tribunal com as consequências de suas decisões. O acórdão 1.005/2020 – Plenário é apontado pela referida pesquisa como o julgamento mais relevante, uma vez que formalizou,

---

[513] ARRUDA CÂMARA, Jacintho. *Uma lei de processo administrativo nacional?*, 2023.
[514] *Ibidem*.
[515] MARQUES NETO, Floriano de Azevedo; FREITAS, Rafael Véras de. Comentários à Lei 13.655 (Lei de Segurança Jurídica para a Inovação Pública, 2018, p. 169.
[516] GRUPO PÚBLICO. *Aplicação dos novos dispositivos da Lei de Introdução às Normas do Direito Brasileiro (LINDB) pelo Tribunal de Contas da União*, 2021, p. 76.

por meio da Resolução-TCU 315/2020, previsões inspiradas no texto da LINDB. Nas palavras do ministro relator Vital do Rêgo: "(…) com essa medida, o TCU estará apto para atender de forma plena as diretrizes estabelecidas pela Lei de Introdução às Normas do Direito Brasileiro as quais preconizam que as deliberações proferidas nas esferas administrativa, controladora e judicial, devem considerar as consequências práticas da decisão".[517]

A despeito dos precedentes inclinados à maior segurança jurídica, a pesquisa do Observatório do TCU apontou que o efeito impacto da LINDB para mudanças no controle de contas só poderia ser aferido com precisão mais adiante. Nesse sentido, o TCU teria a oportunidade de aprimorar suas decisões em vários aspectos, como ao garantir maior uniformidade às decisões, aplicando com maior rigor a ideia de precedentes.[518]

No STF e no STJ, o uso da LINDB parece ter começado a ganhar tração sob um ponto de vista mais quantitativo. De acordo com pesquisa coordenada por José Vicente Santos de Mendonça, nos dois primeiros anos de vigência da norma, entre acórdãos e decisões monocráticas, há 326 decisões mencionando os artigos: 81 decisões no STF (22 acórdãos e 59 monocráticas), e 245 no STJ (24 acórdãos e 221 monocráticas). Um dado otimista: o número de referências aumenta ano a ano. Cresceu cerca de 35% de 2018 para 2019, e 55% em 2020. Um dado ambíguo: mais de 70% das decisões só mencionam a LINDB no relatório. O autor entende plausível supor que a LINDB esteja sendo trazida nos recursos, ainda sem adesão plena na fundamentação das cortes.[519]

Das decisões do STF mencionando as normas da LINDB, 48 tratam de temas relacionados a direito constitucional e administrativo, 17 de direito financeiro ou previdenciário, 3 de direito do trabalho. Em 13 decisões, a discussão era processual. No STJ, 154 decisões tratam de direito público, 45 de direito privado, 24 de direito penal e 22 de processo. O artigo mais citado nos dois tribunais é o art. 20 (a decisão baseada em valores abstratos deve considerar consequências práticas: 40,8%). Em segundo lugar, o art. 23 (necessidade de regime de transição: 18%). O art. 29 não foi mencionado em decisão alguma.[520]

---

[517] *Idem*, p. 64.
[518] *Idem*, p. 76.
[519] MENDONÇA, José Vicente Santos de. *Aplicação da LINDB pelo Supremo e pelo STJ: o que os dados falam?*, 2021.
[520] *Ibidem*.

Pesquisas empíricas como essas são uma maneira de colaborar com o processo de aplicação da lei e o contexto segue propício para apresentar estudos sobre o tema. A demonstração dos impactos que a LINDB pode ter provocado na prática do direito administrativo, entretanto, parece exigir a coleta de informações e a comparação de cenários antes e após a implementação das mudanças normativas. Em outras palavras, parece essencial que estudos empíricos também se debrucem sobre a aplicação dos dispositivos da LINDB como um método decisório e não como objeto de investigação.

Essa abordagem pode ser verificada em pesquisa realizada por Pedro Bodstein Vinagre no âmbito da Escola de Formação Pública (EF-p) da sbdp. O pesquisador investigou impactos da LINDB na utilização do princípio da supremacia do interesse público sobre o interesse privado na jurisprudência do STF e, com base na comparação de casos da mesma natureza, não identificou diferenças relevantes do ponto de vista substancial. Embora os dispositivos tenham sido mencionados por alguns ministros, isso se deu de forma isolada e não provocou mudanças na forma de mobilização do princípio.[521]

Por fim, embora a pesquisa não tenha produzido elementos empíricos para comprovar essa afirmação, não se pode deixar de observar que a nova LINDB não veio para fragilizar o controle sobre a administração ou enfraquecer a Operação Lava Jato, conforme afirmado por alguns controladores em 2018, às vésperas da sua sanção. Os requisitos gerais da lei, desde que se consolidem e balizem o controle público, terão o papel estabilizador de tornar mais previsíveis as ações administrativas e controladoras, impedindo voluntarismos e arbitrariedades de parte a parte.

---

[521] VINAGRE, Pedro Bodstein. *Supremacia do interesse público sobre o interesse privado no STF: uma análise da utilização do princípio pré e pós nova LINDB*, 2023, p. 1-72.

REFERÊNCIAS

ALENCAR, Letícia Oliveira Lins de. Participação popular na elaboração de atos normativos por agências reguladoras federais: uma análise da experiência acumulada nos últimos 20 anos. *Fórum de Contratação e Gestão Pública – FCGP*, Belo Horizonte, ano 16, n. 192, p. 42-59, dez. 2017.

ALIBERT, Raphael. *Le controle juridictionnel de l'administration au moyen du recours pour exces de pouvoir*. Paris: Payot, 1926.

ALVARENGA, Maria Isabel de Almeida. *Adequação das funções legais da Comissão de Valores Mobiliários à realidade brasileira*. São Paulo: Revista dos Tribunais, 1997.

ALVES, Lucas Leite. *A aplicação do artigo 24 da LINDB e a reversão da validade das deliberações administrativas do estado de São Paulo*. 2020. Dissertação (Mestrado profissional) – Escola de Direito de São Paulo da Fundação Getúlio Vargas, São Paulo. 2020. Disponível em: https://bibliotecadigital.fgv.br/dspace;handleity-lie/handle/10438/29488. Acesso em: 14 fev. 2023.

AMARAL, Antônio Carlos Cintra do. *Motivo e motivação do ato administrativo*. São Paulo: Revista dos Tribunais, 1979.

AMARAL, Antônio Carlos Cintra do. *Validade e invalidade do ato administrativo*. São Paulo: Notadez, 2000.

AMARAL, Antônio Carlos Cintra do. *Extinção do Ato Administrativo*. Revista dos Tribunais. São Paulo, 1978.

ARAGÃO, Alexandre Santos de. *Agências reguladoras e a evolução do direito administrativo econômico*. Rio de Janeiro: Forense, 2002.

ARAGÃO, Alexandre Santos de. *Agências reguladoras e a evolução do direito administrativo econômico*. 2. ed. Rio de Janeiro: Forense, 2006.

ARAGÃO, Alexandre Santos de. *O poder normativo das agências reguladoras*. Rio de Janeiro: Forense, 2006.

ARAGÃO, Alexandre Santos de. A legitimação democrática das agências reguladoras. *In*: BINENBOJM, Gustavo (coord.). *Agências reguladoras e democracia*. Rio de Janeiro: Lumen Juris, 2006.

ARAGÃO, Alexandre Santos de. Considerações iniciais sobre a Lei Geral das Agências Reguladoras. *Revista de Direito da Administração Pública*, [s. l.], a. 5, v. 1, n. 1, jan/jun, 2020, p. 7-23.

ARANTES, Rogério Bastos. *Ministério Público e política no Brasil*. São Paulo: Educ; Editora Sumaré; Fapesp, 2002.

ARANTES, Rogério Bastos; MOREIRA, Thiago. Democracia, instituições de controle e justiça sob a ótica do pluralismo estatal. *Opinião Pública*, Campinas, v. 25, n. 1, p. 97-135, jan./abr. 2019. Disponível em: https://www.scielo.br/j/op/a/y9dCbmHBdT8QJTDZh563 fFx/?format=pdf. Acesso em 14 fev. 2023.

ARAÚJO, Valter Shuenquener de. *O princípio da proteção da confiança*: uma nova forma de tutela do cidadão diante do Estado. Niterói: Impetus, 2016.

ARGUELHES, Diego Werneck; LEAL, Fernando. Pragmatismo como [meta] teoria da decisão judicial: caracterização, estratégias e implicações. *In*: SARMENTO, Daniel (coord.). *Filosofia e teoria constitucional contemporânea*. Rio de Janeiro: Lumen Juris, 2009.

ARRUDA CÂMARA, Jacintho. A preservação dos efeitos dos atos administrativos viciados. *Revista Diálogo Jurídico*, Salvador, Centro de Atualização Jurídica, n. 14, junho/agosto, 2002.

ARRUDA CÂMARA, Jacintho. Art. 24 da LINDB – Irretroatividade de nova orientação geral para anular deliberações administrativas. *Revista de Direito Administrativo, edição especial: Direito Público na Lei de Introdução às Normas do Direito Brasileiro – LINDB (Lei 13.655/2018)*, Rio de Janeiro, nov. 2018. Disponível em: https://hml-bibliotecadigital.fgv.br/ojs/index.php/rda/article/view/77652. Acesso em: 14 fev. 2023.

ARRUDA CÂMARA, Jacintho. Invalidação de contratos públicos na nova lei: um exemplo de consequencialismo. *Jota*, [São Paulo], 13 jan. 2021. Disponível em: https://www.jota.info/opiniao-e-analise/colunas/publicistas/invalidacao-de-contratos-publicos-na-nova-lei-um-exemplo-de-consequencialismo-12012021. Acesso em: 14 fev. 2023.

ARRUDA CÂMARA, Jacintho. Uma lei de processo administrativo nacional e o pacto federativo. *Jota*, [São Paulo], 14 mar. 2023. Disponível em: https://sbdp.org.br/wp/wp-content/uploads/2023/03/14.3.23-Uma-lei-de-processo-administrativo-nacional-e-o-pacto-federativo-JOTA.pdf. Acesso em: 23 mar. 2023.

ATRICON; AUDICON. *Nota Técnica nº 01/2018*. Brasília, DF: ATRICON; AUDICON, 2018. Disponível em: http://www.atricon.org.br/wp-content/uploads/2017/03/Nota-Tecnica-01-2018-PL- 7448-2017Atricon-Audicon.pdf. Acesso em: 14 fev. 2023.

ANTC; AUD-TCU. *Carta Aberta ao Presidente da República*. Brasília, DF: ANTC; AUD-TCU, 2018. Disponível em: https://docs.wixstatic.com/ugd/af1900_a4a6d4073fef475c812c65907ea7698c.pdf. Acesso em: 14 fev. 2023.

ANAMATRA; AJUFE; ANPT; ANPR; CONAMP; Sindicato Nacional dos Auditores Fiscais do Trabalho (SINAIT). *Ofício ANAMATRA nº 217/2018*. Brasília, DF: ANAMATRA; AJUFE; ANPT; ANPR; CONAMP, 2018. Disponível em: https://www.sinait.org.br/docs/Of%C3%ADcio_ANAMATRA_n217_sugestão_de_vet o_ao_PL%207448_2017_MJ%20 (1).pdf. Acesso em: 14 fev. 2023.

AUBY, Jean-Bernard. *Droit compare de la procédure administrative*. Bruxelas: Bruylant, 2016.

AUBY, Jean-Bernard. Observaciones teóricas, históricas y comparadas sobre la incerteza del derecho. *Revista de Derecho Público: Teoría y Método*, Madri, v. 1, p. 207-222, 2020.

Disponível em: http://www.revistasmarcialpons.es/revistaderechopublico/article/view/24. Acesso em: 14 fev. 2023.

AUBY, Jean-Bernard; JORDÃO, Eduardo. Un principe inédit de droit public posé par la loi brésilienne sur les normes de 2018: le devoir de concrétude. *Chemins Public*, Paris, 2021. Disponível em: https://www.chemins-publics.org/articles/un-principe-inedit-de-droit-public-pose-par-la-loi-bresilienne-sur-les-normes-de-2018-le-devoir-de-concretude. Acesso em: 4 jun. 2022.

ÁVILA, Humberto. A distinção entre princípios e regras e a redefinição do dever de proporcionalidade. *Revista de Direito Administrativo – RDA*, n. 215, 1999, p. 153-179.

BANDEIRA DE MELLO, Celso Antônio. O conteúdo do regime jurídico-administrativo e seu valor metodológico. *Revista de Direito Administrativo*, v. 89, p. 8-33, 1967.

BANDEIRA DE MELLO, Celso Antônio. *Elementos de direito administrativo*. São Paulo: Revista dos Tribunais, 1981.

BANDEIRA DE MELLO, Celso Antônio. Apontamentos sobre o poder de polícia. *Revista de Direito Público*, São Paulo, a. 3, n. 9, p. 55-68, jul./set, 1969. Republicado em: *Revista de Direito Administrativo e Infraestrutura – RDAI*. São Paulo. Thomson Reuters, Revista dos Tribunais, v. 5, n. 18, p. 385-404, 2021.

BANDEIRA DE MELLO, Celso Antônio. *Ato administrativo e direito dos administrados*. São Paulo: Revista dos Tribunais, 1981.

BANDEIRA DE MELLO, Celso Antônio. *Discricionariedade e controle jurisdicional*. 7. ed. São Paulo: Malheiros, 2006.

BANDEIRA DE MELLO, Celso Antônio. *Curso de direito administrativo*. 32. ed. São Paulo: Malheiros, 2015.

BANDEIRA DE MELLO, Oswaldo Aranha. *Princípios gerais de direito administrativo*. Rio de Janeiro: Forense, 1969.

BAPTISTA, Patrícia Ferreira. *Segurança jurídica e proteção da confiança legítima no direito brasileiro*: análise sistemática e critérios de aplicação no direito administrativo brasileiro. 2018. Tese (Doutorado) – Universidade de São Paulo, São Paulo, 2006.

BAPTISTA, Patrícia Ferreira. *Transformações do direito administrativo*. Rio de Janeiro: Renovar, 2018.

BENTO, Juliane Sant'Anna; ENGELMANN, Fabiano; PENNA, Luciana Rodrigues. Doutrinadores, políticos e "direito administrativo" no Brasil. *Política & Sociedade*, Florianópolis, v. 16, n. 37, set./dez, 2017. Disponível em: https://www.lume.ufrgs.br/handle/10183/173924?show=full. Acesso em: 14 fev. 2023.

BINENBOJM, Gustavo. Da supremacia do interesse público ao dever de proporcionalidade: um novo paradigma para o direito administrativo. *In*: SARMENTO, Daniel (org.). *Interesses públicos versus interesses privados*: desconstruindo o princípio da supremacia do interesse público. Rio de Janeiro: Lumen Juris, 2005.

BINENBOJM, Gustavo. *Poder de polícia, ordenação, regulação*: transformações político-jurídicas, econômicas e institucionais do direito administrativo ordenador. Belo Horizonte: Fórum, 2016.

BINENBOJM, Gustavo. *Uma teoria do direito administrativo*: direitos fundamentais, democracia e constitucionalização. 2. ed. Rio de Janeiro: Renovar, 2008.

BONNARD, Rogér. *Précis elementaire de droit administratif*. Paris: Sirey, 1935.

BONNARD, Rogér. *Le controle juridictionnel de l'administration*: étude de droit administratif compare. Paris: Lib. Delagrave, 1934.

BORGES, Alice Gonzales. O controle jurisdicional da administração pública. *Revista de Direito Administrativo*, v. 192, p. 49-60, 1993. Disponível em: https://hml-bibliotecadigital.fgv.br/ojs/index.php/rda/article/view/45735. Acesso em: 14 fev. 2023.

BRESSER-PEREIRA, Luiz Carlos. A reforma do Estado dos anos 90: lógica e mecanismos de controle. *Lua Nova: Revista de Cultura e Política*, ed. 45, 1998. Disponível em: https://www.scielo.br/j/ln/a/xQZRPfMdrHyH3vjKLqtmMWd/. Acesso em: 14 fev. 2023.

BRESSER-PEREIRA, Luiz Carlos. Os primeiros passos da reforma gerencial do Estado de 1995. *Revista Eletrônica sobre a Reforma do Estado*, Salvador, n. 16, dez./jan./fev. 2009.

BRESSER-PEREIRA, Luiz Carlos. Reflexões sobre a reforma gerencial brasileira de 1995. *Revista do Serviço Público*, v. 50, n. 4, p. 5-29, 2014. Disponível em: http://www.bresserpereira.org.br/papers/1999/93.ReflexoesSobreRefGerencial.p.pg.pdf. Acesso em: 14 fev. 2023.

BRESSER-PEREIRA, Luiz Carlos. Brasil precisa de normas para regular os reguladores e não travar a administração. *Vermelho*, São Paulo, 23 abr. 2018. Disponível em: https://vermelho.org.br/2018/04/23/bresser-pereira-regular-os-reguladores/. Acesso em: 4 jun. 2022.

CABALLERO, Francisco Velasco. *Administraciones publicas e derechos administrativos*. Madri: Marcial Pons, 2021.

CÂNDIDO, Antônio. *Literatura e sociedade*: estudos de teoria e história literária. Rio de Janeiro: Ouro sobre Azul, 2006.

CARVALHO FILHO, José Santos. *Processo administrativo federal*: comentários à Lei n. 9.784, de 29-1-1999. Rio de Janeiro: Lumen Juris, 2001.

CASSESE, Sabino. As transformações do direito administrativo do século XIX ao XXI. *Revista Interesse Público*, Belo Horizonte, n. 24, 2004, p. 13-23.

CAVALCANTI, Themístocles Brandão. O princípio da legalidade e o desvio de poder. *Revista de Direito Administrativo*, [s. l.], p. 149-155, 2013. Disponível em: https://hml-bibliotecadigital.fgv.br/ojs/index.php/rda/article/view/14107. Acesso em: 14 fev. 2023.

CAVALCANTI, Themístocles Brandão. Processo administrativo – requisição pelo Poder Legislativo – sigilo sôbre atos administrativos – separação e independência dos poderes. *Revista de Direito Administrativo*, v. 17, p. 404-408, 1949. Disponível em: https://hml-bibliotecadigital.fgv.br/ojs/index.php/rda/article/view/11144. Acesso em: 14 fev. 2023.

CAVALCANTI, Themístocles Brandão. *Do mandado de segurança*. Rio de Janeiro: Freitas Bastos, 1934.

CAVALCANTI, Themístocles Brandão. *Manual da Constituição*. Rio de Janeiro: Zahar, 1963.

CAVALCANTI, Themístocles Brandão. *Teoria dos atos administrativos*. São Paulo: Revista dos Tribunais, 1973.

CAVALCANTI, Themístocles Brandão. *Tratado de direito administrativo*. Rio de Janeiro: Freitas Bastos, 1942.

CELLARD, Andre. A análise documental. POUPART, Jean; DESLAURIERS, Jean-Pierre; GROULX, Lionel-H; LAPERRIÈRE, Anne; MAYER, Robert; PIRES, Álvaro. *A pesquisa qualitativa*: enfoques epistemológicos e metodológicos. Tradução de Ana Cristina Arantes Nasser. Petrópolis: Editora Vozes, 2008.

CINTRA, Antônio Carlos de Araújo; GRINOVER, Ada Pellegrini; DINAMARCO, Cândido Rangel. *Teoria geral do processo*. São Paulo: Malheiros, 1974.

COLÉGIO NACIONAL DE PRESIDENTES DE TRIBUNAIS DE CONTAS. *Nota Técnica nº 01/2018*. São Luís: Colégio Nacional de Presidentes de Tribunais de Contas, 12 abr. 2018. Disponível em: https://docs.wixstatic.com/ugd/af1900_84efb9b940d045859836040 3439897da.pdf. Acesso em: 4 jun. 2022.

COSTA, Patricia Vieira da. *Três ensaios sobre mudança institucional no Tribunal de Contas da União*. 2022. Tese (Doutorado) – Universidade de Brasília, Instituto de Ciência Política, Brasília, DF, 2022.

COUTO E SILVA, Almiro do. Princípios da legalidade da administração Pública e da segurança jurídica no Estado de direito contemporâneo. *Revista de Direito Público*, São Paulo, p. 97-132, 1987.

COUTO E SILVA, Almiro do. O princípio da segurança jurídica (proteção à confiança) no direito público brasileiro e o direito da administração pública de anular os seus próprios atos administrativos: o prazo decadencial do art. 54 da lei do processo administrativo da União (Lei 9.784/99). *Revista de Direito Administrativo*, Rio de Janeiro, n. 237, jul./set., p. 271-316, 2004.

CRETELLA JÚNIOR, José. Anulação do ato administrativo por "desvio de poder". *Revista de Direito Administrativo*, Rio de Janeiro, Fundação Getúlio Vargas, v. 91, 1968.

CRUZ, Alcides. *Direito administrativo brasileiro*: exposição summaria e abreviada. Rio de Janeiro: Aillaud, F. Alves, 1914.

CUNHA FILHO, Alexandre Jorge Carneiro da; ISSA, Rafael Hamze; SCHWIND, Rafael Wallbach (coord.). *Lei de Introdução às Normas do Direito Brasileiro – anotada*: Decreto-Lei n. 4.657, de 4 de setembro de 1942. São Paulo: Quartier Latin, 2019. v. 7.

CYRINO, André. *Delegações legislativas e poder regulamentar*: política e direito na administração pública brasileira. 2015. Tese (Doutorado) – Universidade do Estado do Rio de Janeiro, Rio de Janeiro, 2015.

CYRINO, André. Legalidade administrativa de carne e osso: uma reflexão diante do processo político brasileiro. *Revista de Direito Administrativo*, v. 274, p. 175-208, 2017.

DALLARI, Adilson Abreu. Consequencialismo no âmbito do direito administrativo. In: CHALITA, G.; MARTINS, I. G. da S.; NALINI, J. R. (coord.). *Consequencialismo no Poder Judiciário*. Indaiatuba: Foco, 2019. p. 127.

DI PIETRO, Maria Sylvia Zanella. *Direito administrativo*. 25. ed. São Paulo: Atlas, 2012.

DI PIETRO, Maria Sylvia Zanella. *Discricionariedade administrativa na Constituição de 1988*. São Paulo: Atlas, 2012.

DI PIETRO, Maria Sylvia Zanella. A nova LINDB e o direito administrativo: o que esperar? In: MOTTA, Fabrício; GABARDO, Emerson (coord.). *Desenvolvimento nacional*: por uma agenda propositiva e inclusiva. São Paulo: Editora Íthala; Instituto Brasileiro de Direito Administrativo, 2020. p. 251-261.

DINO, Nicolao. PL 7448/2017: freios e contrapesos em xeque. *Jota*, [São Paulo], 24 abr. 2018. Disponível em: https://www.jota.info/opiniao-e-analise/artigos/pl-7448-2017-freios-e-contrapesos-em-xeque-24042018. Acesso em: 4 jun. 2022.

DUBASH, Navroz K.; MORGAN, Brownen. Underestanding the rise of the regulatory state of the South. *Regulation and Governance*, v. 6, issue 3, 2012.

DUGUIT, Leon. *Les transformations du droit public*. Paris: Éditions Panthéon Assas, 2007.

FAVOREU, Louis; GAIA, Patrick; GHEVONTIAN, Richard; MESTRE, Jean-Louis; PFERSMANN, Otto; ROUX, André; SCOFFONI, Guy. *Droit constitutionnel*. Paris: Dalloz, 2015.

FERNANDES, Érika Capella. Controle da administração Pública brasileira: diálogos entre a LINDB e a Recomendação PRESI CN 02/2020. *Revista do CNMP*, [Brasília, DF], n. 10, p. 187-213, 2022.

FERRAZ, Sérgio; DALLARI, Adilson Abreu. *Processo administrativo*. São Paulo: Malheiros, 2012.

FOIGNET, René. *Manuel élémentaire de droit administratif*. Paris: A. Rousseau, 1926.

FILHO, Alberto Venâncio. *Intervenção do estado no domínio econômico o direito público econômico no Brasil*. Rio de Janeiro: Renovar, 1998.

FOLGOSI, Rosoléa Miranda. A participação social na regulação: as audiências e consultas públicas: vinculação. *Revista do Direito da Energia*, São Paulo, v. 1, n. 1, p. 28-40, 2004.

GAETANI, Francisco. O mundo jurídico virou a principal fonte de insegurança jurídica. *Jornal GGN*, [s. l.], 21 abr. 2018. Disponível em: https://jornalggn.com.br/artigos/o-mundo-juridico-virou-a-principal-fonte-de-inseguranca-juridica-por-francisco-gaetani/. Acesso em: 4 jun. 2022.

GOMES, Joaquim Barbosa. Agências reguladoras: a "metamorfose" do Estado e da democracia (uma reflexão de direito constitucional e comparado). *Revista de direito constitucional e internacional*, Instituto Brasileiro de Direito Constitucional (IBDC), v. 13, n. 50, jan./mar. 2005.

GONÇALVES, André. *Erro e ilegalidade no acto administrativo*. Lisboa: Ática, 1962.

GORDILLO, Agustín. *Tratado de derecho administrativo y obras selectas*: el procedimento administrativo. Buenos Aires: Álvarez, 1964. t. 4.

GRUPO PÚBLICO. *Aplicação dos novos dispositivos da Lei de Introdução às Normas do Direito Brasileiro (LINDB) pelo Tribunal de Contas da União*. São Paulo: Escola de Direito de São Paulo da Fundação Getúlio Vargas, 2021. Disponível em: https://direitosp.fgv.br/sites/direitosp.fgv.br/files/arquivos/relatorio_de_pesquisa_observatorio_do_tcu_aplicacao_dos_novos_dispositivos_da_lindb_pelo_tcu.pdf. Acesso em: 29 set. 2021.

HAURIOU, Maurice. *Précis de Droit Administratif et de Droit Public*. Paris: Dalloz, 2002. Fac-sím. da 12. ed. de 1933.

HAURIOU, Maurice. *Précis de droit administratif, contenant le droit public et le droit administratif*. Paris: L. Larose et Forcel, 1893.

HIRILLO, Eduardo J. Rodríguez. *Privatizacion de la empresa publica y post privatizacion: analisis juridico*. Buenos Aires: AbeledoPerrot, 1995.

HORBACH, Carlos Bastide. *Teoria das nulidades do ato administrativo*. São Paulo: Revista dos Tribunais, 2010.

ISSA, Rafael Hamze. *O controle judicial dos atos normativos das agências reguladoras*. 2015. Dissertação (Mestrado) – Universidade de São Paulo, São Paulo, 2015.

JÈZE, Gaston. *Les príncipes généraux du droit administrtif*. Paris: Dalloz, 2005. t. 1.

JORDÃO, Eduardo. A intervenção do TCU sobre editais de licitação não publicados: controlador ou administrador?. *Revista Brasileira de Direito Público – RBDP*, Belo Horizonte, ano 12, n. 47, p. 209-230, out./dez. 2014.

JORDÃO, Eduardo. Globalization and convergence in judicial review: what can we learn from the case of Brazil?, *A&C – Revista de Direito Administrativo & Constitucional*, Belo Horizonte, ano 17, n. 69, jul./set. 2017.

JORDÃO, Eduardo. Art. 22 da LINDB. Acabou o romance: o reforço do pragmatismo no direito público brasileiro. *Revista de Direito Administrativo, edição especial: Direito Público na Lei de Introdução às Normas do Direito Brasileiro – LINDB (Lei 13.655/2018)*, Rio de Janeiro, nov. 2018.

JORDÃO, Eduardo. The three dimensions of administrative law. *A&C – Revista de Direito Administrativo & Constitucional*, Belo Horizonte, ano 19, n. 75, p. 21-38, jan./mar. 2019.

JORDÃO, Eduardo; CABRAL JUNIOR. Renato Toledo. A teoria da deferência e a prática judicial: um estudo empírico sobre o controle do TJRJ à AGENERSA. *Revista de Estudos Institucionais*, Rio de Janeiro, v. 2, n. 2, p. 537-571, jul/dez 2018.

JORDÃO, Eduardo. *Estudos antirromânticos sobre controle da Administração Pública*. São Paulo: JusPodivm, 2022.

JORDÃO, Eduardo; RIBEIRO, Leandro Molhano; SALINAS, Natasha Schmitt Caccia; SAMPAIO, Patrícia Regina Pinheiro. A produção legislativa do Congresso Nacional sobre agências reguladoras. *RIL Brasília*, Brasília, DF, v. 56, n. 222, p. 75-107, abr./jun. 2019.

JORDÃO, Eduardo; ROSE-ACKERMAN, Susan. Judicial Review of Executive Policymaking in Advanced Democracies: Beyond Rights Review. *Administrative Law Review*, [s. l.], v. 66, 2014.

JUSTEN FILHO, Marçal. *O direito das agências reguladoras independentes*. São Paulo: Dialética, 2002.

JUSTEN FILHO, Marçal. *O direito administrativo do espetáculo*. Belo Horizonte: Fórum, 2009.

JUSTEN FILHO, Marçal. Art. 20 da LINDB. Dever de transparência, concretude e proporcionalidade nas decisões públicas. *Revista de Direito Administrativo, edição especial: Direito Público na Lei de Introdução às Normas do Direito Brasileiro – LINDB (Lei 13.655/2018)*, Rio de Janeiro, nov. 2018.

KELSEN, Hans. *Teoria pura do direito*. 8. ed. São Paulo: Martins Fontes, 2009.

LEAL, Fernando. Inclinações pragmáticas no direito administrativo: nova agenda, novos problemas. O caso do PL 349/15. *In*: LEAL, Fernando; MENDONÇA, José Vicente Santos de (coord.). *Transformações do direito administrativo*: consequencialismo e estratégias regulatórias. Rio de Janeiro: Escola de Direito do Rio de Janeiro da Fundação Getúlio Vargas, p. 25-31, 2016.

LEAL, Victor Nunes. Poder discricionário da administração – Abuso desse poder – Mandado de segurança – Direito líquido e certo. *Revista de Direito Administrativo*, Rio de Janeiro, v. 14, out. 1948.

LIMA, Ruy Cirne. *Princípio de direito administrativo brasileiro*: parte geral e parte especial. 5. ed. São Paulo: Revista dos Tribunais, 1982.

LOMBARD, Martine; DUMONT, Gilles; SIRINELLI, Jean. *Droit administratif*. Paris: Dalloz, 2013. p. 495-498.

MAFFINI, Rafael. *Princípio da proteção substancial da confiança no direito administrativo brasileiro*. 2005. Tese (Doutorado em Direito) – Faculdade de Direito da Universidade Federal do Rio Grande do Sul, Porto Alegre, 2005.

MAFFINI, Rafael; RAMOS, Rafael (coord.). *Nova LINDB – Consequencialismo, deferência judicial, motivação e responsabilidade do gestor público*. Rio de Janeiro: Lumen Juris, 2020.

MAHONEY, James; THELEN, Kathleen. A Theory of Gradual Institutional Change. *In*: MAHONEY, James; THELEN, Kathleen. *Explaining Institutional Change*: ambiguity, agency, and power. New York: Cambridge University Press, 2010. p. 1-37.

MAJONE, Giandomenico. Do Estado positivo ao Estado regulador: causas e consequências de mudanças no modo de governança. *Revista do Serviço Público*, [s. l.], v. 50, n. 1, p. 5-36, 2014.

MARQUES NETO, Floriano de Azevedo. *A nova regulação estatal e as agências independentes*. São Paulo: Malheiros-sbdp, 2006.

MARQUES NETO, Floriano de Azevedo. A superação do ato administrativo autista. *In*: MEDAUAR, Odete; SCHIRATO, Vitor Rhein (coord.). *Os caminhos do ato administrativo*. São Paulo: RT, 2011.

MARQUES NETO, Floriano de Azevedo. Art 23 da LINDB – O equilíbrio entre mudança e previsibilidade na hermenêutica jurídica. *Revista de Direito Administrativo, edição especial: Direito Público na Lei de Introdução às Normas do Direito Brasileiro – LINDB (Lei 13.655/2018)*, Rio de Janeiro, nov. 2018.

MARQUES NETO, Floriano de Azevedo; FREITAS, Rafael Véras de. *Comentários à lei 13.655/2018 (lei da segurança jurídica para a inovação pública)*. Belo Horizonte: Fórum, 2019.

MARQUES NETO, Floriano de Azevedo; PALMA, Juliana Bonacorsi de. Os sete impasses do controle da administração pública no Brasil. *In*: PEREZ, Marcos Augusto; SOUZA, Rodrigo Pagani de (coord.). *Controle da Administração Pública*. Belo Horizonte: Fórum, 2017. p. 21-38.

MARQUES NETO, Floriano de Azevedo et al. *Resposta aos comentários tecidos pela Consultoria Jurídica do TCU ao PL n º 7.448/2017*. São Paulo: [s. n.], 2018. Disponível em: https://www.ninc.com.br/img/pesquisa/arquivo_20180428170434_103.pdf. Acesso em: 4 jun. 2022.

MARTINS, Ricardo Marcondes. As alterações da LINDB e a ponderação dos atos administrativos. *A&C – Revista de Direito Administrativo & Constitucional*, Belo Horizonte, n. 79, p. 259-284, jan./mar. 2020.

MARTINS, Ricardo Marcondes. Crise do ato administrativo e a retomada de sua centralidade. *A&C – Revista de Direito Administrativo & Constitucional*, Belo Horizonte, n. 75, p. 105-141, jan./mar. 2019.

MASAGÃO, Mário. *Curso de direito administrativo*. São Paulo, M. Limonad, 1959.

MATOS, Marilene Carneiro. A "Lindbização" das nulidades da Nova Lei de Licitações e Contratos. *Zênite Fácil*, categoria Doutrina, [s. l.], 19 out. 2022. Disponível em: http://www.zenitefacil.com.br. Acesso em: 14 fev. 2023.

MAXIMILIANO, Carlos. *Hermenêutica e aplicação do Direito*. Rio de Janeiro, Forense, 2011.

MEDAUAR, Odete. *A processualidade no direito administrativo*. 2. ed. São Paulo: Revista dos Tribunais, 2008.

MEDAUAR, Odete. *O direito administrativo em evolução*. 3. ed. Brasília, DF: Gazeta Jurídica, 2017.

MEIRELLES, Hely Lopes. Revogação e anulação de ato administrativo. *Revista de Direito Administrativo*, [s. l.], v. 75, p. 31-35, 1964.

MEIRELLES, Hely Lopes. O poder de polícia, o desenvolvimento e a segurança nacional. *Revista de jurisprudência do Tribunal de Justiça do Estado de São Paulo*, São Paulo, Tribunal de Justiça do Estado de São Paulo, 1967.

MENDES, Conrado Hübner. Jurisprudência impressionista. *Época*, [Rio de Janeiro], 14 set. 2018. Disponível em: https://oglobo.globo.com/epoca/conrado-hubner-mendes/jurisprudenciaimpressionista-23066592. Acesso em: 13 fev. 2023.

MENDES, Conrado Hubner. Reforma do Estado e Agências Reguladoras: estabelecendo os parâmetros de discussão. *In*: SUNDFELD, Carlos Ari (coord.). *Direito administrativo econômico*. São Paulo: Malheiros, 2000. p. 120-121.

MENDES, Gilmar Ferreira; BRANCO, Paulo Gonet. *Curso de direito constitucional*. São Paulo: Saraiva Educação, 2020.

MENDONÇA, José Santos de. A verdadeira mudança de paradigmas do direito administrativo: do estilo tradicional ao novo estilo. *Revista de Direito Administrativo*, Rio de Janeiro, v. 265, p. 179-198, jan./abr. 2014.

MENDONÇA, José Santos de. A verdadeira mudança de paradigmas do direito administrativo brasileiro: do estilo tradicional ao novo estilo. *Revista de Direito Administrativo*, v. 265, p. 179-198, 2014.

MENDONÇA, José Santos de. Conceitos inventados de direito administrativo. *Revista Brasileira de Direito Público*, Belo Horizonte, ano 14, n. 53, abr./jun. 2016.

MENDONÇA, José Santos de. Dois futuros (e meio) para o projeto de lei do Carlos Ari. *In*: LEAL, Fernando; MENDONÇA, José Vicente Santos de (coord.). *Transformações do direito administrativo*: consequencialismo e estratégias regulatórias. Rio de Janeiro: Escola de Direito do Rio de Janeiro da Fundação Getúlio Vargas, 2016. p. 31-35. Disponível em: http://bibliotecadigital.fgv.br/dspace/handle/10438/18009. Acesso em: 4 jun. 2021.

MENDONÇA, José Santos de. *Direito constitucional econômico*: a intervenção do Estado na economia à luz da razão pública e do pragmatismo. 2. ed. Belo Horizonte: Fórum, 2018.

MENDONÇA, José Santos de. Art. 21 da LINDB. Indicando consequências e regularizando atos e negócios. *Revista de Direito Administrativo, edição especial: Direito Público na Lei de Introdução às Normas do Direito Brasileiro – LINDB (Lei 13.655/2018)*, Rio de Janeiro, nov. 2018.

MENDONÇA, José Santos de. Em defesa do consequenciachismo. *Direito do Estado*, n. 413, 2018. Disponível em: http://www.direitodoestado.com.br/colunistas/jose-vicente-santosmendonca/em-defesa-do-consequenciachismo. Acesso em: 13 fev. 2023.

MENDONÇA, José Santos de. Aplicação da LINDB pelo Supremo e pelo STJ: o que os dados falam? *Jota*, [São Paulo], 5 out. 2021. Disponível em: https://www.jota.info/opiniao-e-analise/colunas/publicistas/aplicacao-da-lindb-pelo-supremo-e-pelo-stj-o-que-os-dados-falam-05102021. Acesso em: 12 fev. 2023.

MENEZES DE ALMEIDA, Fernando Dias. *Curso de direito administrativo econômico*. São Paulo: Malheiros, 2006. v. 3.

MENDONÇA, José Santos de. *Formação da teoria do direito administrativo no Brasil*. São Paulo: Quartier Latin, 2015.

MODESTO, Paulo. A nova lei do processo administrativo. *Revista Pública e Gerencial*, Salvador, Ed. Talentos, ano 1, v. 2, jun./jul., 1999.

MODESTO, Paulo. Nova organização administrativa. *In*: MARQUES NETO, Floriano Azevedo de (coord.). *Os grandes desafios do controle da Administração Pública*. 2. ed. Belo Horizonte: Fórum, 2010.

MONTEIRO, Vera. Art. 29 da LINDB – Regime jurídico da consulta pública. *Revista de Direito Administrativo, Edição Especial – Direito Público na Lei de Introdução às Normas de Direito Brasileiro – LINDB (Lei nº 13.655/2018)*, [s. l.], p. 225-242, 2018.

MOREIRA, Egon Bockmann. Agência administrativas, poder regulamentar e o Sistema Financeiro Nacional. *Revista de Direito Administrativo*, [s. l.], v. 218, p. 93-112, 1999.

MOREIRA, Egon Bockmann. Agências administrativas, poder regulamentar e sistema financeiro nacional. *Revista de Direito Administrativo & Constitucional*, [Curitiba], ano 2, n. 4, 2000.

MOREIRA, Egon Bockmann. *Processo administrativo*: princípios constitucionais e a Lei 9.784/99. São Paulo: Malheiros, 2000.

MOREIRA, Egon Bockmann. Qual o futuro do direito da regulação no Brasil? *In*: SUNDFELD, Carlos Ari; ROSILHO, André (coord.). *Direito da regulação e políticas públicas*. São Paulo: Malheiros, 2014.

MOREIRA, Egon Bockmann; PEREIRA, Paula Pessoa. Art. 30 da LINDB. O dever público de incrementar a segurança jurídica. *Revista de Direito Administrativo*, Rio de Janeiro, edição especial: Direito Público na Lei de Introdução às Normas do Direito Brasileiro – LINDB (Lei 13.655/2018), nov. 2018.

NETO, Benedicto Porto. Pressupostos do ato administrativo. *In*: SUNDFELD, Carlos Ari; MUÑOZ, Guillermo Andrés (coord.). *As leis de processo administrativo*. São Paulo: Malheiros, 2000.

OLIVEIRA, Júlio Marcelo de. Por uma administração pública eficiente com respeito à lei. *Estadão*, [São Paulo], 23 abr. 2018. Disponível em: https://politica.estadao.com.br/blogs/fausto-macedo/por-uma-administracao-publica-eficiente-com-respeito-a-lei/. Acesso em: 4 jun. 2022.

OLIVEIRA, Rafael Carvalho Rezende. A nova Lei de Licitações: um museu de novidades? *Consultor Jurídico*, [s. l.], 23 dez. 2020. Disponível em: https://www.conjur.com.br/2020-dez-23/rafael-oliveira-lei-licitacoes-museu-novidades. Acesso em: 13 fev. 2023.

PACHECO, Regina Silvia. Regulação no Brasil: desenho das agências e formas de controle. *Revista de Administração Pública*, Rio de Janeiro, v. 40, n. 4, p. 523-543, jul./ago. 2006.

PADUA, Luciano. Associações pedem veto de Temer a projeto que altera LINDB. *Jota*, [s. l.], 12 abr. 2018. Disponível em: https://www.jota.info/justica/associacoes-veto-temer-lindb. Acesso em: 13 fev. 2023.

PALMA, Juliana Bonacorsi de. Atividade normativa da administração pública: estudo do processo administrativo normativo. 2014. Tese (Doutorado) – Faculdade de Direito, Universidade de São Paulo, São Paulo, 2014.

PALMA, Juliana Bonacorsi de. Ensaio sobre os vetos presidenciais à Lei nº 13.655/18 – Qual é o valor dos vetos presidenciais à interpretação e aplicação da Lei de Segurança Jurídica? *In*: CUNHA FILHO, Alexandre Jorge Carneiro da; ISSA, Rafael Hamze; SCHWIND, Rafael Wallbach. *Lei de Introdução às Normas do Direito Brasileiro – anotada*: Decreto-Lei n. 4.657, de 4 de setembro de 1942. São Paulo: Quartier Latin, 2019. v. 2, p. 55-61.

PALMA, Juliana Bonacorsi de. Segurança jurídica para a inovação pública: a nova Lei de Introdução às Normas do Direito Brasileiro (Lei nº 13.655/2018). *Revista de Direito Administrativo*, [s. l.], v. 279, n. 2, p. 209-249, 2020.

PARGENDLER, Mariana; SALAMA, Bruno Meyerhof. Direito e consequência no Brasil: em busca de um discurso sobre o método. *Revista de Direito Administrativo*, [s. l.], v. 262, p. 95-144, 2013.

PENALVA, Janaína; DOMINGUES, Adriene. O PL 7448/2017 e o fim dos princípios. *Jota*, [São Paulo], 17 abr. 2018. Disponível em: https://www.jota.info/opiniao-e-analise/artigos/o-pl-7448- 2017-e-o-fim-dos-principios-17042018. Acesso em: 4 jun. 2022.

PEREZ, Marcos Augusto. *A administração pública democrática*: institutos de participação popular na administração pública. Belo Horizonte: Fórum, 2009.

PEREZ, Marcos Augusto. *O controle jurisdicional da discricionariedade administrativa*: métodos para uma jurisdição ampla das decisões administrativas. 2018. Tese (Livre Docência) – Faculdade de Direito, Universidade de São Paulo, São Paulo, 2018.

PIMENTA, Raquel de Mattos. *Reformas anticorrupção e arranjos institucionais*: o caso dos acordos de leniência. 2019. Tese (Doutorado) – Universidade de São Paulo, 2019.

PINTO, Élida Graziane; SARLET, Ingo Wolfgang; PEREIRA JUNIOR, Jessé Torres. PL 7.448 desequilibra equação entre custos e riscos da escolha pública. *Consultor Jurídico*, [s. l.], 24 abr. 2018. Disponível em: https://www.conjur.com.br/2018-abr-24/contas-vista-pl-7448-desequilibra-equacao-entre-custos-riscos-escolha-publica. Acesso em: 4 jun. 2022.

PIRES, Álvaro. Amostragem e pesquisa qualitativa: ensaio teórico e metodológico. *In*: POUPART, Jean *et al.* (org.). *A pesquisa qualitativa*: enfoques epistemológicos e metodológicos. Petrópolis, RJ: Vozes, 2008.
POGREBINSCHI, Thamy. *Pragmatismo*: teoria social e política. Rio de Janeiro: Relume Dumará, 2005.

RACANICCI, Jamile. PL 7448/17 'contribui para impunidade no setor público', diz presidente da ANPR. *Jota*, [São Paulo], 2018. Disponível em: https://www.jota.info/justica/pl-7448-17-impunidade. Acesso em: 4 jun. 2022.

REIS, Tarcila; MONTEIRO, Vera. Os tipos de gestores públicos. *Jota*, [São Paulo], 2018. Disponível em: https://www.jota.info/opiniao-e-analise/artigos/os-tipos-de-gestores-publicos-brasileiros-12092018. Acesso em: 10 out. 2020.

RIBAS, Antonio Joaquim. *Direito administrativo brasileiro*. reimpressão da edição de 1861. Rio de Janeiro: Ministério da Justiça, 1968.

ROSILHO, André Janjácomo. *Controle da administração pública pelo Tribunal de Contas da União*. 2016. Tese (Doutorado) – Faculdade de Direito, Universidade de São Paulo, São Paulo, 2016.

ROSILHO, André Janjácomo. *Qual é o modelo legal das licitações no brasil? As reformas legislativas federais no sistema de contratações públicas*. 2011. Dissertação (Mestrado) – Escola de Direito de São Paulo da Fundação Getúlio Vargas, São Paulo, 2011.

SABEL, Charles. Beyond Principal-Agent Governance: Experimentalist Organizations, Learning and Accountability. *In*: ENGLEN, Ewald; HO, Monika Sie Dhian (ed.). *De Staat van de Democratic voorbij de Staat*. WRR Verkenning 3 Amsterdam: Amsterdam University Press, 2004.

SARMENTO, Daniel. Interesses públicos vs. interesses privados na perspectiva da teoria e da filosofia constitucional. *In*: SARMENTO, Daniel (coord.). *Interesses públicos versus interesses privados*: desconstruindo o princípio da supremacia do interesse público. Rio de Janeiro: Lumen Juris, 2005.

SAVARIS, J. A. Globalización, crisis económica, consecuencialismo y la aplicación de los derechos económicos, sociales y culturales (DESC). *Prolegómenos. Derechos y Valores*, Bogotá, v. 15, n. 30, p. 21-44, 2012.

SCHIRATO, Vitor Rhein. O processo administrativo como instrumento do Estado de Direito e da Democracia. *In*: MEDAUAR, Odete; SCHIRATO, Vitor (coord.). *Atuais Rumos do Processo Administrativo*. São Paulo: Editora Revista dos Tribunais, 2010.

SILVA, Clarissa Sampaio. *Limites à invalidação dos atos administrativos*. São Paulo: Max Limonad, 2001.

SILVA, José Afonso da. *Comentário contextual à Constituição*. São Paulo: Malheiros, 2005. Rio de Janeiro: Lumen Juris, 2001.

SILVA, Vasco Manuel Pascoal Dias Pereira da. *Em busca do acto administrativo perdido*. Coimbra: Almedina, 1996.

SIMONETTI, José Augusto. *O princípio da proteção da confiança no direito administrativo brasileiro*: estabilidade de atos e limitação da discricionariedade administrativa. Rio de Janeiro: Lumen Juris, 2017.

SOARES, Lucéia Martins. Vícios do ato administrativo e sua invalidação. *In*: SUNDFELD, Carlos Ari; MUÑOZ, Guillermo Andrés (coord.). *As leis de processo administrativo*. São Paulo: Malheiros, 2000.

SOUZA, Rodrigo Pagani de. Participação pública nos processos decisório das agências reguladoras: reflexões sobre o direito brasileiro a partir da experiência norte-americana. *Fórum Administrativo: Direito Público*, Belo Horizonte, v. 2, n. 16, p. 752-760, jun. 2002.

SOUZA, Rodrigo Pagani de. A legalização da teoria dos administrativos: apontamentos sobre os seus impactos na jurisprudência do STF. *Os caminhos do ato administrativo*. São Paulo: Revista dos Tribunais, 2012.

SUNDFELD, Carlos Ari. A importância do procedimento administrativo. *Revista dos Tribunais*, São Paulo, v. 20, n. 84, p. 64-74, out./dez., 1987.

SUNDFELD, Carlos Ari. Meu depoimento e avaliação sobre a Lei Geral de Telecomunicações. *Revista de Direito de Informática e Telecomunicações (Fórum)*, Belo Horizonte, v. 2, jan./jun. 2007.

SUNDFELD, Carlos Ari. *Direito administrativo para céticos*. 2. ed. São Paulo: Malheiros, 2017.

SUNDFELD, Carlos Ari. Art. 24 da LINDB e a segurança jurídica no direito tributário. *Revista de Direito Tributário Contemporâneo*. São Paulo, n. 29, abr./jun. 2021.

SUNDFELD, Carlos Ari. *Direito administrativo*: o novo olhar da LINDB. Belo Horizonte: Fórum, 2022.

SUNDFELD, Carlos Ari; ARRUDA CÂMARA, Jacintho. O dever de motivação na edição de atos normativos pela administração Pública. *A&C – Revista de Direito Administrativo & Constitucional*, Belo Horizonte, ano 11, n. 45, p. 55-73, jul./set. 2011.

SUNDFELD, Carlos Ari; GIACOMUZZI, José Guilherme. O espírito da Lei 13.665/2018: impulso realista para a segurança jurídica no Brasil. Belo Horizonte: *Revista de Direito Público da Economia*, Fórum, 2018. p. 39-41.

SUNDFELD, Carlos Ari; JURKSAITIS, Guilherme Jardim. Uma lei para dar mais segurança jurídica ao direito público e ao controle. *In*: LEAL, Fernando; MENDONÇA, José Vicente Santos de. *Transformações do Direito Administrativo*: consequencialismo e estratégias regulatórias. Rio de Janeiro: Escola de Direito do Rio de Janeiro da Fundação Getúlio Vargas, 2016. p. 21-24.

SUNDFELD, Carlos Ari; MARQUES NETO, Floriano de Azevedo. Uma nova lei para aumentar a qualidade jurídica das decisões públicas e de seu controle. *In*: SUNDFELD, Carlos Ari (coord.). *Contratações públicas e seu controle*. São Paulo: Malheiros, 2013.

SUNDFELD, Carlos Ari; MUÑOZ, Guillermo Andrés (coord.). *As Leis de Processo Administrativo*. Lei Federal 9.784/99 e Lei Paulista 10.177/98. São Paulo: Malheiros, 2001.

SUNDFELD, Carlos Ari; PAGANI, Rodrigo; JURKSAITIS, Guilherme Jardim. Interpretações administrativas aderem à lei? *Revista de Direito Administrativo*, [s. l.], v. 260, p. 97-132, 2012.

SUNDFELD, Carlos Ari; SALAMA, Bruno Meyerof. Chegou a hora de mudar a velha lei de introdução? Texto no Senado propõe inclusão de novos artigos. *Jota*, [São Paulo], 17 jun. 2015. Disponível em: https://www.jota.info/justica/chegou-a-hora-de-mudar-a-velha-lei-de-introducao-17062015. Acesso em: 14 fev. 2023.

TÁCITO, Caio. O abuso do poder administrativo no Brasil: conceito e remédios. *Revista de Direito Administrativo*, v. 56, p. 1-28, 1959.

TÁCITO, Caio. Comissão de valores mobiliários - Poder normativo - Controle do mercado financeiro. *Revista de Direito Administrativo*, v. 161, p. 297-308, 1985.

TÁCITO, Caio. Comissão de Valores Mobiliários. *Temas de direito público*: estudos e pareceres. Rio de Janeiro: Renovar, 1997.

TEBET, Simone. Projeto da Nova Lei de Introdução às Normas do Direito Brasileiro [parecer da relatora do Projeto de Lei 349/2015 na Comissão de Constituição, Justiça e Cidadania do Senado]. *Revista de Direito Público da Economia*, Belo Horizonte, ano 14, n. 54, p. 209-238, abr./jun. 2016.

TEIXEIRA JÚNIOR, Flávio Germano de Sena; NÓBREGA, Marcos. A Teoria das Invalidades na nova Lei de Contratações Públicas e o equilíbrio dos interesses envolvidos. *Revista Brasileira de Direito Público – RBDP*, Belo Horizonte, ano 19, n. 72, p. 117-141, jan./mar. 2021.

TRIBUNAL DE CONTAS DA UNIÃO (TCU). Diálogo público do TCU debate projeto de lei que pode fragilizar o controle. *Portal TCU*, Brasília, DF, 24 abr. 2018. Disponível em: https://portal.tcu.gov.br/imprensa/noticias/dialogo-publico-do-tcu-debate-projeto-de-lei-que-pode-fragilizar-o-controle.htm. Acesso em: 13 dez. 2022.

TRIBUNAL DE CONTAS DA UNIÃO (TCU). TC-012.028/2018-5. *Parecer sobre o PL 7448/ 2017, em face do parecer-resposta dos autores do PL e de outros juristas*. Brasília, DF: TCU, 2018. Disponível em: https://cdn.oantagonista.net/uploads/2018/04/PL-7448-2017-Inteiro-teor-Altera-LINDB-Parecer-Conjur-2018-04-20.pdf. Acesso em: 13 dez. 2022.

TRIBUNAL DE CONTAS DA UNIÃO (TCU). *Análise preliminar do PL 7448/2017*. Brasília, DF: TCU, 2017. Disponível em: https://www.conjur.com.br/dl/analise-consultoria-juridica-tcu-lindb.pdf. Acesso em: 13 dez. 2022.

VALENTE, Patricia Pessôa. *Análise de impacto regulatório*: uma ferramenta à disposição do Estado. Belo Horizonte: Editora Fórum, 2013.

VALIATI, Thiago Priess; HUNGARO, Luis Alberto; MORETTINI E CASTELLA, Gabriel. *A Lei de Introdução e o direito administrativo brasileiro*. Rio de Janeiro: Lumen Juris, 2019.

VALLE, J. Rodrigues. *Curso de direito administrativo*. Rio de Janeiro: A. Coelho Branco, 1941.

WARDE, Walfrido. *O espetáculo da corrupção: como um sistema corrupto e o modo de combatê-lo estão destruindo o País*. São Paulo: Leya, 2018.

XAVIER, Alberto. *Do procedimento administrativo*. São Paulo: J. Bushatsky, 1976.

ZANCANER, Weida. *Da convalidação e da invalidação dos atos administrativos*. 3. ed. São Paulo: Malheiros, 1993.

ZANOBINI, Guido. *Corso di Diritto Amministrativo*. 8. ed. Milão: Giuffrè, 1947.

Esta obra foi composta em fonte Palatino Linotype, corpo 10
e impressa em papel Pólen Bold 70g (miolo) e Supremo 250g (capa)
pela Gráfica Star7.